JN275362

憲法入門

三和書籍

はじめに

　大学で憲法を学ぶ目的は，人それぞれである。法曹実務家や公務員になるため法学部で専門科目として勉強をする人もいれば，その他の学部で一般教養科目として履修する人もいる。大学が定めるカリキュラムにおいても，通年科目である場合もあれば，半期で終わる場合もある。学生の様々なニーズすべてに応える教科書をつくるのは難しい。

　本書は，一般教養科目あるいは専門基礎科目として日本国憲法を学習するのに適した水準をねらって編纂されている。説明も，初学者の理解のため，平易な表現を心がけた。

　執筆者は，いずれも大学やロースクールで憲法の講義を担当している研究者である。教える教員の側からすると，研究者として，自身の研究成果を授業内容に反映させたい，水準の高い講義内容を目指したいと思う。しかし，その意欲のあまり，ともすると講義内容に偏りが生じ，一部のテーマに多くの説明時間を割き，一部の説明を省略するといったことが起こりやすい。これは高度の専門性が求められる科目では望ましい面もあろうが，日本国憲法の全体像を把握することを最優先に考えるべき初学者には不都合な場合もある。基礎的な憲法教科書は，バランスのとれた講義をおこなうためのペースメーカーの役割を果たすものでなければならないと考える。

　本書は，14章から構成されている。これは，多くの大学で半期14回，通年で28回の授業が設定されていることから，半期授業の場合各回1章，通年授業の場合2回で1章ずつ講義を進めていけば，1年間で日本国憲法の全体内容を理解できるように配慮したためである。通年授業の場合，判例集など補助教材が必要となるであろうが，憲法の基礎的講義テキストとして，学習に役立てていただければ幸いである。

2012年　3月

松浦　一夫

目次

第1章 日本国憲法の制定過程

I ポツダム宣言受諾までの経緯——1
 1 ポツダム宣言の要点——1
 2 受諾の条件——2
II 改憲案起草をめぐる混乱——3
 1 日本政府による改憲案作成——3
 2 総司令部案の作成——4
 3 改憲作業への総司令部の直接的介入の理由——5
 4 総司令部案に基づく改憲案の作成と帝国議会審議——6
III 憲法制定過程の問題点——8
IV 憲法9条制定過程における総司令部の意図と極東委員会の介入——9
 1 連合国の意図——9
 2 マッカーサー元帥と総司令部の意図——10
  (1) マッカーサーの発案 10 ／ (2) 総司令部民政局内での修正 11
 3 芦田修正と極東委員会による「文民条項」挿入要求——12
  ＊日本国憲法制定年表——14

第2章 日本国憲法の基本原理

I 立憲主義憲法の意義——15
 1 憲法の概念——15
 2 立憲主義の諸相——16
 3 大日本帝国憲法から日本国憲法へ——17
II 国民主権と象徴天皇制——18
 1 国民主権——18

2　象徴天皇制―― 19
　　　(1)「神」から「象徴」へ　19 ／ (2)「象徴」の意味　20 ／ (3) 天皇は君主か　21 ／ (4) 天皇は元首か　21
　　3　天皇の権能と皇位の継承―― 22
　　　(1) 天皇の国事行為とその他の行為　22 ／ (2) 皇位の継承　25

Ⅲ　憲法の最高法規性―― 26
　　1　国法秩序の段階構造―― 26
　　2　憲法保障―― 26
　　3　成文法の諸形式と効力関係―― 27
　　　(1) 法律　27 ／ (2) 命令　28 ／ (3) 規則　28 ／ (4) 条例　28
　　4　国際法（条約）と憲法―― 29
　　　(1) 一元論と二元論　29 ／ (2) 憲法と条約の関係　30 ／ (3) 憲法と「確立された国際法規」の関係　31

Ⅳ　憲法改正―― 31
　　1　憲法改正の意義と手続―― 31
　　　(1) 国会による発議　32 ／ (2) 国民投票による承認　32 ／ (3) 天皇による公布　33
　　2　憲法改正の限界―― 33
　　　(1) 無限界説の論拠　33 ／ (2) 限界説の論拠　34

第3章　平和主義と国民の安全

Ⅰ　憲法原理としての平和主義―― 35

Ⅱ　9条学説の諸相―― 36

Ⅲ　学説の争点―― 37
　　1　1項の解釈―― 37
　　　(1) 禁止事項の定義　37 ／ (2)「国際紛争を解決する手段としては」の意味　38 ／ (3) 戦争・武力使用の禁止範囲　38 ／ (4) 9条制定過程での「戦争」の意味　39
　　2　2項の解釈―― 40
　　　(1)「前項の目的を達するため」の意味　40 ／ (2)「自衛のための最小限度」の意味　41 ／ (3) 交戦権の否認　42

Ⅳ　9条による日本の防衛政策の制約―― 43
　　1　政府解釈（「戦力」の定義）の変遷―― 43

　　　　(1) 警察予備隊　43／(2) 保安隊・警備隊　44／(3) 自衛隊　44
　2　日本の防衛政策の基本原則────45
　　　　(1) 専守防衛　45／(2) 集団的自衛権不行使　46

Ⅴ　防衛・安全保障法制の拡充────46
　　　　(1) 国際平和協力のための立法　46／(2) 日本周辺地域の安全確保のための立法　47／(3) 日本国と国民の安全確保のための立法　48
　　　　判例3-1：恵庭事件　49／判例3-2：長沼事件　50／判例3-3：百里基地事件　51

第4章　人権総説

Ⅰ　人権概論────53
　1　人権保障の方法────53
　2　人権の分類────54

Ⅱ　人権享有主体────55
　1　自然人────55
　　　　(1) 国籍と外国人の人権　55／(2) 未成年者　57／(3) 天皇・皇族　58
　2　法人────58

Ⅲ　人権の適用範囲────59
　1　私人間効力────59
　2　いわゆる「特別権力関係」論────60
　　　　(1) 公務員　60／(2) 在監関係　61

Ⅳ　人権保障の限界────62
　1　公共の福祉────62
　2　緊急事態────63

Ⅴ　平等原則────64
　1　平等とは────64
　2　「法の下の平等」の意味────65
　3　差別禁止事項────66
　　　　(1) 人種　66／(2) 信条　66／(3) 性別　67／(4) 社会的身分・門地　68
　4　積極的差別是正措置（アファーマティヴ・アクション）────68

Ⅵ　幸福追求権────69
　1　人間の尊厳────69

2　プライヴァシーの権利―― 70
　　3　名誉権―― 71
　　4　自己決定権―― 72
　　　（1）家族の形成にかかわる権利　72　／　（2）生命・身体にかんする決定　73
　　　（3）その他の人格権　74

　　判例4-1：マクリーン事件　75　／判例4-2：八幡製鉄事件　76　／判例4-3：三菱樹脂事件　77　／判例4-4：猿払事件　78　／判例4-5：尊属殺規定違憲判決　79　／判例4-6：前科照会事件　80　／判例4-7：エホバの証人輸血拒否事件　81

第5章　精神的自由権（1）

I　思想・良心の自由―― 83
　　1　思想・良心とは―― 83
　　2　思想・良心の自由の内容―― 84
　　3　強制加入団体と会員の思想・良心の自由―― 85
II　信教の自由―― 86
　　1　信教の自由とは―― 86
　　2　信教の自由の限界―― 87
　　　（1）内心および私生活における信仰の自由　87　／　（2）宗教的行為・宗教的結社の自由　88
　　3　政教分離原則―― 88
　　　（1）国家と教会の関係　89　／　（2）目的効果基準　89　／　（3）制度的保障　92
III　学問の自由―― 92
　　1　学問の自由の内容―― 92
　　　（1）研究の自由　93　／　（2）研究発表の自由　94　／　（3）教授の自由　94
　　　（4）教育の自由　95
　　2　大学の自治―― 95

　　判例5-1：謝罪広告事件　97　／判例5-2：君が代斉唱拒否事件　98　／判例5-3：剣道履修拒否事件　99　／判例5-4：津地鎮祭事件　100　／判例5-5：愛媛玉串料事件　101　／判例5-6：東大ポポロ事件　103

第6章　精神的自由権（2）

- I　表現の自由── 105
  1. 表現とは── 105
  2. 表現の自由の優越的地位── 106
  3. 表現に対する規制── 106
     - (1) 事前抑制の原則的禁止　106／(2) 表現内容規制　108／(3) 表現態様規制　110
  4. 報道の自由── 111
     - (1) 取材の自由　111
  5. 「知る権利」── 113
- II　集会・結社の自由── 114
  1. 集会の自由── 114
  2. 結社の自由── 116
     - (1) 結社の自由　116／(2) 結社の種類　116／(3) 法人格　116
     - (4) 結社の自由の限界　117

  判例6-1：チャタレイ事件　118／判例6-2：立川反戦ビラ事件　119／判例6-3：博多駅TVフィルム事件　120／判例6-4：大阪府知事交際費情報公開訴訟　121／判例6-5：泉佐野市民会館事件　122／判例6-6：新潟県公安条例事件　123

第7章　経済的自由と社会権

- I　居住・移転の自由── 125
  1. 居住・移転の自由の意義── 125
  2. 居住・移転の自由の内容と制約── 126
- II　外国移住・国籍離脱の自由── 126
  1. 外国移住の自由── 126
  2. 国籍離脱の自由── 127
- III　職業選択の自由── 127
  1. 職業選択の自由の意義── 127
  2. 「職業の選択」の内容── 127
  3. 職業選択の自由に対する制約とその合憲性判断── 128
     - (1) 基本的な考え方　128／(2) 規制目的二分論　128／(3) 学説によ

　　　　る批判　129
　Ⅳ　財産権の保障——130
　　1　財産権保障の意義——130
　　2　財産権保障の内容——130
　　　(1) 1項と2項の関係　130 ／ (2) 私有財産制度の保障　131 ／ (3) 国民の個々の財産権の保障　131
　　3　財産権制約に対する合憲性審査——132
　　4　損失補償——132
　　　(1) 公用収用制度　132 ／ (2)「公共のために用ひる」の意義　133
　　　(3) 補償の要否　133 ／ (4) 正当な補償　134
　Ⅴ　生存権——135
　　1　生存権の意義——135
　　2　憲法25条の法的性格——135
　　　(1) 法的性格　135 ／ (2) 立法裁量の統制と判断枠組み　137
　Ⅵ　教育を受ける権利——138
　　1　教育を受ける権利の意義——138
　　2　教育の自由——139
　　3　教育制度法定主義——139
　　　(1) 教育制度法定主義の意義　139 ／ (2) 教育制度法定主義の限界　139
　　　(3) 義務教育の無償提供（26条2項）　140
　　　(4) 教育内容決定権の問題　140
　Ⅶ　勤労の権利と労働基本権——141
　　1　勤労の権利——141
　　2　労働基本権——141
　　　(1) 労働基本権の意義　141 ／ (2) 刑事免責と民事免責　142
　　判例7-1：小売市場事件　143 ／ 判例7-2：薬局距離制限事件　144 ／ 判例7-3：森林法共有林分割請求事件　146 ／ 判例7-4：朝日訴訟上告審　147 ／ 判例7-5：全逓東京中郵事件　148 ／ 判例7-6：全農林警職法事件　149

第8章　人身の自由，法定手続の保障，国務請求権

　Ⅰ　人身の自由——151
　　　(1) 奴隷的拘束の禁止　152 ／ (2) 意に反する苦役の禁止　152
　Ⅱ　法定手続の保障——153
　　　(1) 法定手続の保障と行政手続　153 ／ (2) 法定手続の保障と刑事手続　154

Ⅲ 刑事実体法の法定——罪刑法定主義—— 156

Ⅳ 刑事実体法の適正—— 157
　　（1）刑罰法規明確性の原則 157 ／（2）罪刑均衡の原則 157 ／（3）残虐な刑罰の禁止 158

Ⅴ 刑事手続法の法定——刑事手続法定主義—— 158

Ⅵ 刑事手続法の適正—— 158
　1 捜査における刑事手続法の適正—— 159
　　（1）逮捕令状主義（憲法33条） 159 ／（2）弁護人依頼権，抑留・拘禁理由の告知（憲法34条） 160 ／（3）捜索押収令状主義（憲法35条） 161
　2 裁判における刑事手続法の適正—— 163
　　（1）自白に関する規律 163 ／（2）証人審問権・喚問権 164 ／（3）弁護人依頼権 165 ／（4）一事不再理（または二重の危険の禁止），二重処罰の禁止 165 ／（5）公平な裁判所の迅速な公開裁判を受ける権利 166

Ⅶ 国務請求権—— 168
　1 刑事補償請求権—— 169
　2 国家賠償請求権—— 169
　3 裁判を受ける権利—— 169
　　判例8-1：成田新法事件 171 ／判例8-2：川崎民商事件 172 ／判例8-3：第三者所有物没収事件 173 ／判例8-4：尊属殺人死体遺棄被告事件 175

第9章　参政権と選挙制度

Ⅰ 政治的意見表明—— 177
　1 世論の形成にかかる諸問題—— 177
　2 請願権—— 178
　3 外国人や法人の政治参加—— 178

Ⅱ 代表民主制と公民団—— 178
　1 代表民主制—— 178
　2 公民団の権能—— 179
　　（1）公民団の権能の多様性 179 ／（2）参政権の保障とその内容 180
　3 公民団の要件—— 181
　　（1）国籍 181 ／（2）年齢と欠格事由 181 ／（3）居住要件 182

Ⅲ 政党—— 183
　1 民主制における政党の位置づけ—— 183

    2　政党法制とその諸問題—— 184
      (1) 政党の自律性　184 ／ (2) 政党法制　184
Ⅳ　選挙制度—— 185
    1　選挙事項法定主義—— 185
    2　選挙制度の基本原則—— 185
      (1) 選挙の基本原則　185 ／ (2) 平等選挙　186 ／ (3) 秘密投票　186 ／
      (4) 自由投票　186 ／ (5) 直接選挙　187
    3　我が国の選挙制度—— 187
      (1) 衆議院議員の選挙制度　187 ／ (2) 参議院議員の選挙制度　188 ／
      (3) 選挙区割と議員定数不均衡　188
      判例9-1：定住外国人地方選挙権事件　190 ／判例9-2：在外国民選挙権事件　191 ／判例9-3：衆議院中選挙区制議員定数不均衡訴訟　192 ／判例9-4：参議院議員定数不均衡訴訟　194

第10章　国会

Ⅰ　国会の地位—— 197
    1　国民代表機関—— 197
    2　国権の最高機関—— 198
    3　唯一の立法機関—— 198
      (1)「立法」の意味　199 ／ (2)「唯一の」の意味　199
Ⅱ　国会の構成—— 201
    1　両院制—— 201
      (1) 同時活動の原則と独立活動の原則　201 ／ (2) 衆議院の優越　202 ／
      (3) 議院の組織　203
    2　国会議員—— 203
      (1) 議員の身分の得喪　203 ／ (2) 議員の特権　203 ／ (3) 議員の権能　205
Ⅲ　国会の活動—— 205
    1　会期制—— 205
      (1) 会期の種類　206 ／ (2) 会期不継続の原則と一事不再議の原則　206
    2　会議の原則—— 206
      (1) 定足数　206 ／ (2) 表決数　207 ／ (3) 会議の公開　207
    3　委員会制度と委員会中心主義—— 208
    4　参議院の緊急集会—— 208
Ⅳ　国会の権能—— 208

1　憲法改正発議権—— 208
　　　2　立法権—— 209
　　　3　予算議決権—— 210
　　　4　条約締結承認権—— 210
　　　　（1）事後不承認の場合の条約の効力　210 ／ （2）条約修正権　210
　　　5　内閣総理大臣指名権—— 211
　　　6　弾劾裁判所設置権—— 211
　　　7　その他の権能—— 211
　Ⅴ　議院の権能—— 211
　　　1　議院自律権—— 211
　　　　（1）組織自律権　212 ／ （2）運営自律権　212 ／ （3）財務自律権　214
　　　2　国政調査権—— 214
　　　　（1）国政調査権の法的性質　214 ／ （2）国政調査権の範囲と限界　215
　　　判例10-1：病院長自殺事件　217
　　　判例10-2：警察法改正無効事件　218

第11章　内　閣

　Ⅰ　内閣の地位—— 219
　　　1　議院内閣制—— 219
　　　　（1）議会と政府との関係　219 ／ （2）日本国憲法における議院内閣制　220 ／ （3）衆議院解散権の根拠と限界　220
　　　2　行政権の帰属—— 222
　　　　（1）従来の学説　222 ／ （2）近年の学説　222
　Ⅱ　内閣の構成—— 223
　　　1　内閣の成立—— 223
　　　　（1）内閣の構成員　223 ／ （2）文民条項　223
　　　2　内閣総理大臣—— 224
　　　　（1）内閣総理大臣の地位　224 ／ （2）内閣総理大臣の権能　224
　　　3　国務大臣—— 225
　　　　（1）国務大臣の地位　225 ／ （2）国務大臣の権能　226
　　　4　内閣の総辞職—— 226
　Ⅲ　内閣の権能と責任—— 227
　　　1　憲法73条により認められる権能—— 227
　　　　（1）一般行政事務　227 ／ （2）法律の誠実な執行と国務の総理　227

（3）外交関係の処理 228／（4）条約の締結 228／（5）官吏に関する事務の掌理 228／（6）予算の作成・国会への提出 229／（7）政令の制定 229／（8）恩赦の決定 229
　　2　憲法73条以外により認められる権能——— 229
　　　　（1）天皇の国事行為に対する助言と承認 229／（2）国会との関係における権能 230／（3）裁判所との関係における権能 231
　　3　内閣の責任——— 231
　　　　（1）国会との関係 231／（2）天皇との関係 231
Ⅳ　内閣の活動——— 232
　　1　内閣の活動方法——— 232
　　2　閣議の運営方法——— 232
Ⅴ　行政機関——— 233
　　1　一般行政機関——— 233
　　2　独立行政委員会——— 233
　　　　判例11-1：ロッキード事件 235／判例11-2：人事院違憲訴訟 237

第12章　裁判所

Ⅰ　裁判所の地位——— 239
　　1　司法権の概念——— 239
　　　　（1）司法権の意味 239／（2）法律上の争訟 240／（3）客観訴訟 240
　　2　司法権の帰属——— 241
　　　　（1）特別裁判所の設置の禁止 241／（2）行政機関による終審裁判の禁止 242
Ⅱ　裁判所の構成——— 243
　　1　最高裁判所——— 243
　　　　（1）構成員 243／（2）裁判官の任命 243／（3）国民審査 243
　　2　下級裁判所——— 244
　　　　（1）種類と構成員 244／（2）裁判官の任命 245
Ⅲ　裁判所の権能——— 246
　　1　最高裁判所の権能——— 246
　　　　（1）規則制定権 246／（2）司法行政権 247
　　2　下級裁判所の権能——— 248
Ⅳ　裁判所の活動方法——— 248

1　裁判公開原則 —— 248
　　　2　例外と絶対公開事由 —— 249
　Ⅴ　司法権の独立 —— 250
　　　1　司法部の独立 —— 250
　　　2　裁判官の職権の独立 —— 250
　　　　（1）「良心」の意味　250／（2）職権の独立の意味　251
　　　3　裁判官の身分保障 —— 251
　　　　（1）職務の不能による罷免　252／（2）公の弾劾による罷免　252
　　　　（3）裁判による懲戒処分　252／（4）経済的身分保障　253
　Ⅵ　司法権の限界 —— 253
　　　1　憲法の明文上の限界 —— 253
　　　2　国際法上の限界 —— 253
　　　3　解釈上の限界 —— 253
　　　　（1）自律権　253／（2）自由裁量行為　254／（3）統治行為　254
　　　　（4）部分社会の法理　255
　Ⅶ　違憲審査制 —— 255
　　　1　違憲審査制の性格 —— 256
　　　　（1）付随的違憲審査制　256／（2）憲法判断回避原則　256
　　　2　違憲審査の主体 —— 257
　　　3　違憲審査の対象 —— 257
　　　　（1）総説　257／（2）条約　258／（3.）立法不作為　259／（4）国の私法行為　260
　　　4　違憲判断の方法 —— 260
　　　　（1）合憲限定解釈　260／（2）法令違憲　260／（3）適用違憲　260
　　　　（4）運用違憲　261／（5）処分違憲　261
　　　5　法令違憲判決の効力 —— 261
　　　　判例12-1：板まんだら事件　263／判例12-2：砂川事件　264／判例12-3：苫米地事件　265／判例12-4：警察予備隊違憲訴訟　266

第13章　財　政

　Ⅰ　財政民主主義と財政立憲主義 —— 269
　　　1　財政統制の必要性 —— 269
　　　2　財政民主主義 —— 270
　　　3　財政立憲主義 —— 270

(1) 責任政治の表れとしての財政立憲主義　270 ／ (2) 財政民主主義の制約としての財政立憲主義　271

Ⅱ **租税法律主義**——272
1　総説——272
2　「租税」の意義——272
3　課税作用に対する憲法上の制約——273

Ⅲ **国費の支出等に対する国会の統制**——273
1　憲法85条の意義——273
2　国費の支出の内容とその統制方法——274

Ⅳ **予算制度**——274
1　会計年度——274
2　予算の議決——275
(1) 予算という語　275 ／ (2) 予算案の作成・提出　275 ／ (3) 予算案の内容　276 ／ (4) 衆参両議院における審議・議決　276 ／ (5) 予算の議決　277 ／ (6) 予算の拘束力　278
3　補正予算と予算の不成立——278
(1) 補正予算制度　278 ／ (2) 本予算の不成立　278
4　予算の執行と統制——279
(1) 予算の配賦　279 ／ (2) 決算　279

Ⅴ **皇室経済**——280
1　明治憲法下の皇室財政と憲法88条の意義——280
2　皇室の費用——281
3　皇室の財産授受——281
判例13-1：砂川空知太神社事件　282

第14章　地方自治

Ⅰ **地方自治の概念と意義**——285
(1) 地方自治の概念　285 ／ (2) 地方自治制の意義　286

Ⅱ **日本国憲法における地方自治の保障**——287
1　地方自治制度の憲法的保障——287
2　地方自治の本旨——288

Ⅲ **地方自治制の概観および憲法上の諸問題**——289
1　団体自治のための地方分権制——289

(1) 地方公共団体　289　／　(2) 地方公共団体の事務　289　／　(3) 地方公共団体の権能　291　／　(4) 国と地方公共団体の関係　293　／　(5) 地方公共団体の機関　294

 2 住民自治のための住民参加制 ──── 296
  (1) 住民　296　／　(2) 間接的住民参加制　297
  (3) 直接的住民参加制　298
  判例14-1：大阪市売春取締条例事件判決　300　／判例14-2：徳島市公安条例事件　301

日本国憲法 ──── 303
大日本帝国憲法 ──── 311
ポツダム宣言 ──── 315
索引 ──── 317

第1章 日本国憲法の制定過程

本章の狙い

日本国憲法は,「世界に類を見ない絶対非戦の平和憲法であり,唯一の被爆国である日本国民の意思が色濃くそこに反映されている」といった賛美がなされる反面,「戦後の混乱期に占領軍の押し付けによって定められたものであり,日本国民の総意に基づくとはいえない」と,その正当性を否定する主張も根強くある。本章の目的は,理想論に粉飾されない日本国憲法の制定過程の客観的事実経過を概観することにある。

I ポツダム宣言受諾までの経緯

1 ポツダム宣言の要点

現在の日本国憲法は,手続上は大日本帝国憲法(明治憲法)を全面改正することにより成立した。改正の遠因は,日本が昭和20(1945)年8月14日にポツダム宣言(「日本国の降伏条件を定める宣言」)を受諾したことにある。

ポツダム宣言は,同年7月26日に,アメリカ合衆国大統領,中華民国政府主席および「グレートブリテン」国総理大臣の名により,「日本国ニ対シ今次ノ戦争ヲ終結スルノ機会ヲ与フルコト」(1項)を目的として発せられたものである。日本がポツダム宣言を受諾することにより,日本の軍国主義勢力は排除され,連合国が「平和,安全及正義ノ新秩序」を建設し,日本の

武装解除が確実になるまでの間、日本を占領する（6項、7項）ことになる。また、日本政府は「日本国国民ノ間ニ於ケル民主主義的傾向ノ復活強化ニ対スル一切ノ障礙ヲ除去」し、「言論、宗教及思想ノ自由並ニ基本的人権ノ尊重」を確立する義務を負うこととされた（10項）。

2　受諾の条件

　当初、日本政府は、ポツダム宣言を黙殺したが、8月6日に広島、9日には長崎に原子爆弾が投下されると、受諾やむなしと考えるに至った。ただ、受諾にあたっては、同宣言を受けいれても、日本の「国体」（「万世一系」の天皇による国家統治）が護持できるかに懸念が残されていた。というのも、ポツダム宣言12項は、日本からの占領軍の撤収の条件について、「日本国国民ノ自由ニ表明セル意思ニ従ヒ平和的傾向ヲ有シ且責任アル政府ガ樹立」されることと定めていたからである。この規定の解釈上、日本国民の自由意思により戦後の日本の統治体制を決めうるのであれば、日本国民が国体護持を求めることにより、天皇親政の従来の国家統治体制の核心は変更する必要はないとも解しうる。しかし、この規定が、天皇主権から国民主権への移行を日本に求めるものであるとすれば、これを受諾すべきでなく、受諾するのであれば国体護持を条件とすべきであるとする意見が支配的であった。そこで日本政府は、8月10日、連合国に対して、「天皇ノ国家統治ノ大権ヲ変更スルノ要求ヲ包含シ居ラザル」ことを条件に受諾する旨回答し、その是非をただした。これに対して連合国は、翌11日に、ポツダム宣言受諾により、「天皇及日本国政府の国家統治の権限」が、占領政策を遂行する連合国軍最高司令官に従属する旨の回答を寄せるとともに、最終的な日本国政府の形態は「日本国国民ノ自由ニ表明セル意思」により決定されることを再確認した。つまり、天皇の国家統治の大権を変更しないという受諾条件を連合国側が容認するか否かについては、明言を避けたのである。

　政府内では、受諾の可否について意見が割れたが、昭和天皇の「御聖断」により受諾が決定され、8月14日に終戦の詔書が発せられ、翌日の「玉音放送」を通じて日本国民に伝えられた。終戦の詔書には「朕ハ茲ニ国体ヲ護

持シ得テ」と記されていることから，日本側は，ポツダム宣言を条件付きで受諾したと理解していたことがわかる。

II 改憲案起草をめぐる混乱

1 日本政府による改憲案作成

　日本の占領政策の責任を負う連合国軍最高司令官 D. マッカーサー元帥は，昭和20年10月4日，東久邇宮内閣に参加していた近衛文麿公に対して，大日本帝国憲法の改正を指示した。しかし，同10月9日に幣原喜重郎内閣が発足すると，幣原総理に対しても憲法改正を指示し，以後，幣原内閣の下で改憲作業が進められることになる。近衛公は，内大臣府御用掛の職に移り，佐々木惣一(京都帝大教授)とともに改憲案の検討を進めたが，11月24日に内大臣府が廃止されることが決まる。11月22日に近衛公は要綱案を，23日には佐々木教授も100箇条からなる草案(「帝国憲法改正ノ必要」)を天皇に奉呈するが，政府改憲案の作成に影響を与えることはなかった。

　一方，幣原内閣は，10月25日，憲法問題調査委員会を設置し，憲法改正案の検討に着手する。東京帝大教授の経験もある松本烝治が憲法改正担当の国務大臣として委員長に就任したことから松本委員会とも呼ばれるこの委員会には，美濃部達吉(東京帝大教授)，河村又介(九州帝大教授)，清宮四郎(東北帝大教授)等が参加し，10月27日の第1回会合以降翌年2月初旬まで会議を重ねた。しかし，秘密厳守であったため，審議内容は国民の知るところではなかった。

　国民が憲法改正の基本方針を知ったのは，同年12月8日，衆議院予算委員会で松本大臣が明らかにした，いわゆる「松本4原則」からであった。①天皇の統治権総攬の原則は変更しないこと。②議会の議決を必要とする事項を拡大するとともに，天皇の大権事項を制限すること。③国務大臣の責任を国務の全般に拡大し，議会に対して責任を負うようにすること。④人民の自由・権利の保護を拡大し，その侵害に対する救済を完全なものにす

ること。つまり，日本政府は，日本の民主化と天皇の統治権総攬原則の維持は何ら背反するものではないと考え，内閣の権限強化や議会に対する責任の重視，議会の権限拡大，基本的人権の尊重により日本の民主化に配慮することで，ポツダム宣言の要求にこたえようとしたのである。

昭和21（1946）年1月になると，松本委員長は自ら私案を作成し，憲法問題調査委員会の委員であった宮沢俊義（東京帝大教授）が要綱案にまとめた。これは「憲法改正要綱」（甲案と呼ばれる。以下，松本委員会案とする。より大幅な改正を内容とする「憲法改正案」は乙案と呼ばれた。）となり，2月8日に連合国軍最高司令官総司令部（以下，総司令部）に提出された。

2　総司令部案の作成

しかし，日本政府の改憲方針は，米国政府と総司令部の意向を満足させるものではなかった。松本委員会案が正式に総司令部に提出される1週間前の昭和21年2月1日，憲法問題調査委員会の試案が毎日新聞にスクープされたことにより，それまで日本政府の改憲作業を見守っていた総司令部の態度が一変する。総司令部民政局長C.ホイットニー准将は，毎日新聞の記事を英訳し，マッカーサーに手渡す際，松本委員会案が旧憲法を大きく修正するものではなく，その頃すでに発表されていた民間憲法案[*1]と比較しても極めて保守的なものであることなど，消極的な意見を添えた。

マッカーサーは，2月3日，松本委員会案を拒否し，民政局内部で独自に改憲案を作成するようホイットニー局長に命じた。その際，マッカーサーは以下の3点を改憲案に盛り込むよう指示するメモを提示した。①天皇は国家の元首の地位にあり，世襲であること。その権能は憲法に基づき，国民の基本的意思に責任を負うこと。②国家の主権的権利としての戦争を放棄すること。陸海空軍を保有せず，交戦者の権利も与えられないこ

[*1]　民間憲法案：昭和20（1945）年末から翌年2月にかけ，日本政府の改憲作業と並行して，憲法懇談会，憲法研究会といったグループや政党が独自に改憲案を発表していた。とくに鈴木安蔵らの憲法研究会が昭和20年12月26日に発表した「憲法草案要綱」は，天皇親政を否定し，天皇はもっぱら国家的儀礼を司るものとした。国民に健康で文化的生活水準の生活を営む権利を保障するなど，現在の日本国憲法に通じるものがあり，総司令部からも高く評価された。

と。③封建制度は廃止され，皇族を除き，華族等の特権は認められないこと。予算は英国型にすること。「マッカーサー・ノート」(3原則)と呼ばれるこのメモは，以後，日本国憲法の内容に大きく影響することになる。

　マッカーサーの命を受け，ホイットニー局長の下，総司令部民政局スタッフ25名が改憲案の作成に着手する。彼らは憲法の専門家というわけではなかったが，メンバーの中にはハーバード大，スタンフォード大などの名門大学出身者もおり，占領地行政を専門とする人たちであった。2月10日には一応の素案が出来上がり，12日にマッカーサーの了承を得て総司令部案が完成した。改憲案作成指示からわずか10日である。

　勿論，上述のような総司令部内部の改憲案起草作業は，日本政府には知らされることはなかった。2月13日，外務大臣官邸でホイットニー局長等と松本国務大臣，吉田茂外務大臣が会談したが，このとき日本側は，2月8日に総司令部に提出した松本委員会案に関する米国側の意見を期待していた。しかし，ホイットニーは冒頭から松本委員会案の拒否を明言し，総司令部が作成した改憲案が日本側に提示された。しかもその内容は，国家・国民の統合の象徴である天皇(1条)，戦争放棄・戦力不保持(8条)，外国人の平等な法的保護の享受(18条)，土地・天然資源の国有化(28条)，国会一院制(41条)など，日本側の構想とは全く異質な内容を含むものであった。総司令部側は，松本委員会案では昭和天皇の一身の安泰は保障し難いことなどに言及し，総司令部案に基づく改憲案を早急に作成するよう強く迫った。日本側は，2月18日に再度松本委員会案の補充説明書を提出して巻き返しを図ったが，総司令部には受け入れられず，結局，2月21日の幣原・マッカーサー会談の翌日，総司令部案を基に憲法改正案を作成することを閣議決定した。

3　改憲作業への総司令部の直接的介入の理由

　ところで，総司令部はなぜ昭和21年2月になって憲法改正作業への介入を強め，その内容にまで立ち入った指示を出すようになったのか。松本委員会案の内容に疑義があったとしても，一旦差し戻し，日本側に再検討を求めることもできたはずである。にもかかわらず，総司令部民政局内部で

極めて短期間に改憲案を作成し，これを日本側に高圧的な姿勢で強要したのには理由がある。

　第一に，昭和21年1月になって，米国政府から「日本の統治体制の改革」(SWNCC-228) ［国務省・陸軍省・海軍省三省調整委員会文書228号］という文書がマッカーサーに送付され，憲法改正問題に関する米国政府の方針が具体的かつ詳細に示されたことである。この文書は，日本の統治体制の民主化に必要な事項を列記するものであるが，なかでも天皇制は廃止が望ましいこと，かりに天皇制存続を日本国民が求めた場合でも，内閣の助言と承認の下に民主的に統制され，軍に関する権能はすべて剥奪すべきことなどが明記されていた。旧憲法のマイナーチェンジにとどまる松本委員会案では，SWNCC-228が示す米国政府の要求を満たせないことが明らかとなったのである。

　第二に，昭和20 (1945) 年12月のモスクワ外相会議において，日本の占領政策に関する連合国の最高意思決定機関として極東委員会がワシントンに設置されることが決まり，翌年2月26日に活動を開始することになったことである。終戦後，日本の占領政策は，実質的には米国単独で実施されていたが，極東委員会発足後は総司令部もその決定に従うこととされた。米国政府も，憲法改正問題について極東委員会の同意なく指示を出すことができなくなる。そうなれば，ソ連，中国などが憲法問題に介入することが予想され，米国にとっても不都合な事態となるおそれがあった。極東委員会が発足する前に，米国政府と総司令部 (マッカーサー) の意向に沿った日本国憲法案の完成を急ぐ必要があったのである。

4　総司令部案に基づく改憲案の作成と帝国議会審議

　昭和21 (1946) 年3月2日に，総司令部案を修正し日本側の意向に沿う修正を加えた改憲案が作成され，同4日から5日にかけ総司令部との間で折衝がなされた。天皇の行為に対する内閣の役割等，多くの条項が元の総司令部案の形に戻されたが，土地・天然資源の国有化規定の削除や国会の両院制への変更など，日本側の提案が受けいれられたところもあった。3月6日，この折衝の結果まとまった案が「憲法改正草案要綱」として公表され

た。2月1日の毎日新聞によるスクープ以後，上述のような水面下の作業を知らない国民は，松本委員会案との違いに驚いたが，共産党など一部急進派を除き，諸政党はこれに同調する姿勢をみせた。4月10日に衆議院の総選挙が行われ，新憲法案を支持する政党が多数を得た。このことをもって，国民の新憲法案への支持が表明されたと理解する論者もあるが，これが日本国民の真の世論であったかは疑わしい。総司令部は，この時期，世論統制のため，「日本新聞規則ニ関スル覚書」(昭和20年9月19日) 等による検閲を厳しく実施しており，新憲法制定作業への総司令部の介入の事実を報じ，これを批判することを禁じていた。この時期だけでなく，戦後長く日本国憲法制定の舞台裏が国民に秘匿されていた事実は無視できない。

　内閣は「憲法改正草案要綱」を成文憲法案に作り直し，4月17日に「憲法改正草案」として発表，天皇の勅裁を得て，枢密院に諮問した。総選挙後，幣原内閣は4月22日に総辞職したが，その後1か月間の政治空白が生じ，5月22日に第1次吉田茂内閣が発足した。吉田内閣は，同25日，すでに枢密院に諮問していた改憲案を撤回し，一部修正して29日に再諮問した。枢密院が6月8日にこれを可決したのをうけ，同19日，金森徳次郎が憲法問題専任大臣に任命され，帝国議会での審議が開始されることになる。

　6月20日に開会した第90回帝国議会に提出された政府改憲案は，大日本帝国憲法73条の改正手続にのっとり審議された。6月28日，衆議院に芦田均を委員長とする帝国憲法改正案委員会が設置され，改憲案が付託された。約2か月の審議を経て，8月24日，本会議において，投票総数429票，賛成421票，反対8票の圧倒的多数で改憲案は可決された。衆議院通過後，貴族院に審議の場が移ったが，この段階で「文民条項」(後述) が新たに追加されることとなり，10月6日に再度衆議院に回付され，翌日可決された。これをもって，帝国議会の改憲案審議は終了した。

　帝国議会を通過した改憲案は，再び枢密院に諮られ10月29日に可決，天皇による裁可を経て11月3日に日本国憲法は公布された。公布の日から6か月後の昭和22(1947)年5月3日より施行され，以後一度の改正もなく今日に至っている。

III 憲法制定過程の問題点

　日本国憲法の公布にあたり付された上諭には，次のように記されている。「朕は，日本国民の総意に基づいて，新日本建設の礎が，定まるに至つたことを，深くよろこび，枢密顧問の諮詢及び帝国憲法第七十三条による帝国議会の議決を経た帝国憲法の改正を裁可し，ここにこれを公布せしめる。」ここから明らかなように，日本国憲法は，手続的には欽定憲法の体裁をとっている。他方，日本国憲法は，その前文1段が示すように，国民主権原理を柱としている。つまり憲法改正により主権者の移動が生じたことになる。

　憲法改正無限界説（⇒第2章Ⅳ2）に立てば，形式的改憲手続を経ていれば主権の所在を含め，憲法の基本原理を変更することに法的問題はない。しかし，大日本帝国憲法において，天皇の国家統治の大権は，「朕カ之ヲ祖宗ニ承ケテ之ヲ子孫ニ伝フル所」（上諭2段）であると，その世襲による永続性が強調されている。また73条は「憲法ノ或ル条章ヲ改正スルノ必要」（同5段）がある場合，すなわち部分改正に備えたものであることから，全面改正による主権の移動を容認する憲法改正無限界説に立つことはできない。

　憲法改正限界説の立場に立てば，天皇主権から国民主権への転換は憲法改正によっては不可能である。このため，改憲の事実と憲法学説との矛盾を論理的に解消するよう，ポツダム宣言が国民主権原理の受容を日本に要求するものと解し，その受諾により，法的意味での「革命」が生じたと説明する説が唱えられたこともある（宮沢俊義「8月革命説」）。しかし，ポツダム宣言の受諾に伴い履行すべき国際法上の義務に，大日本帝国憲法の改正は直接的には含まれてはいない。また，日本側も「天皇ノ国家統治ノ大権ヲ変更スルノ要求ヲ包含シ居ラザル」ことを条件に受諾し，受諾後も「国体ヲ護持シ」うるものと認識していたことから，占領下においても大日本帝国憲法は実効力を維持していたのである。「8月革命説」は，この事実を説明できない。この説は，旧憲法の全面改正によって生じた主権の所在の変更を，憲法改正限界説の枠内で論理整合的に説明するための，単なる法的擬制にすぎない。

日本国憲法の制定過程が上述のような経過をたどったのは，新憲法制定が日本側の自発的意思によりなされたという体裁を保ちつつ，旧憲法と新憲法の法的連続性を強調し，かつ，限られた期間内に新憲法案を完成させたい総司令部側の意図によるものである。総司令部の日本国憲法制定作業への介入については，「占領者ハ，絶対的ノ支障ナキ限，占領地ノ現行法律ヲ尊重」すべきと定める「陸戦ノ法規慣例ニ關スル規則」43条に違反するなど，多くの問題点が指摘され，当初から新憲法の法的効力に疑義を抱く論者も少なくなかった。

　とはいえ，憲法制定から65年以上が経過した今，改憲手続の瑕疵のみを理由として日本国憲法の無効を主張する現実的意味は薄い。日本国憲法は，占領下で法的瑕疵のある手続により制定されたが，日本の主権回復の時点をもって法的に追認されたと理解するのが，最も簡明かつ現実的な説明であろう。

Ⅳ　憲法9条制定過程における総司令部の意図と極東委員会の介入

　これまでみてきたような日本国憲法の制定過程の客観的事実をふまえれば，それは日本国民の総意に基づいて制定されたというより，日本国政府・議会と米国政府・総司令部（マッカーサー），さらには極東委員会を加えた三者間での政治的駆け引きの所産として，いわば「国際協約憲法」ともいえる性格のものである。このような性格は，とくに戦争放棄・戦力不保持を定める憲法9条の起草をめぐって，極めて顕著に表れる。第3章で説明する9条解釈の前提として，ここで，憲法9条の制定過程における総司令部と極東委員会の介入のあり様を，より深く検討しておくことにする。

1　連合国の意図

　日本国に非武装を義務づけるとも読める9条が日本国憲法に導入されたのは，誰の意思によるものであろうか。

第二次大戦の戦後処理に関連して，日本に対して一時的に武装解除を要求する文書は複数存在する。「大西洋憲章(英米共同宣言)」(1941年8月14日)には，侵略的国家が引き続き陸海空軍を戦後も保有し続けるならば将来平和が維持できないがゆえに，「いっそう広範かつ永久的な一般安全保障制度が確立されるまでの間は，それらの諸国の武装解除が不可欠である」と記されていたし，終戦時受諾したポツダム宣言には，日本における軍国主義勢力の排除，戦争遂行能力の破砕と民主的・平和的政府の樹立までの間の連合軍による占領が明記されていた（6項，7項）。さらに，「降伏後における米国の初期の対日方針」(1945年9月22日)は，「日本国が再び米国の脅威となり，または，世界の平和及び安全の脅威とならざること」が「究極の目的」であるとしていた。しかし，これらの文書はいずれも日本の永久非武装化を求めるものではない。昭和21 (1946) 年1月初旬にアメリカ本国がマッカーサーに示した対日占領政策のシナリオSWNCC-228には，政府の文官部門が軍事部門に優越すべきことを求めるなど，むしろ，日本の再軍備を示唆する箇所すら確認できる。

2　マッカーサー元帥と総司令部の意図
(1) マッカーサーの発案
　憲法9条の発案者が誰であるかについては諸説あるが，9条の直接の原型が，松本案に代わる新憲法案の骨子としてマッカーサー自身が起草した「マッカーサー・ノート」第2原則であることに異論はない。それは，以下のような文言であった。

　「国家の主権的権利としての戦争を廃棄する。日本は，紛争解決のための手段としての戦争，及び自己の安全を保持するための手段としてのそれをも放棄する。日本はその防衛と保護を，今や世界を動かしつつある崇高な理想に委ねる。いかなる日本陸海空軍も決して許されないし，いかなる交戦者の権利も日本軍には決して与えられない。」

　ここでは，「紛争解決のための手段として」の戦争のみならず，「自己の

安全を保持するための」戦争をも放棄するとして，自衛目的の戦争も明確に否認している。1928年の不戦条約[*2]は，「国際紛争解決のための戦争」「国家の政策の手段としての戦争」を禁じていたが，そこで否認されたのは侵略戦争であり，締約国の自衛権行使を制限するものではなかった。自衛を目的とする戦争をも否定し，一切の軍隊の保持を憲法により禁じようとするマッカーサーの発案は先例のないものである。

　絶対非戦・非武装を憲法に掲げようとしたマッカーサーの意図がどこにあったのか。何のために，彼は先例のない戦争放棄条項の導入にこだわったのか。それは，彼が天皇制存続を強く支持していたことと関係する。マッカーサーは，戦後の日本の民主化を円滑に実現するには天皇制の維持が不可欠であると考え，その存続と昭和天皇の一身の安泰を強くアメリカ本国政府に進言していた。「マッカーサー・ノート」第1原則において天皇の地位を世襲とし，日本国の元首としていることからも，天皇に対する彼の配慮のほどをうかがい知ることができる。しかし，アメリカ本国政府をはじめ多くの国は天皇制こそが軍国主義の元凶であり，日本の民主化を阻害するものと考えており，昭和天皇の戦争責任を追及する動きもあった。マッカーサーは，天皇制存続を認めても，日本が再び軍国主義に回帰することがないことを保証するため，天皇制維持を連合国に説得する条件として，先例のない徹底した非戦・非武装を憲法に掲げるよう提案したものと考えられている。そのため，総司令部案起草初期段階では，戦争放棄条項を最も目立つ冒頭1条に置くことも考えられていたのである。

（2）総司令部民政局内での修正

　「マッカーサー・ノート」第2原則の文言がそのまま現在の9条に継承されたのであれば，現憲法下では，いかなる目的によるものであれ，一切の戦争が禁じられることになる。しかし，昭和21年2月13日に総司令部案

[*2] **不戦条約**：「戦争ノ抛棄ニ関スル条約」（不戦条約）は，第一次大戦後，米国国務長官F.ケロッグとフランス外相A.ブリアンの発案により主要国が締結した戦争を制限する条約で，その1条は以下の文言であった。「締約国ハ国際紛争解決ノ為戦争ニ訴フルコトヲ非トシ且ツ其ノ相互ノ関係ニ於テ国家ノ政策ノ手段トシテノ戦争ヲ抛棄スルコトヲ其ノ各自ノ人民ノ名ニ於テ厳粛ニ宣言ス」戦争違法化の国際潮流を生み出す端緒を開いたが，締約国の自衛権の行使を制限するものではなく，多くの国が留保条件を付けていたため，空文化した。憲法9条1項の原型であるといわれる。

として日本側に示された案文には「マッカーサー・ノート」にあった「自己の安全を保持するための手段として」の戦争を放棄する旨の字句はすでに削除されており，以下のような文言に修正されていた。

　総司令部案8条
　「国権の発動たる戦争は，廃止する。他の国民との紛争解決の手段としての武力の威嚇又は武力の行使は，永久にこれを廃止する。
　陸海空軍その他の戦力は決して許諾されず，又交戦状態の権利は，国家に授与されることはない。」

　その後日本側が作成した「憲法改正草案要綱」(同年3月6日)でも自衛戦争放棄に関する字句はない。「自己の安全を保持するための」戦争を放棄する旨の字句がどのような理由から削除されたかについては，総司令部案作成過程の研究が進むにつれて解明された。9条の起草を担当した民政局次長C・ケーディス大佐が，「マッカーサー・ノート」の元の文言は非現実的であり，日本が自衛権をも放棄するかのような誤解を与えかねないとして，マッカーサーの了解を得て削除したことが明らかとなっている。

3　芦田修正と極東委員会による「文民条項」挿入要求

　帝国議会における憲法案審議の過程でも，戦争放棄条項に重要な修正が加えられた。いわゆる芦田修正である。帝国憲法改正案委員小委員会の委員長であった芦田均の発案で行われたこの修正は，1項の冒頭に「日本国民は正義と秩序を基調とする国際平和を誠実に希求し」という文言を，2項のはじめに「前項の目的を達するため」という句を補うものであった。より積極的に国際平和への国民の願いを表現するため，この修正が加えられたものと当時は説明された。

　しかし，この修正により，日本は自衛目的であれば戦力を保有することが可能になるのではないかとの懸念が極東委員会の中で提起されることとなった。つまり，戦力不保持を定める2項冒頭に「前項の目的を達するため」という字句が挿入されたことにより，戦力不保持の目的を限定する解

釈の余地を認めることになり，「前項」（1項）の目的である国際紛争解決のための武力使用を禁じる以外の目的，たとえば自衛の目的のためであれば戦力保有を容認しうる文理解釈が可能なのではないか，芦田修正には日本再軍備の隠された意図があるのではないか，という懸念が表明されたのである。

このため，昭和21（1946）年8月24日に芦田修正を含む憲法改正案が衆議院で可決されると，極東委員会は，9月20日，ソ連の提案により，日本が将来自衛軍を設置するようなことになっても軍人が政府に参画することがないよう，内閣構成員を文民に限定する「文民条項」を憲法に新設するよう正式に要請するに至った。これを受け総司令部は，貴族院審議段階の9月24日になって，強く「文民条項」の導入を日本政府に求めた結果，現在の66条2項が挿入されることになったのである。

つまり，総司令部や極東委員会参加国は，すでに制定当初から芦田修正による日本再軍備の可能性を予見し，かりに将来日本が自衛軍を保有することになっても，これが旧憲法下での統帥権の独立[*3]や軍部大臣現役武官専任制（陸軍大臣・海軍大臣を現役の大将・中将から選任する制度）のような制度運用により軍部の政治介入を許すことがないよう，厳格な文民統制（シヴィリアン・コントロール）が確保される保証として，「文民条項」の付加を求めたのである。

このようにして導入された戦争放棄条項がどのような意義を有するかは，第3章でくわしく説明する。

[*3]　**統帥権の独立**：統帥権とは，軍隊の最高指揮権のことである。大日本帝国憲法11条は「天皇ハ陸海軍ヲ統帥ス」と定めていた。統帥事項は内閣による輔弼の外に置かれ，陸軍参謀本部と海軍軍令部が天皇を補佐し，これを執行した。統帥権は狭義には作戦用兵に関する軍令権を意味し，兵力規模を決定する編制大権（同12条）から区別されるが，1930年ロンドン海軍軍縮条約締結のころから，軍部は，兵力量の決定も統帥権に含まれると拡大解釈するようになる。統帥権の独立とは，政府・議会が統帥事項に関与できないとする原則であるが，これが政党内閣に対立する軍部の独走を許す一因となったとされる。

		日本国憲法制定年表
1945年 7月26日		ポツダム宣言発せられる。
	8月10日	最高戦争指導会議（御前会議）開催（ポツダム宣言受諾の基本方針決定。「天皇ノ国家統治ノ大権ヲ変更スルノ要求ヲ包含シ居ラザルコトノ了解ノ下ニ」受諾する旨連合国側に伝達。）
	11日	「バーンズ回答」（「降伏ノ時ヨリ天皇及日本国政府ノ国家統治ノ権限ハ降伏条項ノ実施ノ為其ノ必要ト認ムル措置ヲ執ル連合国軍最高司令官ノ制限ノ下ニ置カルルモノトス。」）
	14日	「バーンズ回答」を受け入れ，最終的にポツダム宣言受諾を通告。「戦争終結に関する詔書」（「…朕ハ茲ニ国体ヲ護持シ得テ…」）
	15日	天皇による終戦詔書の録音を放送（玉音放送）
	9月 2日	ミズーリ号上にて降伏文書に調印
	10月 4日	近衛文麿公，マッカーサー元帥から改憲の指示を受ける。
	5日	東久邇稔彦内閣総辞職
	9日	幣原喜重郎内閣成立
	11日	近衛公，内大臣府御用掛に任命され，改憲作業継続。マッカーサー，幣原首相にも改憲を指示。
	27日	憲法問題調査委員会（通称・松本委員会）第１回会合
	11月 1日	総司令部，近衛公による改憲作業を否定
	22日	近衛案奉呈
	23日	佐々木惣一案奉呈
	24日	佐々木惣一案進講・内大臣府廃止
	12月 8日	衆議院予算委員会で「松本４原則」を説明
1946年 1月 1日		「新日本建設に関する詔書」（天皇の「人間宣言」）
	4日	「憲法改正私案」（いわゆる松本私案）完成
	11日	SWNCC-228マッカーサーに伝達
	2月 1日	毎日新聞「憲法問題調査委員会試案」をスクープ掲載
	3日	「マッカーサー・ノート」（３原則）がホイットニー民政局長に示される（翌４日より総司令部案作成開始）
	8日	日本政府，「憲法改正要綱」（英訳版）とその解説書を総司令部に提出
	13日	総司令部案（全92カ条）を日本側に交付
	21日	幣原・マッカーサー会談（翌日の閣議で総司令部案に基づく改憲を決定）
	26日	極東委員会第１回会議
	3月 2日	「３月２日案」作成（４日に日本語のまま総司令部に提出）
	6日	「憲法改正草案要綱」発表
	4月10日	衆議院総選挙
	17日	「憲法改正草案」発表
	22日	幣原内閣総辞職（後継内閣決まらず１か月の政治空白）。枢密院，憲法改正案審査開始
	5月22日	第１次吉田茂内閣成立（枢密院に諮詢した改憲案を25日撤回，一部修正後29日に再度諮詢）
	6月 8日	枢密院，改憲案を可決
	19日	金森徳次郎を憲法問題専任大臣に任命
	20日	第90回帝国議会開会（帝国憲法改正案を提出）
	28日	帝国憲法改正案委員会設置（委員長・芦田均。7月23日小委員会設置。8月1日「芦田修正」）
	8月24日	改憲案，衆議院本会議で修正可決後，貴族院に送付（9月24日総司令部から「文民条項」挿入の要請）
	10月 6日	貴族院本会議で修正可決後，衆議院に回付
	7日	衆議院，回付案に同意・議会審議手続完了
	29日	議会における修正についての枢密院の事後審査後，改憲案確定
	11月 3日	「日本国憲法」公布（翌年5月3日施行）

第2章
日本国憲法の基本原理

本章の狙い

「憲法」とは，どのような特徴を有する法であるか。それは，国の法秩序において，どのような位置を占めるのか。本章では，「立憲主義」，「国民主権」，「象徴天皇制」など，日本国憲法を学ぶ上でまず理解すべき基本概念の意味を明らかにしつつ，国の「最高法規」としての憲法の機能を考察する。

I 立憲主義憲法の意義

1 憲法の概念

「憲法」という言葉は，日本でも古くから用いられてきた。たとえば，私たちは聖徳太子が制定したとされる十七条憲法を知っている。この文書は，日本最古の成文法とされるが，官人の心得を訓示したものにすぎない。「憲法」と呼ばれるからといって，それが現代の日本国憲法と同等のものと考える者はいないであろう。

とはいえ，十七条憲法と日本国憲法には共通点が無いわけでもない。「為政者や官吏が職務にあたり守るべき根本規範」を含むという点では，この2つの憲法は同じ属性を共有する。いかなる時代，いかなる地域にも，何らかの組織・制度を備える人間共同体があり，そこに秩序が保たれるべきであれば，必ずそこに秩序を安定化させる統治の根本規範が存在しなけ

ればならない。このような規範を一般的に「憲法」と呼ぶことがある。

　しかし，私たちが今日法学として学ぶのは，このような一般概念としての「憲法」ではなく，近代的な統治原理を制度化する根本規範を定める法典という意味において理解されるものである。すなわち，国民を主権者とし，人権保障と権力分立制を国家統治の基礎とし，かつ，国家権力が憲法典による制約を受け，憲法の定めるところに従って国家の運営がなされることを求める近代立憲主義憲法である。

2　立憲主義の諸相

　18世紀，近代市民革命の成功により封建的国王支配体制を打破したフランスや植民地支配から独立したアメリカ合衆国において典型的にみられる近代立憲主義憲法は，国家権力の濫用から国民の自由・権利を保護するとともに，国家権力自体を国民が掌握し，国民意思と国家意思，治者と被治者を同一化することで，自由主義と民主主義を共に実現する理念である。その理論的支柱となったのが近代自然法思想[*1]であった。

　19世紀に入り，立憲主義の影響が諸国に広がり，多くの国が立憲主義憲法を制定するようになったが，各国の市民階級の政治的成熟度やその権力掌握の程度により，立憲主義の達成度は一様ではなかった。フランスのように市民革命の成功を経て，本来的意味での立憲主義を実現した国もあれば，市民革命を経ることなく，封建的支配階級の政治的影響力が温存されたまま，君権主義を基本とし，不完全な人権保障と名目的な権力分立制をとるにすぎない外見的立憲主義にとどまったドイツ諸邦，それに倣った日本のような例もある。

[*1]　**近代自然法思想**：人間の自然的本性を法規範や国家の正当性の基礎とする思想。17世紀，T.ホッブズは，人間の生存をかけた闘争を自然状態ととらえ，これを回避するために絶対王政を支持した。一方，J.ロックは，人間が自然状態においても理性的存在であり，各人の自然権を守るため，権利を政府に信託し，政府が権力を濫用し自然権を侵害した場合には，国民は国家に抵抗し，新たな政治組織を形成することができると考えた。

3　大日本帝国憲法から日本国憲法へ

　明治22(1889)年発布された大日本帝国憲法は，西欧諸国の憲法に範をとる日本最初の近代的憲法であったが，「国体」思想に特徴づけられた日本独特のものであった。すなわち，万世一系の天皇家の地位を神意によるものとし，天皇は神勅に基づいて国家統治の全権を掌握し，臣民は無条件にこの統治に服すべきものとされたのである。

　大日本帝国憲法も，臣民個々人に様々な基本的権利を保障する点において，立憲主義的特色を備えてはいた。しかし，人権規定には法律の留保[*2]が伴っており，また緊急勅令(8条)や非常大権(31条)により大幅に制限されうるものであった。行政裁判所が行政府に属する特別裁判所であるなど，国家による権利侵害の救済も不十分であった。帝国議会，内閣，裁判所の間に外見上は権力分立制がとられたが，天皇の統治を翼賛するものでしかなかった。

　第1章で説明したように，現在の日本国憲法は，第二次大戦敗戦後の連合国占領期において，形式上は大日本帝国憲法の全面改正として制定された。しかし，その基づく基本原理は，旧憲法の特色を継承することはなく，むしろこれを否定するものであった。日本国憲法は，その前文において，国民主権，基本的人権の尊重，平和主義に基づくことを宣明している。これらの諸原理は，治者と被治者の同一化という民主主義の要請と国民の自由・権利の保護という自由主義の要請を共に満たすべき，本来的意味での近代立憲主義の実現を目指すとともに，その前提としての平和の実現・維持を最高目標とする憲法であることを顕示するものであり，大日本帝国時代に繰り返された戦争の惨禍への反省をとくに強調している。

[*2]　**法律の留保**：大日本帝国憲法が保障する「臣民の権利」は，天皇の恩恵として臣民に下されたものであり，無条件に保障されているのではなく，法律が認める範囲内において保障されるにすぎないという留保がつく(22条，29条など)。これは，法律によっても侵されない自由・権利の存在を認めないことを意味する。これに対して，日本国憲法の基本的人権は永久不可侵のものとされ(11条，97条)，その制限は「公共の福祉」のためにのみ許される。

II 国民主権と象徴天皇制

1 国民主権

「主権」は，多義的概念である。一般的には，国家固有の統治権を意味し，対外的には国家の政治的独立を，対内的には統治権の最高性を表現する用語である（日本国憲法では前文3段で用いられる「主権」が対外的意味，1段が対内的意味を表わしている）。しかし，「主権」の意味は，その成立の歴史的沿革からみて，複雑な意味を内包している。

主権の概念を国家論の中心に位置づけたのは16世紀フランスの思想家J. ボダンであるといわれる。彼は，主権を国家における絶対的かつ恒久的な権力とし，最高，唯一，不可分かつ不可譲な性質を有するものと考えた。彼の理論は，宗教戦争の中で揺らぐフランス王家の封建的支配の強化と国家統一を維持するためのもので，その後の絶対王政の理論的支柱ともなった。

大革命後のフランスでは，主権の所在は，国王から国民に移行する。しかし，1人の国王に統治権力が集中する旧体制とは異なり，新体制では，政治的利害を異にする多数の人間の集合体である国民に主権を帰属させることが，いかなる制度的帰結を導くかについて，当初動揺がみられた。1791年憲法では，主権が抽象的観念としての国民（ナシオン）に帰属し，国民が権力の唯一の源泉とされるが，この国民は授権においてのみ主権を行使するものと観念されたため，代表制が採用された。この場合，選挙は一定の要件を満たす能動的市民による公務とされ，議員は選挙民に拘束されない自由委任により国政を担うものとされた。一方，1793年憲法は，主権が具体的人民（プープル）に帰属するとの立場に立ち，主権の行使は原理的には直接民主制によるが，代表制をとる場合でも，議員は普通選挙により選出され，選挙民の意思に拘束される命令委任を受けるものとされた。

市民革命によらず立憲主義が導入された19世紀後半のドイツにおいては，実定憲法上は君主主権であったが，台頭する議会勢力との融和を図るため，学説上，国家自体が法人格として統治権を有すると観念する国家法人説に基づき，国家に主権があるものと説かれた。大日本帝国憲法下にお

いても，国家法人説の立場に立ち，国家を統治権の主体とし，天皇がその最高機関として統治権を行使するものと理解する「天皇機関説」が説かれた。この説は当時通説とされたが，議会の役割を重視するものであったため，昭和7（1932）年に起きた5・15事件以後の政党政治の後退と軍部の台頭とともに，「神聖なる我が国体に悖（もと）る」と厳しく批判された。

大日本帝国憲法の下では，天皇は統治権の総攬者であり（4条），立法，行政，司法のすべての権能は天皇に属していた（5条，55条，57条）。これに対して，日本国憲法では，天皇の主権性を否定し，天皇には象徴としての地位を認めるにとどめ，国家統治に関する権能を否認するとともに，国民主権原理を採用し（前文，1条），これを「人類普遍の原理」であるとした。それは，すべての国家権力の淵源が国民にあり，憲法制定権力の主体が国民であることを恒久化することを意味する（天皇が憲法制定権者であった旧憲法の改正により，国民を制定権者とする日本国憲法が誕生したことの法理上の問題について⇒第1章Ⅲ）。

2　象徴天皇制

(1)「神」から「象徴」へ

大日本帝国憲法下の天皇は，記紀神話における天照大神の末裔として神格化され，現御神（あきつみかみ）として日本国の統治権総攬者の地位にあった。しかし，新憲法の制定にあたり，総司令部は，こうした神権天皇制が占領政策の遂行と戦後日本の民主化に支障となると考え，その否定を求めた。昭和21（1946）年1月1日，昭和天皇は「新日本建設に関する詔書」（いわゆる「人間宣言」[*3]）を国民に対して発して自らの神格性を否定し，独善的民族意識を斥けた。

天皇の地位の「象徴」への転換は，新憲法制定のどの段階でなされたのであろうか。1946年1月初旬にアメリカ本国がマッカーサーに発した戦後日

[*3]　天皇の「人間宣言」：「人間宣言」は，以下のように天皇の神格性を否定する。「朕ト爾等国民トノ間ノ紐帯ハ，終始相互ノ信頼ト敬愛トニ依リテ結バレ，単ナル神話ト伝説トニ依リテ生ゼルモノニ非ズ。天皇ヲ以テ現御神トシ，且日本国民ヲ以テ他ノ民族ニ優越セル民族ニシテ，延テ世界ヲ支配スベキ運命ヲ有ストノ架空ナル観念ニ基クモノニモ非ズ。」

本の統治体制の改革指針（SWNCC-228）では，天皇制は廃止が望ましいとしつつも，日本国民が存続を望む場合には，これをより民主的な方向に改革するよう奨励しなければならないと記されていた。マッカーサー自身は，同年2月3日，「マッカーサー・ノート」第1原則で示したように，世襲天皇制の存続を認め，天皇に元首の地位を付与すべきと考えていたが，天皇の職務および権能が憲法に基づき行使され，憲法に示された国民の基本的意思に責任を負うものとするよう，改憲案作成に際して総司令部民政局に指示した。「マッカーサー・ノート」に基づき作成され，2月13日に日本側に提示された総司令部案1条では，「皇帝ハ国家ノ象徴ニシテ又人民ノ統一ノ象徴タルヘシ彼ハソノ地位ヲ人民ノ主権意思ヨリ承ケコレヲ他ノイカナル源泉ヨリモ承ケス」と規定されていた。ここでは「元首」の地位が「象徴」に置き換えられている。

（2）「象徴」の意味

日本国憲法1条は，「天皇は，日本国の象徴であり，日本国民統合の象徴であって，この地位は，主権の存する日本国民の総意に基づく」と定める。象徴とは，一般的には，無形で抽象的な事柄を有形で具体的なもので置換し，無形・抽象的な事柄の意味を連想させる心理的作用である。したがって，象徴の働きは主観的なものであり，すべての人に同様の作用を及ぼすとは限らず，強制力を発揮すべき法規範には本来なじまない概念である。

とはいえ，法的文書において国王等が象徴とされる例は過去にいくつかある。たとえば，イギリス連邦の法的根拠とされるウェストミンスター憲章（1931年）の前文では，「国王はイギリス連邦を構成する諸国の自由な結合の象徴」であると記された。この場合，英国の海外自治領に独立性を認める一方で，イギリス国王に対する忠誠という無形の心理的統合作用を期待したものと考えられる。日本国憲法において，天皇が「日本国の象徴」であり「日本国民統合の象徴」であるとされるのは，日本の国土および歴史と伝統に根ざす文化的諸要素を包含するものとして，日本国と日本国民を統合する心理的作用が発揮されることを期待したものと解される。

（3）天皇は君主か

　戦後日本の主要憲法学説は，君主が備えるべき要素として以下の7つを挙げていた。①独人制であること，②世襲であること，③統治権の重要部分，とくに行政権を保有すること，④対外的に国家を代表する地位にあること，⑤その地位に伝統的権威が伴うこと，⑥象徴的機能を有すること，⑦自己の行為に責任を負わないこと。日本国憲法における天皇は，象徴としての地位にあって，それにふさわしい形式的・名目的・儀礼的な国事行為だけを担当し，国政上の権能はなく，上述の君主のメルクマールのうち，統治権については純粋に形式面のみに関わるにとどまり，対外代表権も極めて限定されている。しかし，その他の5つの要素は備わっているといえる。

　象徴である天皇の地位は，「君臨すれども統治せず」を原則とするイギリス国王に比べても，君主的性格が格段に希薄である。だが，現代では，国政上の権能を行使しない君主はめずらしくはない。現在のスペインやオランダの国王の場合，国政上の権能はいずれも名目的なものであり，スウェーデンのように国王が内政上形式的・儀礼的行為すら行わず，形式的な対外代表者としての地位のみを有する君主国もある。歴史的観点からみても，天皇を日本国の君主とみなすことに支障はない。

（4）天皇は元首か

　国家元首とは，英語ではhead of the state，ドイツ語ではStaatsoberhauptの語で表わされる地位である。これは，国家を一つの生物ととらえる国家有機体説において，最高統治権を有する君主が国家の頭部とみなされたことに由来する。大日本帝国憲法は，4条において，「天皇ハ国家ノ元首」であると定めていた。しかし，日本国憲法には元首を明示する規定はない。

　今日，元首のメルクマールは各国の国制により必ずしも固定的ではなく，行政権を有する大統領や国王が元首である場合もあれば，国内的には国政上の権能はほとんど行使しないが対外的には国家を代表する地位にある大統領や国王が元首である場合もある。対外的代表権を有する大統領を元首とする国でも，内政上は，アメリカ合衆国のように強大な権能を有する場合もあれば，ドイツのように比較的形式的・儀礼的な権能のみを付与

されている場合もあり，一様ではない。上述のように，本来，元首という地位（機関）は，過去の国家有機体説の名残である。今日では，内政上の権能の態様を重視せず，対外的に国家を代表する地位にある者を元首と呼ぶ傾向にある。

　日本の対外的代表権は，内閣と天皇が分有している。すなわち，内閣は憲法上，外交使節を任免し，条約を締結し，外交関係を処理する権限を有する（73条2号，3号）。他方，天皇は，全権委任状，大使および公使の信任状の認証，批准書その他の外交文書の認証，大使および公使の接受を行う（7条5号，8号，9号）。この点で国を代表するといえるが，いずれも内閣の助言と承認により行うものである。権限の実質性の観点から，内閣（内閣を代表する内閣総理大臣）を元首とみなす見解もあるが，外国大使・公使の接受は国家元首が行うのが国際慣例であり，この点を重視すれば，天皇が元首であるともいえる。

　天皇と内閣（総理大臣）のいずれが元首であるかは，結局のところ憲法の概念定義の問題であり，学説においても見解の一致をみていないが，実際の外交慣例上は，天皇が日本国の元首としての待遇を受けている。諸外国をみても，形式的であれ国家を対外的に代表する元首と行政府の長が異なる場合が多く，行政府の長である内閣総理大臣は元首たる大統領や国王とは外交儀礼上区別されるのが通例である。

3　天皇の権能と皇位の継承

（1）　天皇の国事行為とその他の行為

（ア）国事行為

　天皇は憲法の定める国事に関する行為のみを行い，国政に関する権能を有しない（4条）。天皇が国事行為を行うには，内閣の助言と承認が必要であり，これについては内閣がその責任を負う（3条）。天皇は，国事に関する行為につき責任を負うことはない。

　憲法6条および7条に列記される国事行為は，以下のとおりである。いずれも天皇の主導的意思がはたらくものではない。
①内閣総理大臣および最高裁判所長官の任命（6条）：内閣総理大臣の任命

は国会の指名に基づき，最高裁判所の長たる裁判官の任命は内閣の指名に基づく。

②憲法改正，法律，政令および条約の公布（7条1号）：公布とはすでに成立した法を国民に知らせる形式的表示行為である。天皇の名において官報に登載することにより行われる。公布は法令の発効要件である。官報による公布があり，法令の効力が発生するのは，一般国民が官報を閲覧・購入しようと思えばなしえた最初の時点であるとされる（覚醒剤取締法事件［最大判昭和33年10月15日刑集12巻14号3313頁］）。

③国会の召集（7条2号）：召集とは，国会議員に対して，内閣が決定した常会・臨時会・特別会の集会期日を告知する行為であり，召集詔書の公布をもって行われる。

④衆議院の解散（7条3項）：解散とは，内閣の決定により衆議院の任期満了以前に議員の資格を失わせる行為である。解散詔書は，本会議において議長により読みあげられるのが慣例である。

⑤国会議員の総選挙施行の公示（7条4号）：衆議院の任期満了または解散による総選挙および参議院の3年ごとの通常選挙の実施を表示する行為であり，詔書により行われる。

⑥国務大臣および法律の定めるその他の官吏の任免，全権委任状の認証，大使および公使の信任状の認証（7条5号）：認証とは，一定の行為や文書が正当な手続により成立したことを公的に確認・証明する行為である。国務大臣，人事官，会計検査院検査官，公正取引委員会委員長，宮内庁長官，侍従長，特命全権大使・公使，最高裁判所裁判官，高等裁判所長官，検事総長・次長検事・検事長が天皇による認証をうける。このような認証の対象となる官吏を，認証官という。全権委任状とは，特定の外交事項の交渉のために派遣される使節に対し全権を委任する旨を表示する文書である。大使・公使の信任状とは，特定相手国に外交使節として派遣される大使・公使に対し信任する旨を表示する文書である。いずれも内閣が「外交関係を処理する」権能（73条2号）に基づいて発し，天皇が認証する。認証は公文書への天皇の親署によってなされる。

⑦大赦，特赦，減刑，刑の執行の免除および復権の認証（7条6号）：これらの恩赦は，恩赦法に従い内閣が決定する（73条7号）。

⑧栄典の授与（7条7号）：国家に対する功労者の栄誉を顕彰するため，叙位，叙勲，褒章等を授与する行為である。なお，「栄誉，勲章その他の栄典の授与は，いかなる特権も伴はない。栄典の授与は，現にこれを有し，又は将来これを受ける者の一代に限り，その効力を有する」（14条3項）。
⑨批准書および法律で定めるその他の外交文書の認証（7条8号）：批准とは署名・調印された条約を承認し，日本国が条約に拘束されることを確約する行為をいう。内閣が作成した批准書その他の外交文書を，天皇が形式的に認証する。批准された条約は，天皇により公布される（7条1号）。「法律で定めるその他の外交文書」の例としては大使・公使の解任状などがあげられる（外務公務員法9条）。
⑩外国の大使および公使の接受（7条9号）：接受とは，外国の大使・公使を接見し，天皇に宛てた信任状を捧呈式において受理する行為をいう。
⑪儀式の挙行（7条10号）：天皇の皇位継承の際に行われる「即位の礼」，皇太子であることを公に明らかにする「立太子の礼」など皇室典範が定める天皇が主宰して行う国家的儀式の挙行のみをさす。皇室の私的行事や他者が主宰する儀式への参列はこれには該当しない。

　なお，天皇が成人に達しないとき，あるいは，精神もしくは身体の重患または重大な事故により，国事に関する行為を自らすることができない場合には，皇室会議の議により摂政がおかれ（皇室典範16条），天皇の名において国事に関する行為を行う（憲法5条）。摂政を置くほどに病状等が重篤ではなく，執務できない期間が長期ではない場合には，天皇の委任により，国事行為臨時代行に指名された皇族が国事行為を代行する場合がある。

（イ）その他の行為

　国事行為以外に天皇が行う行為としては，研究のための植物採取や相撲の観戦といった純然たる私的行為がありうる。国会の開会式において述べられる「おことば」，外国の元首との親書・親電の交換，外国への親善訪問などは，純然たる私的行為ともいえず，かといって憲法が定める国事行為でもないため，象徴として，あるいは公人としての地位に基づく公的行為

といわれる。

　公的行為は，国事行為に付随し，必要な限度内で内閣の承認の下に行われる形式的・儀礼的性格のものである限り，違憲ではない。また，国内巡幸なども私的行為に近く，問題ないとされる。ただし，「日本国の象徴」であり，「日本国民統合の象徴」である天皇の行為は，特定の党派性，宗派性を帯びることは許されない。公的行為に内閣によるコントロールが一定程度必要であるとしても，政策実施のための手段として政府が政治的に利用することは禁じられるべきである。

　国事行為以外の行為について，かりに天皇が刑事上もしくは民事上の責任を追及されることがあった場合に，裁判権が及ぶのであろうか。刑事上の責任については，憲法75条が国務大臣について，皇室典範21条が摂政について，在任中起訴されないと定めていることから類推して，また，その象徴としての地位にかんがみて，崩御までその地位にある天皇には刑事裁判権は及ばないとする見解が多数説である。民事裁判権についても，判例は，象徴としての地位にかんがみて，天皇には民事裁判権は及ばないものと解している（最二小判平成元年11月20日民集43巻10号1160頁）。

(2) 皇位の継承

　日本国憲法2条は，「皇位は，世襲のものであって，国会の議決した皇室典範の定めるところにより，これを継承する」と定める。旧皇室典範は，憲法と同等の形式的効力を有し，改正についても帝国議会の議決を必要としなかった（旧憲法74条）が，現在の皇室典範は法律の一種である。

　皇位の継承は，天皇の崩御を唯一の原因とする（皇室典範4条）。崩御によらない天皇の退位は，認められてはいない。

　皇室典範によれば，皇位は，皇統に属する男系の男子が継承する（1条）。皇位継承の順位は，①皇長子，②皇長孫，③その他の皇長子の子孫，④皇次子およびその子孫，⑤その他の皇子孫，⑥皇兄弟およびその子孫，⑦皇伯叔父およびその子孫の順である（2条1項）。これらの皇族がないときは，皇位は，それ以上で，最近親の系統の皇族が継承する（同2項）。

　旧皇室典範は，皇庶子孫（非嫡出子）による継承を定めていたが（4条），現行の皇室典範ではこの制度は廃止されている。女子には皇位の継承は認

められない。女帝を認めるべきかについては，しばしば議論がなされてきた。わが国の歴史上，女性天皇の例はあるものの，例外なく男系により継承されてきた。この伝統は重視されるべきであろう。

III 憲法の最高法規性

1 国法秩序の段階構造

　近代立憲主義は，国家権力の濫用を防止し，国民の自由と人権を保護するため，国家機関の諸権限が憲法により創設され，その行使も憲法や憲法の枠内で制定される法令に基づいてなされることを求める。その際，国家機関が準拠すべき法令が，何の脈絡もなく並存し，それぞれが矛盾する内容を含んでいては，国家活動は混乱をきたすことになる。国家が統一体として機能するには，国家活動を規律する様々な形式の法令が全体として論理整合的な体系性を備えていなければならない。

　そこで憲法理論は，憲法を最高法規として国法秩序の頂点に位置づけ，それ以外の法令についてもより基本的な法規範と派生的な法規範の間に階層的秩序が構成されるものと理解する。そして上位の法規範が下位の法規範の要件を確定し，上位規範が下位規範の定立を授権するものと理解することにより，法令間の論理整合性が保たれる。憲法は，国法秩序全体の論理的妥当性の根拠として，法令の制定とその適用が整合的になされるための基本枠を設定するのである。

2 憲法保障

　憲法保障とは，最高法規たる憲法に抵触する国家行為を事前に防止し，あるいは事後にただすことにより，憲法の同一性を維持・回復することをいう。憲法98条1項は，憲法が「国の最高法規であって，その条規に反する法律，命令，詔勅及び国務に関するその他の行為の全部又は一部」が無効であると定めている。この規定は，憲法の形式的効力が他の形式の法令

のすべてに優ることを明らかにするとともに、立法をはじめとするすべての国家活動が憲法の枠内で行われなければならず、かりにそれが憲法に違反していれば、その法的効力は否定されなければならないことを意味する。

このような最高法規性を維持するため、日本国憲法は、①日本国および日本国民統合の象徴である天皇、その代行者である摂政、行政各部に責任を負う国務大臣、法律の制定にあたる国会議員、法の番人である裁判官、その他法令に基づき公務を行うすべての公務員に憲法尊重擁護義務を課し（99条）、②違憲の立法や行政を許すことがないよう、「一切の法律、命令、規則又は処分」が憲法に適合するか否かを審査する違憲審査権を裁判所に与え（81条）、③法秩序全体の安定を図るため、最高法規である憲法が安易に変更されることがないよう、その改正手続を極めて厳格なものにしている（96条）。

このほか、権力分立制や人権の永久不可侵を定める規定も、公権力による憲法侵害を防止する憲法保障機能を発揮する。

3 成文法の諸形式と効力関係

国法秩序を構成する成文法には、制定の主体や規定内容、適用範囲により、以下のような様々な形式が区別される。

（1）法律

法律という言葉は、すべての形式の法令を一般的に指す用語として日常的に用いられる。しかし、法学で用いる法律という語は、国の唯一の立法機関である国会が「法律」という形式で制定したもののみをさす。憲法上、法律により定めるよう明示されている事項については、必ず法律に規定しなければならない（10条、17条、30条、92条等）。また、国民の権利義務に関する一般的事項も、法律により定める必要がある。法律は天皇により公布され（7条1項）、官報に登載されたのちに施行される。法律の形式的効力は、命令、規則、条例に優位する。

（2）命令

命令とは，行政機関により制定される法形式の総称であり，その制定主体により，①政令（内閣），②省令・内閣府令（各大臣），③規則（委員会・庁）といった類別がある。会計検査院規則，人事院規則なども命令の一種である。

上記のうち，憲法に定めがあるのは，政令だけである（73条6号）。政令には，(i)憲法および法律を実施するため制定されるもの（執行命令）と(ii)法律の委任に基づいて委任された内容を定めるもの（委任命令）の2種がある。政令は閣議決定により成立し，天皇により公布される（7条1項）。とくに罰則を設け，あるいは国民に義務を課し，権利を制限する規定を命令に設けるには，法律の委任を必要とする（憲法73条6号，内閣法11条，国家行政組織法12条3項，13条2項）。

（3）規則

憲法は，議院規則（58条2項）と裁判所規則（77条）について規定している。議院規則は，国会各院が独自に制定するものであり，各議院の会議その他の手続，内部規律に関する事項を定める。衆議院規則，参議院規則のほか，両院協議会規程，常任委員会合同審査会規程なども議院規則に属する。

最高裁判所は，訴訟に関する手続，弁護士，裁判所の内部規律および司法事務処理に関する規則を定める権限を有する。刑事訴訟規則，民事訴訟規則，家事審判規則，少年審判規則などがこれに属する。最高裁判所は，下級裁判所に関する規則の制定権を，下級裁判所に委任することができる（77条3項）。

（4）条例

条例とは，地方公共団体の自主法である。一般的には，地方公共団体が議会の議決に基づいて制定する法をさすが（狭義の条例），憲法94条にいう条例には，議会が制定する条例のほかに，長が制定する規則，各種委員会が定める規則等が含まれる（広義の条例）。条例の形式的効力は，国法に劣る。

憲法上，条例は「法律の範囲内」で制定できるものとされていることから，条例の形式，規定事項，効力等については法律で定めることができる。条例は，国の法令に抵触しない範囲内で，地方公共団体が処理すべき

地方的利害にかかわる事務を規律の対象としなければならない。また，市町村の条例は都道府県の条例に違反してはならず，違反した場合には無効となる（地方自治法2条16項，17項）。長が制定した規則と議会が制定した条例が競合する場合には，条例が優位に立つ。

4　国際法（条約）と憲法

（1）一元論と二元論

　条約とは，一般的には，国際法上の主体間の合意に基づき，国際法的関係を創設する文書の総称であり，条約，憲章，協定，規約，取極，議定書，交換公文など様々な形式のものがある。ただし，通常，憲法が締結手続を定める「条約」は，より狭い概念であり，内容的に法律事項，財政事項あるいは政治的重要事項を含む国際約束をさし，批准を発効要件とするものをいう。

　国際法（条約）と国内法の関係については，両者を同じ次元の法体系に属するととらえる一元論と，それぞれ次元の異なる別個の法体系であるとする二元論が主張されてきた。かつては，二元論に基づき国際条約は直接的には国内法的効力をもたないとされ，これを発揮するためには一定の手続（「変型」(transformation)）が必要とされた。現在でもイギリスは憲法慣習としてこの方法をとっている。ドイツでは「同意法律」(Zustimmungsgesetz)の形式において条約を承認することを必要としている（ドイツ基本法59条2項）。

　第二次大戦後，国際法の国内法への受容について憲法に規定する国が多くなり，国際法の国内法秩序への浸透を促進する傾向が諸国の憲法において顕著である。また構成国の主権移譲を伴う欧州連合（EU）においては，EU法の構成国国内への直接適用・直接効力が認められ，かつEU法優位の原則もあり，一般の国際条約とは異なる扱いがなされている。

　日本においては，旧憲法の時代から，条約は公布とともに国内法的効力を得るとする一元論的憲法慣習が確立していた。現憲法においても，条約は，その執行にともない既存の法律を改廃したり，新たな法律の制定が必要となる場合を除き，天皇による公布（7条1号）をもって国内法に受容され，ただちに国内法的効力を発揮するものとされている。

なお最近では、国際法と国内法を等位にあるものとみなし、相互間に生じた義務の抵触を各国が裁判所等の判断により調整する義務を負うとする等位理論が有力に主張されている。

(2) 憲法と条約の関係

憲法98条2項は、憲法前文の国際協調主義に立脚し、「日本国が締結した条約及び確立された国際法規は、これを誠実に遵守することを必要とする」と定める。ここでかりに憲法と国際法の規範内容に矛盾が認められる場合に、どちらを優先しなければならないかが問題となる。憲法は国内法秩序における形式的効力において最高であるが、国際法とどのような効力関係にあるかは、これとは別の問題である。

①条約優位説

条約優位説は、(i)憲法前文が国際協調主義を基本理念としてうたっていること、(ii)81条が定める違憲審査の対象から条約が除外され、また、違憲無効とされるべき98条1項列挙の法形式に条約が含まれていないこと、(iii)98条2項で条約の誠実遵守が求められていることを主たる論拠としている。これに対して、憲法優位説は以下のように反論する。

②憲法優位説

(a)国益の対立に支配される国際社会の現状において、国際協調主義の一般原則をもって条約の憲法に対する優位を主張することは危険である。(b)日本国憲法に条約が優位するとすれば、憲法改正よりはるかに容易な国会審議手続で成立する条約により実質的な憲法改正が行われうることも考えられ、不合理である。(c)81条が条約を違憲審査の対象として挙げないのは、条約が国家間の合意によるものであるため司法審査にはなじまないと考えたからであって、条約の違憲審査の可能性を否定したものではない。条約の違憲審査は可能であると考えたうえで、統治行為論[*4]によりこれを回避することもできる。(d)98条1項は、国内法秩序における憲法の最高

[*4] **統治行為論**：国会や内閣による行為が、法律的性格を有するにもかかわらず、それが「高度の政治性を有する」ためであるために、裁判所の司法審査の対象から除外されるという考え方。日米安保条約の合憲性（砂川事件最高裁判決［判例12-2］）や自衛隊の合憲性（長沼事件最高裁判決［判例3-2］）、衆議院の解散の有効性（苫米地事件最高裁判決［判例12-3］）の判断について、これを採用した例がある。

法規性を定めた規定であり、条約が除外されるのは当然である。(e)98条2項が求める条約の誠実遵守は、国際法軽視の態度を戒めるものであり、違憲の条約まで守るべきことを義務づけるものではない。

　憲法優位説が通説である。

（3）憲法と「確立された国際法規」の関係

　「確立された国際法規」とは、成文・不文を問わず、国際社会において一般的に拘束力ある規範として承認され、特定国家がこれに同意するか否かにかかわらず、その国家を拘束する国際法規を意味する。慣習国際法およびこれを成文化した条約がこれに属する。また、過去に特定国が締結した条約が、時代とともに多くの国家に承認され、その規範内容が慣習国際法として一般的拘束力を獲得することもありうる。憲法前文の国際協調主義の趣旨に照らすならば、「確立された国際法規」には憲法に優位する効力が与えられ、憲法条項の解釈適用においても、これに即した運用がなされるべきであると考えられる。政府見解も、国家間の政治的・経済的条約については憲法優位説をとるが、「国際自然法」ともいうべき「確立された国際法規」は憲法に優先するとしている（昭和34年11月17日林　修三内閣法制局長官答弁）。

IV　憲法改正

1　憲法改正の意義と手続

　上述のように、憲法は国法秩序に理念的正当性と論理的妥当性の根拠を与える基本法である。憲法制定時の国家理念を実現し、国家運営の安定を確保するためには、それを規律する憲法が時局に流され安易に変更されることは避けなければならない。しかし、他方で、国内外の社会は常に変化し、国家がおかれる国際的立場も、国民を取り巻く社会状況も、憲法制定時のままであることはない。既存の憲法条項が現実から乖離し、健全な国家運営の支障となるようであれば、憲法の条項を改正する必要がある。

　憲法の安定的な「最適化」のため、その改正はできる限り幅広い国民の合

意に基づかせるよう，法律よりもある程度条件の厳しい改正手続を規定するのが一般的である。法律よりも改正手続が厳格な憲法を，硬性憲法（rigid constitution）という。

日本国憲法の改正手続を定める96条は，国会による発議，国民投票による承認，天皇による公布について規定している。

（1）国会による発議

憲法を改正するには，まず国会がその各院の総議員の3分の2以上の多数をもって，国民投票に付すべき改正案を決定しなければならない。「総議員」の意味については，①法定議員数（定員）と解する説と，②定員から欠員を除いた現在員数と解する説がある。

憲法改正原案の発議は，衆参各議院の議員による。衆議院では100名以上，参議院では50名以上の議員の賛成を必要とする。原案は各議院に設置される憲法審査会が審議する（国会法83条の4，86条の2）。国会で憲法改正原案につき最終の可決があった場合に，その可決をもって96条1項にいう日本国憲法の改正を「発議」し，これを「国民に提案」したものとする。この意味における「発議」権は国会にのみ属する。

憲法上，内閣に改憲案の発案権が認められるか否かについて，これまで学説上の対立があった。ここで問題とされるのは，国会において審議される元になる改憲案を国会に提出する権限の存否であり，96条1項の意味における「発議」ではない。総理大臣および過半数の国務大臣が国会議員である日本の議院内閣制においては，閣僚が議員資格で，または与党議員を通じて原案を提出できるため，学説の対立は講学上の問題にすぎないといえる。

（2）国民投票による承認

国会が発議し，国民に提案された憲法改正案は，国民の「承認」を経なければならない。この「承認」について，憲法は，「特別の国民投票又は国会の定める選挙の際行われる投票において，その過半数の賛成を必要とする」と定めるにとどまる（96条1項）。投票の「過半数」が有効投票総数の過半数を意味することのほか，投票権者の資格，投票時期，投票方法，投票結

果の効力発生時期等の詳細については,「日本国憲法の改正手続に関する法律(憲法改正手続法)」が定める。

(3) 天皇による公布

　国民投票により憲法改正案を承認する旨の結果が確定したとき，天皇は「国民の名で，この憲法と一体を成すものとして，直ちにこれを公布する」(96条2項)。公布には，内閣の助言と承認を必要とする (7条1号)。「国民の名で」公布するのは，憲法改正が，主権者であり，憲法制定・改正権者である国民の意思によるものであることを宣明するためである。「直ちに」公布することを求めるのは，憲法改正の重要性にかんがみて，可及的速やかにこれを公布すべきであるという趣旨である。法律の公布については，奏上の日から30日以内になされることから(国会法66条)，少なくともこれより短期間のうちに公布がなされるよう定めるべきである。

2　憲法改正の限界

　憲法は，所定の改正手続に従う限り，いかなる条項をも変更できるのであろうか。それとも，改正には一定の限界があるのであろうか。学説上，いかなる憲法条項も改正できるとする無限界説と，特定の条項や基本原理を改正することは許されないとする限界説が主張されている。

(1) 無限界説の論拠

　憲法改正無限界説の論拠としては，①主権者である憲法制定権力 (制憲権) が全能であると観念したうえで，憲法改正権 (改憲権) もこれと同質であると理解して，改憲権が無制限であると主張する説と，②法実証主義[*5]の立場に立ち，制憲権を単なる政治的・社会的実力として法学的考察から除外し，憲法が設定する改憲権は法的には制憲権の拘束をうけず，制憲権の所在やその基本的決断を含め，すべての憲法規定が改正可能であ

[*5]　**法実証主義**：国家が定める実定法規範のみに法的意義を認め，それ以外の道徳規範や政治的価値，自然法などを法学的考察から排除する科学的法学方法論。

るとする説がある。

(2) 限界説の論拠

　憲法改正限界説の論拠としては，(i)無限界説①と同様に制憲権と改憲権の同質性を認めつつも改憲権の存立基盤である制憲権の所在(民主制憲法においては国民主権原理とこれに関連する諸規定)を変更することはできないとする説，(ii)制憲権を拘束する自然法の存在を認め，制憲権により与えられる改憲権もその制約に服するものと理解し，近代立憲主義思想における国民主権原理や自然権思想に由来する基本的人権保障にかかわる根本規範は改正不可能とする説がある。

　現代では，明文で憲法改正の限界を定める国が多く登場したこともあって，限界説が有力である（ドイツ基本法79条3項，フランス第5共和政憲法89条5項，イタリア憲法139条，ポルトガル憲法288条など）。日本国憲法には憲法改正の限界を定める規定が存在しないため，無限界説も主張されるが，前文で国民主権を「人類普遍の原理」であるとし，「これに反する一切の憲法，法令及び詔勅を排除する」としていることから，限界説が有力である。前述の限界説(i)(ii)のいずれをとっても，国民主権原理とそこから派生する民主的統治原理や基本的人権尊重の原理は改正不可能ということになる。勿論，国民主権原理を否定しない限り，国の統治機構を変更することは許されるし，基本的人権尊重の原理に反しない限り個々の人権規定を修正することは可能である。

　平和主義の原理も改正により変更されるべきでないとする説もある。平和が国家の民主的安定と国民の人権保障の大前提であることを考えれば，この説も支持されてよいであろう。ただし，平和を実現し維持する方法は多様であり，現実の国際社会においては，軍事的安全保障もその不可欠な構成要素である。日本国・日本国民の安全と国際平和の実現に一層寄与する安全保障のあり方を憲法に具体化する方向で9条を改正することは，この説と矛盾するものではない。

第3章

平和主義と国民の安全

本章の狙い

平和主義は日本国憲法の最も重要な基本原理の一つである。だが、その具体的内容や国際平和と国民の安全を実現する方法について、学説も判例も見解の一致をみていない。本章では、9条学説や関係判例の論理構造を理解するとともに、9条のもとで形成されてきた日本の防衛政策の特徴と近年の防衛立法の展開を考察する。

I 憲法原理としての平和主義

日本国憲法前文は、「政府の行為によって再び戦争の惨禍が起こることのないやうに」することを制定目的に掲げ（1段）、「恒久の平和を念願し、人間相互の関係を支配する崇高な理想を深く自覚」し、「平和を愛する諸国民の公正と信義に信頼して」自国の安全と生存を保持しようと決意したと記す（2段）。そしてその積極的方策として、9条に戦争放棄条項をおいた。20世紀、世界の諸国民は2度にわたる世界大戦を経験し、その中で多くの人命と歴史的文化遺産が失われた。この反省から、第二次大戦後制定された諸国の憲法は、国際協調主義を基本原理とし、平和主義をうたうものが多い。不戦条約（1928年）による戦争違法化、国連憲章（1945年）による武力使用の一般的制限を確実なものにするため、諸国は、憲法上、侵略的な戦争や武力使用の禁止を確認し、国際平和維持機構を支持するため国家主権の制限に同意する規定をおく憲法も登場した（ドイツ基本法24条2項、25条、

26条。イタリア憲法10条，11条。ハンガリー憲法6条。大韓民国憲法5条など。）

　平和主義は，第二次大戦後の諸国の憲法トレンドともいえるものであるが，諸外国の憲法の平和条項では，自国が不当な武力攻撃を受けた場合の自衛権の行使と，それに必要な措置までも禁じるものでないことが明瞭である。これに対して，日本国憲法9条は，主権国家固有の自衛権の行使までも禁じ，非武装を求めるものであるかのような解釈の余地を残すものである。このような規定ぶりになった背景には，第1章ですでに説明したように，制定当時の占領下での複雑な事情がある。

　憲法9条は，国際法をも超越する非戦・非武装の理想を追求するものなのか。あるいは諸外国の平和条項と同様に，国際法上の武力不行使原則の国内法的効力を確保するための現実的法規範と理解すべきであろうか。

II　9条学説の諸相

　9条の制定においては，総司令部（マッカーサー），アメリカ本国政府，日本政府・議会そして極東委員会のそれぞれの政治的思惑が絡み，その制定趣旨は制憲議会における議論だけでは解明できない側面がある。この特異性のため，9条は複数の解釈を許すことになった。

　これまで主張されてきた9条学説を理解するには，以下に述べるように複雑な文理解釈を検討する必要があるが，最も重要な論点は，日本に対する外部からの武力攻撃がある場合に，自衛権の発動として，武力をもってこの侵害を排除できるのか，そのための実力組織を保有できるのかという点である。この点に照準を合わせて9条学説を整理するならば，以下の5説に大別することができる。

(1)　自衛であるか侵略であるかを問わず，いかなる戦争も禁じられ，またいかなる目的であれ，戦力の保持は認められないとする説（戦争全面禁止・全戦力放棄説）。

(2)　戦争は禁じられるが，自衛権の発動としての武力行使（自衛措置）はこれとは別に認められ，そのための必要最小限度の実力の保有は認められるとする説（自衛措置・自衛力合憲説）。

(3) 自衛のための戦争および自衛のための戦力の保持は禁じられてはいないとする説(自衛戦争・自衛戦力合憲説)。
(4) 9条の意義を一種の政治的マニフェストあるいは主権者国民の政治的意思決定の基礎となる政治規範と解して，その裁判規範性を否認し，自衛権行使や自衛戦力の保持を政府に対して禁じる法的効力はないとする説(政治的マニフェスト・政治規範説)。
(5) 憲法変遷論*1に立ち，9条制定時の規範目的は(1)説であったが，その後の国際情勢や日本の国際的地位，国民意識の変化をふまえ，9条の意味に変遷が認められ，自衛権行使も自衛力の保持も一定の条件の下に容認されうるとする説(9条変遷説)。

これらの学説の論拠は，戦争および武力使用の禁止の対象範囲，戦力不保持の目的，交戦権の定義といった論点について，錯綜した文脈の中で，ある点では一致し，またある点では対立する複雑な関係にある。

III 学説の争点

1　1項の解釈

(1) 禁止事項の定義

9条は，「国権の発動たる戦争」，「武力の行使」および「武力による威嚇」を禁じている。

「国権の発動たる戦争」とは，国際法上，国家の主権の発動として認められてきた戦争をさす。国際法上の「戦争」とは，形式的には宣戦布告もしくは最後通牒の手続により明示的に戦意を表明するか(1907年「開戦ニ関スル条約」)，武力行使に伴い外交関係を断絶することにより黙示的に戦意が表明されることを要件とする。

---

*1　**憲法変遷論**：多くの国民にとって当初違憲と思われていた事実が，その後慣習として持続し，社会に受容された場合，憲法規範の社会学的意義変遷に憲法改正と同等の法的評価を与え，規範としての価値を認める説。この説に立つ場合でも，憲法の意義変遷は，単なる政治情勢や世論動向によるのではなく，国会の立法や内閣の行為，裁判所の判決により生じるものとされる。

「武力の行使」は，上述のような戦意表明を伴わない事実上の武力紛争をさす。1928年の不戦条約以降，宣戦布告等による戦意の表明が侵略行為を推定する根拠とされる可能性が生じたため，開戦宣言なく武力攻撃が開始されることが多くなった。昭和12 (1937) 年7月の盧溝橋事件に端を発する日中戦争（支那事変），戦後ではベトナム戦争などがその例に挙げられる。このような武力紛争は，形式的には「戦争」の開戦要件を満たさないが，「事実上の戦争」として戦時国際法の適用を受ける。

「武力による威嚇」とは，武力を背景にして自国の国益を他国に強要することを意味する。日清戦争後ドイツ，フランス，ロシアが日本に対し行った三国干渉（1859年），第一次大戦中日本が中華民国に対し行った対華21箇条要求(1915年)などがこれに該当する。

（2）「国際紛争を解決する手段としては」の意味

「戦争」および「武力の行使」「武力による威嚇」（以下，後二者を「武力使用」と一括する）の禁止には，「国際紛争を解決する手段としては」という留保が付いている。この文言は，不戦条約1条「締約国ハ国際紛争解決ノ為戦争ニ訴フルコトヲ非トシ且ソノ相互ノ関係ニ於テ国家ノ政策ノ手段トシテノ戦争ヲ抛棄スルコトヲ其ノ各自ノ人民ノ名ニ於テ厳粛ニ宣言ス」の趣旨を継承するものであると考えられている。発案者であったアメリカ合衆国国務長官F. ケロッグは，この条約が締約国の自衛権を少しも制限し，また害することはなく，攻撃に対して自国の領土を防衛することは自由である旨締約国に通牒を発していた。このことから「国際紛争解決ノ為」の戦争あるいは「国家ノ政策ノ手段として」の戦争とは，侵略的戦争のみを意味し，自衛権による防衛行動を禁じるものではないと解されてきた。

（3）戦争・武力使用の禁止範囲
①侵略戦争限定放棄説

9条1項の「国際紛争を解決する手段としては」の留保を不戦条約にならって解釈することが正しいとすれば，9条1項が禁じる戦争・武力使用は侵略的なものに限定され，それ以外の措置，たとえば，国連憲章第7章で認められる自衛権の行使（「自衛戦争」という表現が用いられることもある）

は，禁止の対象にはならないと解することができる。あるいは国連による集団制裁措置への参加も禁止されないと解する余地もある。

②全戦争放棄説

しかし，およそすべての戦争は「国際紛争を解決する」ために行われるものであり，この字句を戦争放棄の対象を限定する意味にとることは正しくないとする考え方もある。歴史上，多くの戦争は自衛を大義名分として行われたのであり，戦争目的が侵略にあるか自衛にあるかを区別するのは困難である。自衛や集団制裁のための軍事措置が許されるのであれば，憲法に軍隊の設置やその統帥の規定があってしかるべきであるが，日本国憲法にはそのような規定はない。不戦条約は，形式的には「戦争」とはみなされない（戦意表明を伴わない）自衛を名目とする武力行使を一般的に容認したがために第二次大戦の発生を阻止できなかったのであるから，自衛権濫用の歴史の反省を9条解釈に反映させ，いかなる目的の戦争もすべて禁止されるべきである，とこの説は主張する。

③戦争違憲・自衛措置合憲説

このほか，「国際紛争を解決する手段としては」の留保が，「武力による威嚇又は武力の行使」にのみかかり，「国権の発動たる戦争」にはかからず，国際法上の戦意表明を伴う「戦争」については無条件に禁止されるが，「武力による威嚇又は武力の行使」については不戦条約にならい侵略的意図によるものに限り禁じられ，外国による不法な侵害を排除するための自衛措置として武力を行使することは禁止されていないとする説がある。とくにこの見解は，敵国の降伏に至るまで戦闘継続が許される自衛のための「戦争」と，敵軍の侵攻を排除することに軍事行動が限定される，自衛権の発動としての武力行使（自衛措置）を区別し，後者を合憲とする。

（4）9条制定過程での「戦争」の意味

いずれの説が妥当であるかを考えるにあたり注意すべきは，9条の原型である「マッカーサー・ノート」以降，9条制定過程で用いられた「戦争」の語句が，国際法の定義に即した意味ではなく，歴史上自衛を名目に繰り返された「事実上の戦争」全般を意味しているという点である。憲法制定時，吉田茂首相は9条に関連して，「近年の戦争の多くは国家防衛権の名に於

いて行われたることは顕著なる事実である」と指摘し,「正当防衛権を認むることが偶々戦争を誘発する所以である」と述べ,「国家正当防衛権」の有害性を主張している（1946年6月28日衆議院本会議）。自衛権を否定したともとられかねないこの発言は，その後吉田自身により訂正されたが，彼の真意は，今日ほど「国家正当防衛権」（自衛権）行使に厳格な要件が課せられなかった過去の非を訴え，自衛を大義名分とした侵略的戦争（いわば「侵略的自衛戦争」）を強く否認するところにあったと考えられる。

　9条は「戦争」のみならず侵略的な武力使用の全てを禁じることから「侵略的自衛戦争」が許されないのは明白である。しかし，前記③説が指摘するように，外部から武力攻撃をうけた国がこれを排除するためとる自衛措置はこれとは異質なものである。

　国連憲章は,「戦争」はもとより，他国の領土保全や政治的独立を侵害し，国連憲章の目的に抵触する「武力による威嚇又は武力の行使」一切を加盟国に対し禁じている（2条4項）。他方，国連憲章51条は自衛権を国家固有の権利として認め，平和破壊国に対する有効な措置が国連によりとられるまでの間，攻撃をうけた国が自衛措置をとることを，武力不行使原則の例外として認める。9条1項は，国連憲章の趣旨をうけ，目的のいかんを問わず「戦争」を放棄し，かつ侵略的な「武力による威嚇又は武力の行使」をあわせて禁じたものである。つまり，国際法上の武力不行使原則を国内法上確認した規定であると考えられる。そうであるならば，9条1項をもって国連憲章上許容された自衛措置をも否定するものと解するのは不当である。学説も日本国が自衛権を有することを否定するものはごく少数であり，米軍駐留を違憲とする砂川事件第1審判決や自衛隊を違憲とした長沼事件1審判決ですら日本国が自衛権を有することを否定してはいない。

2　2項の解釈

(1)「前項の目的を達するため」の意味

　次に解釈上問題となるのは，2項の戦力不保持が1項の戦争放棄とどのように関係づけられるかである。2項冒頭の「前項の目的を達するため」が何を意味するのかが重要な争点となる。

1項に関して，禁止される戦争・武力使用を侵略的なものに限定し，少なくとも自衛権の行使については禁じてはいないとする前記①説をとる論者の間でも，この点について見解(i)(ii)が対立している。

(i) 不保持目的明示説

この説は，芦田修正により同時に1項に挿入された「日本国民は正義と秩序を基調とする国際平和を誠実に希求し」の句に表明された精神を重視し，日本の自衛権行使の可能性は否定しないが，その実施手段として「陸海空軍その他の戦力」を保持することは認められないとする。つまり，「前項の目的」とは，平和を求める国民意思の宣明をうけ，戦力不保持の目的を明示するものであり，一切の戦力の保持は禁じられると解するのである。この場合，自衛権の行使は，戦力以外の手段によることになる。

(ii) 不保持目的限定説

これに対して，「前項の目的」を侵略的な戦争・武力使用を禁じることととらえ，保持できない戦力の特性を限定するものと理解することにより，侵略目的の戦力は保持できないが，少なくとも自衛目的の戦力は保持可能であると解する説もある。

(iii) 全戦力放棄説

1項の解釈で②説をとる場合，「前項の目的」は戦争・武力使用を全面的に禁じることをさし，当然にすべての戦力の保持は禁じられることになる。この点で①-(i)説と②-(iii)説は結論において同じである。

(iv)「自衛力」合憲説

日本政府は，当初，9条1項は自衛権を否定するものではないが，「戦力」はいかなる目的であれ保持できないとしていた（前記①-(i)説）。しかし，1954年に自衛隊が創設されると，「戦力」とは自衛のための最小限度を超える実力を意味するもので，自衛のための必要最小限度の実力は「戦力」ではなく「自衛力」として保持できるとして，自衛隊の合憲性を主張した（後述）。

(2)「自衛のための最小限度」の意味

このように，①-(i)説，②-(iii)説をとれば一切の戦力の保持が禁じられるが，①-(ii)，(iv)説に依拠するならば「自衛戦力」あるいは「自衛力」とし

て日本の防衛のため必要最小限の実力組織を設けることが許容されることになる。1項で③説をとる場合も，自衛措置に必要な最小限度の実力の保持は認められなければならない。

　ここで問題となるのは，かりに自衛（戦）力の保有が合憲であるとして，その実力の上限が具体的にどの程度に設定されるべきかである。この基準があいまいであれば，9条2項に軍備拡張を制約する効果は期待できず，自衛目的の実力組織が他国攻撃に転用されるおそれも生じる。この点について，日本政府は，大陸間弾道ミサイルや長距離戦略爆撃機など，もっぱら他国の殲滅的破壊のために用いられる攻撃的兵器は保有できないと明言する一方で，自衛のための必要最小限度の実力が具体的にいかなる特性・規模のものであるかは，その時々の国際情勢や軍事技術の水準などに照らして総合的に判断すべきであるとしている（昭和53年2月14日衆議院予算委・提出資料）。

（3）交戦権の否認

　2項後段で規定される「交戦権」について，学説はこれまで(a)国家として戦争を行う権利，(b)国際法上交戦国に認められる諸権利（中立国船舶の臨検，敵性船舶の拿捕，敵国兵力の殺傷・破壊，占領地行政権など）の2つの意味において理解してきた。しかし，国際法上，「国家として戦争を行う権利」は今日そもそも認められない。(b)の理解が妥当である。

　すべての戦争を認めず，あるいは，自衛権は認めてもその行使手段として戦力保持の可能性を否定する説（①-(i)説，②-(iii)説）に立つ論者は，ここであらためて交戦国の諸権利を否認することにより，戦争放棄が完全なものとなると主張する。自衛戦争を合憲とし，自衛戦力の保持を認める説（①-(ii)説）に立つ論者は，2項冒頭の「前項の目的を達するため」の句は後段の交戦権否認にもかかるものと解し，自衛戦争に際して交戦国の諸権利が認められるとする一方，1項で侵略的行動を禁じたにもかかわらず日本がこれを破り侵略的武力行使を行っても，日本国は交戦国の諸権利を主張できず，相手国に対しても戦争法規の遵守を要求できないものと解釈する。

　日本政府の見解（①-(iv)説）はこれらの学説とは異なる。政府見解は，

「前項の目的を達するため」の句は後段にはかからず，交戦権否認は無条件であるとしつつも，自衛措置に伴い認められる国際法上の諸権利を一般に交戦国に認められる諸権利より狭いものと観念し，これを9条2項にいう交戦権とは別個のものであると説く。

「我が国は，自衛権の行使に当たっては，我が国を防衛するため必要最小限度の実力を行使することが当然に認められているのであって，その行使として相手国兵力の殺傷及び破壊等を行うことは，交戦権の行使として相手国兵力の殺傷及び破壊等を行うこととは別の観念のものである。実際上，自衛権の行使としての実力の行使の態様がいかなるものになるかについては，具体的状況に応じて異なると考えられるから，一概に述べることは困難であるが，たとえば，相手国の領土の占領，そこにおける占領行政などは，自衛のための最小限度を超えるものと考える。」（昭和55年5月15日衆議院稲葉誠一議員質問主意書に対する政府答弁書）

Ⅳ　9条による日本の防衛政策の制約

1　政府解釈（「戦力」の定義）の変遷

9条制定当初，日本政府は「9条1項は自衛権を放棄しないが，2項で一切の戦力の保持と交戦権を否認する結果，自衛のための戦争も認められない」とする見解をとっていた。しかし，昭和25（1950）年6月，朝鮮戦争の勃発を契機に日本の実質的再軍備が始まると，この見解との整合性を問われ続けることになる。

（1）警察予備隊

朝鮮戦争には在日米軍の大部分が投入されたため，マッカーサーは，占領軍の不足を補充し，日本国内の治安を維持するため，警察予備隊令（昭和25年8月10日）により7万5千人の警察予備隊を設置し，あわせて海上保安庁8千人の増員を命じた。警察予備隊は文字通り国内治安維持を任務とする部隊であるため，「戦力」には該当しないと説明されたが，左派社会党

はその違憲確認を求めて最高裁判所に憲法訴訟を提起した。しかし，具体的争訟が提起されていないとして却下された(警察予備隊違憲訴訟[最大判昭和27年10月8日民集6巻9号783頁][判例12-4])。

(2) 保安隊・警備隊

　昭和26(1951)年9月8日，サンフランシスコ平和条約とともに「日本国とアメリカ合衆国との間の安全保障条約」(日米安保条約)が調印され，翌年4月28日に発効した。これに伴い，日本政府は，警察予備隊と海上保安庁警備隊を統合し，保安庁の下に保安隊(陸上部隊11万人)と警備隊(海上部隊7千590人)を設置した。保安隊・警備隊の規模と装備からみて，「戦力」に該当するとの声があがったため，吉田茂内閣は「憲法9条2項は侵略目的か自衛目的かを問わず『戦力』の保持を禁じている」とする従来の見解を維持しつつ，次のように「戦力」を定義することで，その合憲性を説明した(昭和27年11月25日参議院予算委・政府答弁)。
①9条2項が保持を禁じている「戦力」とは，近代戦争の遂行に役立つ程度の装備編成を備えるものをいう。「戦力」に至らない程度の実力を保持し，これを直接侵略防衛の用に供することは違憲ではない。
②保安隊・警備隊は「わが国の平和と秩序を維持し，人命及び財産を保護するため，特別の必要がある場合において行動する部隊」(保安庁法4条)であり，その本質は警察上の組織であって，戦争を目的に組織されたものではない。また，その装備編成は近代戦を有効に遂行しうる程度のものではないから「戦力」には該当しない。

(3) 自衛隊

　昭和29(1954)年3月8日「日本国とアメリカ合衆国との間の相互防衛援助協定」が調印され，5月1日発効すると，日本は「自国の防衛力及び自由世界の防衛力の発展及び維持に寄与」する義務を負うことになった。これに応えるため，同年6月2日，防衛2法(防衛庁設置法・自衛隊法)が制定され，7月1日防衛庁・自衛隊が発足した。自衛隊法3条1項は，「我が国の平和と独立を守り，国の安全を保つため，直接侵略及び間接侵略に対し我が国を防衛すること」を自衛隊の主たる任務と規定したため，保安庁時代の政

府見解によっては自衛隊の合憲性を説明できなくなった。

そこで、鳩山一郎内閣は、次のような「戦力」の再定義を行った（昭和29年12月23日衆議院予算委・林内閣法制局長官答弁）。

①憲法は、日本が自衛権を有することを否定していない。憲法は戦争を放棄したが、自衛のための抗争を放棄するものではない。自国に対して武力攻撃が加えられた場合に、国土を防衛する手段として武力を行使することは、憲法には違反しない。

②自衛隊のような自衛の任務を有し、その目的のため必要相当な範囲の実力部隊を設けることは憲法に違反しない。つまり、憲法が保持を禁じる「戦力」とは自衛のための必要最小限度を超える実力をいうのであって、自衛隊はこの限度を超えない「自衛力」であるから、憲法に違反しない。

2　日本の防衛政策の基本原則

（1）専守防衛

戦後日本の防衛政策は、これまで説明してきた9条の制約の下で形成されてきた。その特徴は、「専守防衛」という言葉に要約される。

「専守防衛」とは、他国から武力攻撃を受けた後にはじめて防衛力を行使し、侵攻してくる相手をその都度撃退するという受動的防衛戦略のあり方を意味する。したがって、自衛隊が防衛行動をとる地理的範囲が主に日本の領域内であることはいうまでもない。ただし、日本を防衛するために必要最小限度の実力を行使することができる場所は必ずしも日本の領域内に限定されるものではなく、公海および公空に及ぶ。また、外国領域内から発射される誘導弾等により日本が武力攻撃にさらされる場合には、これを防御するため他に手段がないと認められる限りにおいて、敵基地を攻撃することは、法理的には自衛の範囲に含まれ、許されると解される（昭和31年2月29日衆議院内閣委・船田防衛庁長官答弁）。しかし、日本国の自衛に必要な限度を超えて、武力行使を目的とする海外派兵を行うことは、憲法上許されないという立場を一貫して維持している。

（2）集団的自衛権不行使

「専守防衛」を基本とする日本の防衛政策においては、自衛権の行使態様も狭く制限される。国連憲章上許容されても、憲法により集団的自衛権の行使は禁じられるとするのである。

日本政府は、集団的自衛権について、「自国と密接な関係にある外国に対する武力攻撃を、自国が直接攻撃されていないにもかかわらず、実力をもって阻止する」国際法上の権利と定義したうえで、日本も主権国家である以上、当然にこのような権利を保持するが、憲法の下で認められる自衛権は日本に対する急迫不正の侵害を排除するため必要最小限度のものであるから、個別的自衛権に限られ、集団的自衛権の行使は認められないとしている（昭和29年4月26日参議院外務委、昭和35年4月20日衆議院内閣委・政府答弁など）。

この制約のため、日米安保条約も他の同盟条約にない特徴を備えることとなる。日米安保条約は、日米両国が、「日本国の施政下にある領域にあるいずれか一方に対する攻撃が、自国の平和及び安全を危うくするものであることを認め」、共同対処することを定める（5条）。日本の領域が共同防衛の対象である限りにおいて、日本にとっては個別的自衛権の行使であり憲法上の問題は生じないが、日本国領域外の米軍や米国の国家領域に対する攻撃があっても、日本に共同対処の義務は生じない。一般的な共同防衛条約は、締約国の一国に対する武力攻撃を同盟全体に対する攻撃とみなし、締約国が相互支援義務を負うことを規定するが、9条の制約ゆえに日米安保条約はこのような相互性を欠いているのである。

V　防衛・安全保障法制の拡充

（1）国際平和協力のための立法

日米安保体制は、東西冷戦の構図の中で生まれ、主に(旧)ソ連の軍事的脅威に対抗する目的で形成された。日本は、その中で「専守防衛」に徹することにより、周辺諸国に脅威を与えることを避ける一方で、米国のアジア・太平洋戦略の一翼を担うため、米軍に軍事拠点を提供することにより

自由主義陣営の防衛に貢献した（日米安保条約5条，6条）。しかし，1990年代，冷戦の終結により，軍事的脅威が低減する一方で，東西対立の狭間でそれまで抑制されていた民族的・宗教的地域紛争が再燃する危険が高まると，国連中心の平和の維持が期待されるようになった。

平成3（1991）年1月の湾岸戦争を契機として，世界平和維持のために国連の活動への貢献が重視されるようになると，日本は「国際連合平和維持活動等に対する協力に関する法律」を制定した。この法律では，PKO参加5原則[*2]に従い，派遣された自衛隊部隊が海外で武力行使に及ぶことがないよう，慎重な配慮がなされている。

平成13（2001）年9月11日，テロリストが民間旅客機をハイジャックし高層ビルを標的に自爆攻撃を実行した米国同時多発テロが発生すると，国連安保理はこれを「国際の平和及び安全に対する脅威」と認定した（決議1368号）。米国とその同盟国がアフガニスタンでテロ掃討作戦を開始するなか，日本政府も，憲法の許す範囲内でこれを支援するため，「テロ対策特別措置法」を制定し，インド洋において燃料等の補給支援活動を実施した。また，平成15（2003）年には，米英軍等によるイラク攻撃とフセイン政権崩壊後の国家再建を支援するため，「イラク人道復興支援特別措置法」を制定し，給水，医療，インフラ整備等のため，自衛隊を派遣した。これら特措法による活動は，戦闘地域と一線を画する区域において，戦闘に直接関与しない範囲で実施されるものであり，9条による制約が考慮されている。

（2）日本周辺地域の安全確保のための立法

冷戦の終結により，日米同盟自体の意義も再検討された。平成8（1996）年4月の「日米安保共同宣言」は，日米安保体制を，アジア・太平洋地域における平和と安定を維持するための地域紛争対処の枠組として再定義し，日本の防衛を柱としつつも，より広く，極東における平和と安全の維持を重視する日米防衛協力体制を築く方向に向かうことになった。これをう

[*2] **PKO参加5原則**：①紛争当事者間で停戦の合意が成立していること。②紛争当事者が自衛隊の参加する平和維持活動に同意していること。③平和維持隊が中立的な立場を厳守すること。④上記の原則のいずれかが満たされない場合には撤収すること。⑤武器の使用は要員の生命等の防護のために必要な最小限度のものに限られること。

け、平成9(1997)年9月に改定された「日米防衛協力のための指針」は、「平素からの協力」「日本に対する武力攻撃に際しての対処行動等」とともに、「日本周辺地域における事態で日本の平和と安全に重大な影響を与える場合(周辺事態)の協力」を日米協力の柱に加えた。平成11(1999)年5月には、「周辺事態に際して我が国の平和及び安全を確保するための措置に関する法律(周辺事態法)」が制定され、日本周辺で発生した地域紛争に米軍が出動する場合の後方地域支援(米軍への物品・役務の提供、便宜供与等)や遭難者の救助活動を自衛隊が分担することになった。周辺事態法による活動は、「現に戦闘行為が行われておらず、かつ、そこで行われる活動の期間を通じて、戦闘行為が行われることがないと認められる」地域でのみ実施され、他国による武力行使との一体化のないものであり、憲法上の許容範囲内であると説明されている。

(3) 日本国と国民の安全確保のための立法

「専守防衛」を基本とする日本では、外部から武力攻撃がある場合に備え、自国の防衛と国民の保護を有効に実施する措置を定めることは、本来は立法の最優先課題のはずである。にもかかわらず、日本国憲法が軍隊の設置を明示的に定めず、戦時対処に関する規定がないために、この分野の立法の取り組みが遅れた。

平成10(1998)年8月の北朝鮮によるミサイル(テポドン)発射や翌年3月の不審船の侵入事件、平成13(2001)年9月の米国同時多発テロ事件の発生による脅威認識の高まりをうけ、平成15(2003)年6月に「武力攻撃事態等における我が国の平和と独立並びに国及び国民の安全の確保に関する法律(武力攻撃事態対処法)」、翌年6月には「武力攻撃事態等における国民の保護のための措置に関する法律(国民保護法)」などの事態対処法制が整備された。

事態対処法制は、武力攻撃の危険の程度と性格に応じて、「武力攻撃事態」(日本に対する武力攻撃がすでに発生し、または、その明白な危険が切迫している事態)、「武力攻撃予測事態」(事態が切迫し、武力攻撃が予測される事態)、「緊急対処事態」(大規模テロなど武力攻撃に準ずる手段での殺傷行為が発生し、または、その危険が切迫している事態)のいずれかを認定し、非常措置をとるよう構成されている。

判例 3-1

争点

裁判所は一般的・抽象的に自衛隊の憲法適否を判断できるか— 恵庭事件

事案

北海道恵庭町（現・恵庭市）の酪農家が，近くにある陸上自衛隊の射撃演習場から発生する騒音により乳牛の流産や乳量の減少の損害を被ったとして，抗議行動を行った末，射撃演習前に自衛隊側が事前連絡をする約束を取りつけた。昭和37（1962）年11月，この約束に違反し，連絡なしに演習が開始されたため，被告人（2名）は演習場に侵入し，着弾地点との連絡用の電話通信線を7か所切断した。この行為が，「自衛隊の所有し，又は使用する武器，弾薬，航空機，その他の防衛の用に供する物」を損壊する者を罰する自衛隊法121条に違反するとして起訴された。被告人弁護側は，自衛隊法全般が違憲無効であるとして無罪を主張した。

判旨

第1審札幌地方裁判所は，射撃演習用通信線が「その他の防衛の用に供する物」の損壊に該当するか否かについて，罪刑法定主義の観点から，自衛隊の対外的武力行動にとっての必要性・重要性および自衛隊の物的組織構成上の枢要性の有無，損壊行為によりもたらされる危険の重大性，同種物件による代替可能性に照らし厳格に判断し，これに該当しないとしたうえで，以下のように述べる。「裁判所が一定の立法なりその他の国家行為について違憲審査権を行使しうるのは，具体的な法律上の争訟の裁判においてのみであるとともに，具体的争訟の裁判に必要な限度にかぎられることはいうまでもない。このことを，本件のごとき刑事事件にそくしていうならば，当該事件の裁判の主文の判断に直接かつ絶対必要なばあいにだけ，立法その他の国家行為の憲法適否に関する審査決定をなすべきことを意味する。[…] 被告人両名の行為について，自衛隊法121条の構成要件に該当しないとの結論に達した以上，もはや，弁護人ら指摘の憲法問題に関し，なんらの判断をおこなう必要がないのみならず，これをおこなうべきでもないのである。」（札幌地判昭和42年3月29日下級裁判所刑集9巻3号359頁）

判例 3-2

争点

前文2段の「平和的生存権」は裁判で救済を求めうる具体的権利か。自衛隊は9条2項にいう「戦力」に該当するか―― 長沼事件

事案

(旧)防衛庁は，第3次防衛力整備計画に基づき，航空自衛隊の施設とこれに付設する連絡道を建設するため，北海道長沼町にある国有林の一部につき，保安林指定の解除を農林大臣に申請した。昭和44 (1969) 年7月7日，農林大臣は，森林法26条2項に照らし，「公益上の理由」により必要が生じたものと認め，保安林指定解除処分を行った。これに対して地元住民は，憲法9条により違憲であるべき自衛隊の施設建設は「公益上の理由」には該当せず，農林大臣の処分は違法であるとして，処分の取り消しを求める行政訴訟を提起した。その際，原告住民側は，憲法前文2段の平和的生存権[*3]を訴えの利益の一つとした。

判旨

第1審札幌地方裁判所は，軍事施設が戦時に攻撃目標にされる可能性が高いことを理由に，付近での自衛隊施設の建設が原告住民の「平和的生存権」を侵害するおそれがあるとして，憲法前文の裁判規範性を認める立場から訴えの利益を認めたうえで，自衛隊が9条2項により保有を禁じられる「戦力」であり，自衛隊施設の建設は「公益上の理由」には該当しないとして原告勝訴の判決を下した（札幌地判昭和48年9月7日[判時712巻24頁]）。これに対して，札幌高等裁判所は，「平和的生存権」について，「なんら現実的，個別的内容をもつものとして具体化されているものではない」として裁判規範性を否定する一方で，農業用水，飲用水の確保および

[*3] **平和的生存権**：その意味内容については，国際法上主権国家に認められる自存・自衛の権利を確認するものと解するか，国家が非軍事的方法により平和を追求することを国民の生存確保の条件として求めるものであると解するかで説が分かれる。また，その裁判規範性についても学説上争いがあるが，最高裁判所は裁判規範性を認めていない。

水害防止の観点から原告の訴訟適格を認めたが，これについては堰堤などの代替施設の建設により，生命・身体の安全を侵害される不利益は除去されたとして1審判決を破棄した。自衛隊違憲の主張に関しては，砂川事件最高裁判決で採用された裁量論的統治行為論を自衛隊訴訟にはじめて適用し，「一見極めて明白に違憲，違法と認められるものでない限り，司法審査の対象ではない」とした（札幌高判昭和51年8月5日行集27巻8号1175頁[判時821号21頁]）。最高裁も高裁判決を支持し，上告を棄却した。（最一小判昭和57年9月9日民集36巻9号1679頁[判時1054号16頁]）

判例 3-3

争点

国による自衛隊のための土地取得行為は，憲法98条の「国務に関するその他の行為」として，違憲審査の対象となりうるか──百里基地事件

事案

昭和31（1956）年5月，（旧）防衛庁は，茨城県小川町百里原に航空自衛隊基地の建設を決定し，建設予定地の買収を開始した。建設反対派である町長Aは，反対運動の一環として建設予定地内にあるXの所有する土地を取得するため，Aの甥であるYの名義で売買契約を結び，内金をXに支払った。しかし，残金が期日経過後も支払われず，受け取った小切手も不渡りとなったため，Xは債務不履行を理由にYとの契約を解除し，国に土地を売り渡すとともに，Yに対し抹消登記を求め提訴，国もYを被告として土地所有権の確認を求めて提訴した。Yは，自衛隊基地のためにする土地取得は，憲法98条にいう「国務に関するその他の行為」として違憲審査の対象となり，憲法9条に違反するのみならず，平和的生存権を侵害し，その反社会性から民法90条の公序良俗にも反するもので無効であるとして反訴した。

判旨

　第1審水戸地方裁判所は,「わが国が,外部からの武力攻撃を受けた場合に,自衛のため必要な限度においてこれを阻止し排除するため自衛権を行使することおよびこの自衛権行使のため有効適切な防衛措置を予め組織,整備することは,憲法前文,第9条に違反するものではないというべきである」として,自衛力合憲説に立脚した判断を下した。ただし,自衛隊が憲法が保有を禁じる「戦力」に当たるか否かについては,統治行為論を採用し,判断を回避した(水戸地判昭和52年2月17日[判時842号22頁])。控訴審で東京高等裁判所は,私人との間の土地取得のような行為は,憲法98条の「国務に関するその他の行為」には該当せず法令審査権の対象にはならないこと,自衛隊が公序良俗に反するとする主張は排斥を免れないこと,平和的生存権は「政治の面において平和理念の尊重が要請されることを意味するにとどまるもの」であり,具体的争訟における適法性の判断基準とはなりえないことを確認し,自衛隊の憲法適否に関する問題には立ち入らなかった(東京高判昭和56年7月7日[判時1004号3頁])。最高裁も控訴審判決を支持し,上告を棄却した。「憲法98条1項は,憲法が国の最高法規であること,すなわち,憲法が成文法の国法形式として最も強い形式的効力を有し,憲法に違反するその余の法形式の全部又は一部はその違反する限度において法規範としての本来の効力を有しないことを定めた規定であるから,同条項にいう『国務に関するその他の行為』とは,同条項に列挙された法律,命令,詔勅と同一の性質を有する国の行為,言い換えれば,公権力を行使して法規範を定立する国の行為を意味し,したがつて,行政処分,裁判などの国の行為は,個別的・具体的ながらも公権力を行使して法規範を定立する国の行為であるから,かかる法規範を定立する限りにおいて国務に関する行為に該当するものというべきであるが,国の行為であつても,私人と対等の立場で行う国の行為は,右のような法規範の定立を伴わないから憲法98条1項にいう『国務に関するその他の行為』に該当しないものと解すべきである。」(最三小判平成元年6月20日民集43巻6号385頁[判時1318号3頁])

第4章 人権総説

本章の狙い

本章では，個々の人権を論ずる上で共通して問題となる，誰が人権の主体であるのか，それは誰に対して主張できる権利なのか，人権どうしがぶつかりあうときにはどのように調整するのか，といった問題，および包括的基本権とされる平等原則・幸福追求権について考察する。

I 人権概論

1 人権保障の方法

日本国憲法には第3章に「国民の権利及び義務」が定められている。最高法規たる憲法に違反する下位規範は違憲無効となるので，憲法に人権カタログをのせるということは，法律や命令によって，憲法で保障すると定めた権利を侵害することはできないということになる。このことは，違憲審査制度によって担保されている。

憲法に定められた権利は，法律によって具体化され，その行使方法や，それが侵害された場合の救済方法などを定めることになる。また，いくつかの権利については，個別の権利を守るだけでなく，その権利を守る砦としての制度そのものを保障している（制度的保障）。制度が侵されたときには，個別の権利も危機に瀕していると考えるのである。

現代においては，さらに国際的な条約によっても人権が保障されている。国際連合は，国際人権規約を定め，加盟国に対して人権状況の報告を求めるとともに，国ぐるみでの人権侵害を防ぐために，個人が国連の人権委員会に人権の救済を求める個人通報制度や，他国で人権侵害があった場合の国家通報制度なども設けている。また，歴史的に多く侵害されてきた権利について，女子差別撤廃条約，拷問禁止条約，人種差別撤廃条約，児童の権利条約など個別の条約により，手厚い保障を定めている。

　ただし，日本の裁判所は，こうした条約に定める権利を直接適用することはない。日本国憲法に定められた権利カタログは，これら条約の権利を網羅しているとの理由からであるが，実際にはより後の時代に作られた諸条約の方が詳細な規定があり，また新しい問題にいくらか対応している。人権について学ぶときには，これらの条約も参照することが必要である。

2　人権の分類

　ひとくちに人権といっても，その権利の性質はさまざまである。ここではドイツの憲法学者イェリネクによる，国家に対する国民の地位による分類を見てみよう。

①**消極的地位**

　国家の干渉を排除するもの。自由権がこれに当たる。「国家からの自由」ともいわれる。もともと人権は，中世において，宗教や家族形成，職業選択，財産などについて国家や中間団体のさまざまな規制があり，自分の人生を自分で自由に決められなかったことに抵抗して生まれたものである。国家が干渉しないことがこの権利の中心であるので，原則として即座に実施することが可能であり，またそれが要請される。

②**積極的地位**

　国家の積極的な行為を要求するもの。社会権や国務請求権がこれに当たる。「国家による自由」ともいわれる。国家の積極的な行為には金銭給付のほか，教育や裁判といったサーヴィスの提供などがある。こうしたものには場合によっては多額の費用がかかることから，完璧な保障が困難なこともありうるが，国家はこれらを保障するよう常に努めなければならない。

③**能動的地位**

　国家の統治に能動的にかかわろうとするもの。選挙権・被選挙権といった参政権がこれに当たる。「国家への自由」ともいわれる。一方的に王権に従わざるを得なかった時代には、いかに人権を蹂躙されようと抵抗のすべはなかった。自分たちの権利を害されない政治をするためには、自分たちで政治をするしかないことから、現代憲法の根幹には国民主権、民主主義が置かれ、参政権によってこれが実現されているのである。

④**受動的地位**

　国家の命令を受けるもの。義務がこれに当たる。憲法には、子女に教育を受けさせる義務、納税の義務、勤労の義務が定められている。これらの義務は、社会を成り立たせる最低限の条件である。

II　人権享有主体

1　自然人

(1) 国籍と外国人の人権

　憲法とは、国家が国民に対し、その生来有する権利を害さないことを約束する文書である。したがって、日本国憲法の保障する人権は、原則として日本国民を名宛人としたものである。

　では、日本国民とは何か。憲法第10条には、「日本国民たる要件は、法律でこれを定める」とある。これを受けて、国籍法が制定され、この法律が、日本国籍を取得するための要件、すなわち日本国民であることの条件を定めている。日本では、原則として父母のいずれかが日本人である場合に生まれた子どもも日本人とするという考え方を取っている（血統主義）。これに対して、両親が何国人であろうとも子どもが生まれた地の国籍を取得させるという考え方をとる国もある（出生地主義）。この結果、二つ以上の国籍をもつことがあるが、日本の国籍法では重国籍を認めておらず、生まれながらに二つ以上の国籍を持つ場合には成人後に自分の好きな国籍を選択することとしている。重国籍を認めない理由は、いざその二国が戦争

となった場合の国家への忠誠の問題が大きいが，戦争の放棄と平和主義を旨とする日本国憲法の下では，このような考えから重国籍を規制するのはいささか奇妙なことである。

また，世界的な国際結婚の増加に伴い，生まれた国とは別の国で家族をもって生活している者や，二つ以上の国の血を引く者も増加している。特に欧州では，経済的な統合とともに人が自由に国境を越えて移動できるようになり，重国籍を柔軟に認める国が増加している。国際結婚で生まれた子どもはいずれの国にも親族をもつのに，一つの国籍を選んでその他の国においては「外国人」となり，その結果として後に述べるように出入国などに制限がかかることは，もはや時代に合わなくなっているとの批判もある。

では，日本国内にいる外国人については，基本的人権の享有は認められないのか。この問題について判断したのが，マクリーン事件判決（最大判昭和53年10月4日民集32巻7号1223頁［判例4-1］）である。ここでは，権利の性質上日本国民のみを対象としているものを除き，外国人に対しても基本的人権は保障されるが，それは外国人在留制度の枠内で与えられているにすぎない，と判断された。

自由権は「国家からの自由」，すなわち国家の干渉を受けずに個人が活動を行うという普遍的な人権であるので，原則として，外国人だからという理由で適用が排除されることはない。これは，逆に言えば，日本人もまた外国において当然に認められるべき権利である。

ただし，出入国の自由については別の考慮が必要となる。無条件に外国人の入国を認めると，犯罪者やテロリストなども入国できることとなり，国内の治安が悪化する危険がある。また，国内で犯罪を犯した外国人についても，相手国との条約により，日本で処罰できないこともある。こうした問題に対処するためには，国家が外国人を自国内に招き入れるかどうかの決定権，国内で法を守らない外国人を退去させる権限をもっていなくてはならない。したがって国家は外国人の入国や在留について，自由な裁量権をもっている。

一方で，社会権は「国家による自由」ともいわれるとおり，国家の力を借りて達成される権利であり，それには教育や最低の生活の保障など，往々

にしてお金がかかる。限りある国家の予算を自国民の救済に限定して、あるいは優先的に配分することは許される。社会権は第一義的に国籍国によって保障されるものなのである。

参政権は、自国の統治にかかわる権利であるので、その性質上、国民に固有の権利である。公権力を行使する立場である公務員への就職の資格も、外国人には原則として認められない。

日本に永住する外国人には、日本人と結婚して子どもをもうけ、日本で生涯を全うする者や、外国籍ではあるが日本に生まれ日本の教育を受けて日本で就職する者もいる。こういった人たちは、外国籍である限り、自分の生活本拠である日本において参政権がなく、社会保障にも制限があり、また、いったん国外に出ると些細な法令違反を理由に再入国が認められない危険もある。日本国籍を取得（帰化）すれば国民となるので権利は十全に保障されるが、そのためには元の国籍を捨てなければならないので、故郷に帰るときに査証を取得する必要が生じることがあるなど、不都合も多い。日本で善良に生活している者が日本人と同等の権利保障を求めるのは当然であるとも思えるが、一方で日本に永住しながらも本国に非常な愛着をもち続け、日本の利益より本国の利益を求める者もいるので、外国人にどこまでの権利を認めるかは大変難しい問題である（この問題については、第9章、第14章も参照）。

（2）未成年者

未成年者といえども国民であるので、当然に人権享有主体である。しかし、子どもは判断能力が未熟であること、成長途上にあり特別の保護を必要とする立場であることから、憲法は一定の配慮と権利制限をしている。

まず、参政権については、国政にたずさわるための十分な知識と能力が必要であるので、憲法15条3項は「成年者による普通選挙」を保障し、未成年者には選挙権の行使を認めていない。現在のところ、公職選挙法は20歳以上の者に選挙権を認めているが、憲法改正手続法では18歳から国民投票の権利が認められ、これに伴い近い将来選挙権の行使も18歳以上に引き下げられる見通しである。

また，特別の保護にかんしては，憲法26条2項で「子女に普通教育を受けさせる義務」を保護者に課すことで，子どもが教育を受ける権利を保障し，また27条3項では児童を酷使してはならない旨が規定されている。児童の権利条約にはさらに，氏名や国籍をもつ権利，父母から引き離されない権利，虐待からの保護なども定められている。

（3）天皇・皇族

　天皇や皇族も広い意味での日本国民に含まれる。しかし皇族は，戸籍がなく皇統譜に記される，皇族男子の婚姻には皇室会議の議を経る必要がある，養子が禁じられている，等々，特に家族・身分にかんして一般の国民とは違った取扱いが数多くある。

　天皇制を採用する以上，天皇に平等原則は該当せず，外国移住や国籍離脱の権利も認められず，職業選択の自由も認められないことは当然の帰結と考えられる。また，天皇はその象徴性から政治的に無色である必要があるので，参政権は認められず，政治活動の自由も認められない。また，事実上言論などについても制限があり，宮中祭祀の担い手としての立場上，宗教の自由も制限されるであろう。

　ただし，皇族については，天皇とまったく同じように人権を制限して良いものかどうかについては議論がある。とりわけ継承順位の低い傍系の皇族や，継承権をもたない女性皇族については，象徴性も薄く，さまざまな権利を制限することに合理的な理由を認めがたいという批判もある。

2　法人

　自然人と同様に民法上の権利主体性を認められたものとして，法人がある。憲法上の人権規定は基本的に自然人を念頭においたものであるが，法人には人権規定は適用されるのか。

　参政権や人身（身柄）の自由，婚姻の自由，社会権などは自然人固有の権利であり，法人に認める余地はない。しかし，財産権，裁判を受ける権利，国家賠償請求権などは法人にも観念しうるものであり，また，宗教法人が信教の自由を認められ，営利法人（会社）が営業の自由を，学校法人が

学問の自由や教育の自由を認められるというように，法人の性質や設立目的によって当然に行使できる権利もある。

では，法人の設立目的外の行為についてはどうか。最高裁は八幡製鉄事件判決において，人権規定はその性質上可能な限り，法人にも適用されるべきであるとの見解を示した（最大判昭和45年6月24日民集24巻6号625頁［判例4-2］）。この考えに従えば，たとえば営利を目的とする会社でも信教の自由や政治活動の自由を享有することになるが，団体が多数の自然人の集合体である以上，そこには団体の方針とは意見を異にする自然人も含まれ，団体の自由を広範に認めると，個人の自由を団体の自由の名のもとに制限するという帰結にもなりかねない。各種権利を行使するためには，法人は設立目的に適う限りにおいてそれを行う権利能力がある，と考えるので足り，特に「人権」を認める必要はないように思われる。

III 人権の適用範囲

1 私人間効力

人権とは，国家という圧倒的な権力に対して個人の不可侵の権利を主張するものである。国家は従わない者に対し，軍隊や警察，裁判所などを通じて強制する権力をもっており，私人には抗う術がないからこそ，憲法という枷を権力にかけているのである。一方で，本来対等である私人の間では，そのような一方的な服従関係にはないはずであるので，「私的自治の原則」が基本的に妥当する。しかし，現実には，会社やマスコミなど個人では抗えない「社会的権力」をもつ組織が存在し，こうした私人でありながら強い事実上の権力をもつ組織が行う差別や人権侵害に対して，個人の人権を守る必要が主張されるようになった。

この問題について，3つの考え方がある。1つ目は，憲法とは対公権力の文書であるので，私人間には適用されないという説（無適用説）である。しかし，大規模組織に対しての人権保護の必要性は広く認められており，この説を支持する者はほとんどいない。次に，人権を守る必要性は，相手

が公権力であれ私的団体であれ変わらないので，憲法の人権規定は私人間にも直接に適用すべきであるという説がある（直接適用説）。しかし，この説によるならば，私法関係を規律する私的自治の原則を排除してしまう可能性があり，また，私人間では支配・服従関係のありようも様々であるので，国家に対するような一律の規制をしがたいという問題もある。そこで，私人間の関係は原則として私的自治の原則によりつつ，民法の一般規定（90条の「公序良俗」，不法行為規定など）に憲法に定める人権尊重の原理を読み込むことで，人権の保障に配慮した適切な解決を図ろうとする考え方がある（間接適用説）。三菱樹脂事件判決をはじめとする判例もこの立場に立っている（最大判昭和48年12月12日民集27巻11号1536頁［判例4-3］）。

2　いわゆる「特別権力関係」論

　国家と国民の間に，自発的にまたは強制的に特別な関係が生じ，特有の規律が必要となることがある。明治憲法下においては，公務員関係を念頭に置き，公務員とは国家の手足であるので，国家の包括的な支配下に置かれると考えられていた。これを「特別権力関係」と呼び，個別的な法律の根拠なしに憲法上の権利の制約が可能であり，包括的な命令権・懲戒権をもち，裁判による救済も与えられないと考えられていた。

　現行憲法では，このように包括的に人権を奪うようなことは許されない。国家の行為にはすべて法律の根拠が必要であり，裁判による救済を否定することも許されないが，それでもなお，一定の規律関係を維持するためには，これを「特別権力関係」と呼ぶかどうかは別として，一般の場合とは異なる権利制限が必要な場合がある。

（1）公務員

　現在では，原則として公務員にも人権保障は及ぶとの前提の上で，公務員としての特殊な立場から一定の権利に制約をかけている。政治活動の自由の制限（国家公務員法102条など）は，「行政の中立的運営」「公務員の政治的中立性」などを根拠に正当化されている（猿払事件［最大判昭和49年11月6日刑集28巻9号393頁［判例4-4］）。また，労働基本権についても，公務員の

「地位の特殊性および職務の公共性」にかんがみて，争議行為という「公務の停廃が国民生活全体の利益を害し，国民生活に重大な障害をもたらす」ことを根拠として制約されている（同98条2項など）。

しかし，公務員にもさまざまな種類があり，まさに公権力を行使する立場にあるものと，私企業でも同様の業種があるような職種とで，一律の制限を掛けることが妥当であるかどうかは疑問である。最高裁は，全逓東京中郵事件判決（最大判昭和41年10月26日刑集20巻8号901頁［判例7-5］）で，公務員の労働基本権の制限は，職務の内容に応じ，必要最小限度の制約のみを認めるという合憲限定解釈を行い，学説でも好意的に受け止められたが，一転して全農林警職法事件判決（最大判昭和48年4月25日刑集27巻4号547頁［判例7-6］）において，すべての公務員の争議行為を一律に禁止し，刑事罰をもって臨むという厳しい態度に転換した。この判決には批判も多い。

（2）在監関係

刑事施設に収容されている者に対しては，特別の規律が必要となる。受刑者の人権への配慮が希薄であった監獄法が近年改正され，新たに制定された刑事収容施設法は，被収容者の人権保障にもある程度配慮した内容となっている。

①受刑者

懲役・禁錮などの確定判決を受けて刑事施設に収容されている者は，判決の効果として身柄の自由を剥奪され，刑事施設内に起居することになる。受刑者に対しては，逃亡の防止，刑事施設内の規律・秩序の維持，受刑者の更生・社会復帰といった観点から，一定の人権制限が課される。

旧監獄法下では，外部の人との面会や信書の発受，書籍の閲読は禁止が原則で，裁量により許可するものであったが，新法ではこれらを原則として許すという規定になった。しかし，秩序維持や本人の更生に不都合があることを理由として禁止することもでき，この裁量如何によって大きく制限されることもあり得る。

問題となるのは選挙権である。公選法11条は，受刑者は選挙権・被選挙権を有しない旨を定めているが，懲役や禁錮という刑の内容として，参

政権の剥奪が含まれるとは考えられない上に，近年成立した憲法改正手続法4条では，受刑者にも憲法改正の国民投票の権利を与えているのである。刑事施設内での投票に秩序維持上の困難があるとは考えられず，選挙に参加することは社会への関心を喚起し，むしろ受刑者の更生に資することであるはずなのに，選挙権を認めない理由は定かではない。

②**未決拘禁者**

判決が確定するまでの身柄の拘束には，一方で無罪の推定がはたらくので最大限の人権保障が要請され，他方で公正な裁判を確保する必要上，逃亡や罪証隠滅を防ぐためにいっそうの管理が要請される。とりわけ面会や信書の発受については，新法でも罪証隠滅の恐れを理由に広範に制限や検閲が許されており，実際に行われているのが現状であるが，あくまで無罪が推定される立場であり，また適切な防禦権の行使のためには弁護人との密な連絡が必要であることも考えると，こうした権利制限には疑問がある。

③**死刑確定者**

死刑確定者については，その心情の安定を図るためという理由から，外部交通は親族や教誨師などのごくわずかを除いて認められておらず，受刑者同士の交流もほとんど認められていない。ここまでの人権制限は，正当化が困難なように思われる。また，死刑の執行は当日の朝に知らされ，親族との別れの機会も確保されないことが，国連の人権委員会から批判されている。

Ⅳ 人権保障の限界

1 公共の福祉

憲法上の権利は，いかなる時にも無条件に認められるものではない。ある人の権利行使は，周囲に影響を及ぼすので，当然にその限界はあり得る。憲法13条は，このことを「公共の福祉」という言葉で表している。

その制約原理としては，まず，他者の権利と衝突する場合がある。他人の権利を害してまで権利を主張することはできないというのは，権利に内

在的に含まれている制約であり，この意味での人権保障の限界を，「内在的制約」「自由国家的公共の福祉」と呼ぶ。この原理からの人権制限は，権利の調整に必要最小限度のものでなければならない。

次に，「政策的(外在的)制約」「社会国家的公共の福祉」と呼ばれるものがある。社会的・経済的弱者の権利を十分に保護するために必要な経済的自由の制限であり，例としては収入の増加に伴って税率が上がる累進課税制度や，競争力の強い大企業に規制をかける，といったものがある。どのような制限を行い，またどのように保護するかは，政策的観点から決定されることであり，その判断は原則として国会に委ねられている。

この他にも，「公の秩序又は善良の風俗」(公序良俗)も人権制限の根拠となり得る。美観地区にビラ貼りを禁じたり，子どもにとって好ましくない施設を学校周辺に開業することを禁じるなどの制限である。また，国家が国民のためを思ってする制限(父権温情主義(パターナリズム))もある。自殺の禁止，シートベルトの着用義務づけなどがその例である。しかし，これはゆきすぎると国家による過剰な私生活への介入となりかねないものであり，この理由による制限を認めるのは慎重でなくてはならない。

日本国憲法においては，これらすべてを「公共の福祉」という言葉で表しているが，国際人権規約ではもう少し具体的な言葉で列挙されている。たとえば自由権規約第19条には，表現の自由を制限する根拠として，「他の者の権利または信用の尊重」「国の安全，公の秩序または公衆の健康もしくは道徳の保護」が挙げられており，またこれらの制限は法律によって定められていなければならないことが明記されている。

2　緊急事態

未曾有の大災害やテロ攻撃によって秩序が破壊されている状態では，人権を保障する余裕がなく，また，一時的に人権保障を停止してでもとにかく優先的にすべきことが存在することがある。被災地において，たとえば生存者の確認のために報道機関のヘリを飛ばすことを禁じたり，救助の邪魔になるものを持ち主に無断で壊したり，救援物資を確保するために流通を規制したり，物資を強制的に徴収したりすることも必要になる場合があ

る。こういった場合に，人権侵害であるとの主張を許すことは，他の者の生命や安全を危険にさらすことになるので，認めるべきでない。しかし同時に，生命そのものや，人間の尊厳，身体の不可侵などのように，どのような非常事態においても侵害されてはならない権利も存在する。こういった権利の区別については，これまであまり議論されてこなかったが，東日本大震災を契機に考えようとする機運が高まっている。自由権規約第4条には，こうした緊急事態において人権規定の停止が認められる旨を定めつつ，一方で，緊急事態においても停止してはならない権利が列挙されている。

V　平等原則

1　平等とは

　憲法14条1項は，「すべて国民は，法の下に平等」であると定めており，国家は，個人を等しく個人として扱う義務を負う。これが平等原則である。地位や身分によって特権を与えたり機会を奪ったりするというような身分制社会への反省から，すべての人に自由に生きる機会を等しく与えるという平等の観念が生まれた。

　しかし，差異のある者を等しく扱うことは，ときとしてさらなる不平等を生みだす。経済的弱者が富めるものに搾取され貧困が再生産されたり，身体的なハンディキャップのある者を健常者と同様に扱うことが障害者の社会進出を困難にするなどである。そこで，社会福祉国家において国家が国民に保障すべきは，完全な「機会の平等」では足りず，弱者に保護を与えて社会における条件をできるだけ等しくすることが要求されるようになった。これが「条件の平等」と呼ばれるものである。このために生活保護や公教育，累進課税といった制度が生まれた。

　さらにこの考えを推し進めると，「結果の平等」，すなわち個人の差異によって結果に差異を生じさせないという考えに行きつく。国家が徹底した利益の再分配を行うことでこれは実現されるが，これには非常に強力な国

家権力が必要であり，また個人のレヴェルではいかなる努力も才能も報われず，自由な人格形成や幸福の追求といった根幹的な個人の権利は大幅に抑圧され，あるいは否定されることになる。したがって，自由主義国家においては結果の平等までは要求できず，国家は条件の平等を整える責務を負うことになる。

2　「法の下の平等」の意味

　法の下の平等とは，法がすべての人に同じように適用されるということのみならず，法の内容も平等でなければならないという意味を包含する。そして，この法内容の平等とは，一切の異なった扱いを認めないという絶対的平等ではなく，合理的な理由があれば，異なった者に対する異なった扱いを許容する相対的平等である。では，異なった扱いはどのような場合に認められるのか。

　一つの考え方として，人格の価値に差異を見出して異なった扱いをすることは差別に当たるというものがある（人格価値平等説）。たとえば女性を男性より劣ったものと評価して扱いを変えることは違憲であるが，女性に特有の妊娠・出産の機能を保護するために異なった扱いをすることは差別に当たらない，という考え方である。

　もう一つに，合理的な理由があれば異なる扱いは認められるという考え方がある（合理的差別説）。これによれば，差別すべき合理的な理由なくして差別することが違憲なのであり，たとえば現実に女性は男性よりも平均賃金が低いので，損害賠償請求における死亡者の「生命の価値」を男性より低く評価することには理由があり，憲法の禁止する「差別」には当たらない，という帰結をもたらす。

　判例は，人格価値平等説をとるものもあるが，合理的差別説によるものが多い。たとえば尊属殺重罰規定判決（最大判昭和48年4月4日刑集27巻3号265頁［判例4-5］）は，尊属の価値を高く評価することは認めつつ，ただその達成手段として刑罰の加重が重すぎるとして違憲と判断したものである。

　人を人として等しく扱うという考え方からすれば，人格価値平等説によ

るべきであろう。合理的差別説に立つならば、その目的に合理性があればいかなる別扱いも許されることになり、かえって平等原則の理念を損なうこともあり得るからである。

3　差別禁止事項

　憲法14条後段には、「人種、信条、性別、社会的身分又は門地により、政治的、経済的又は社会的関係において、差別されない」と規定されている。この列挙事項は、差別が禁止されるのがこれらにとどまるという意味ではなく、例示にすぎない。しかし、歴史的に、これら列挙されているものが重大な差別の原因となったことも確かであり、その意味でこれらは単なる例示ではなく、特に注意すべき差別原因を示したものであるといえる。これらを理由とする別扱いは、先に挙げた人格的価値の平等の観点から、差別に該当することを疑わせるものであり、厳しく判断する必要がある。

（1）人種

　日本では人種による差別が問題となることは比較的少ない。なお、これは国籍による差別の禁止ではないことに注意すべきである。外国人については先に述べたように、参政権のようにそもそも享有が認められない権利もあるからである。

　「外国人お断り」とした小樽市の公衆浴場が訴えられたケースでは、実際には日本に帰化した人の入浴も認めなかったことから、実質的には外見が外国人に見えるという「人種、皮膚の色、世系又は民族的若しくは種族的出身に基づく区別」であるとして、裁判所は人種差別であると認定した（札幌地判平成14年11月11日判時1806号84頁）。

　なお、民族差別については、日本はアイヌ民族や琉球民族、コリアン系民族などの保護が不十分であるとの批判がされているが、むしろ民族の文化や習俗を守るといった側面が問題になることが多い。

（2）信条

　一神教の国々においては、宗教的信条の違いが大きな差別や、ひどい時

には虐殺を引き起こすことも多かったが、八百万(やおよろず)の神が存在する日本では宗教的軋轢は比較的少ない。その他の信条による差別の例としては、雇用の場面での信条調査や信条を理由とする解雇などが争われたことがある。これらを理由とする差別的取り扱いは憲法違反となる。

（3）性別

　明治憲法下では女性には参政権が認められておらず、民法上も戸主たる男性に従属する者としての扱いがされるなど、さまざまな女性差別があったが、日本国憲法は男女同権を採用し、こうした差別は一掃された。しかし民法には、家制度の名残というべき条文がいくつも残っている。民法731条に定める婚姻適齢の男女差、女性のみに再婚禁止期間を課す733条、嫡出否認権を夫のみに与える774条などがそうであり、また、夫婦の氏（750条）も、条文上は「夫又は妻」となっているが、実際にはほとんどの夫婦で妻が改姓を余儀なくされるという実態を見れば、これも男女差別の一形態であるといえる。判例は、これらについて一応の合理性を認め、合憲としているが、人格価値平等説に立つならばこれらは違憲の疑いがきわめて強い。さらに、1985年に国連の女子差別撤廃条約に加盟するまでは、父が日本人であるときにのみ子に日本国籍を与えるという、血統における女性差別が存在したが、批准に際して国籍法を改正し、男女両系の血統主義に改められた。

　雇用の場面では、戦後も女性を排除する業種や深夜・休日労働の禁止など、さまざまな別扱いがあったが、この分野においてもまた、女子差別撤廃条約の批准に際して、男女雇用機会均等法の制定、労働基準法の改正を行い、母性保護以外の理由での女子に関する特別規定は撤廃された。判例においても、男女別定年制や男女別の賃金制度、結婚や出産のときに退職するという内容の労働契約が女性差別であると認定されるなど、女性差別の撤廃に大きく寄与している（最三判昭和56年3月24日民集35巻2号300頁など）。しかし現在でも、賃金格差は依然として残存しており、これが生命の値段の格差として現れることは先に述べたとおりである。

　その他、女性が顔に傷を負った場合の障害補償について、男性よりもはるかに重い等級として算定されるという問題もある。これは一見、女性が

優遇されているようにも見えるが，端的に言えば女性の外見にのみ価値を見出しているものと評価できるのである。

（4）社会的身分・門地

社会的身分とは人が社会において占める継続的な地位のことであり，門地とは家柄のことである。社会的身分は，とくに本人の意志ではどうにもならないような固定的な社会的差別観を伴っている場合に差別の問題が生じる。これ問題になった例としては，まず先に挙げた尊属殺重罰規定があり，また，嫡出子・非嫡出子の区別も社会的身分であるとされる。非嫡出子の法定相続分が嫡出子の半分であることについて，最高裁は，その合憲性に疑いをさしはさみつつも，違憲とはしなかった（最大判平成7年7月5日民集49巻7号1789頁）。国籍法における準正子・非準正子の別扱いについては，近年違憲判決が出された（最大判平成20年6月4日民集62巻6号1367頁）。

4　積極的差別是正措置（アファーマティヴ・アクション）

歴史的な経緯から根強く差別の構造が残っていて，個人の力ではいかんともしがたい格差が残存しており，それを放置してはその格差が消えることが期待できないときに，その弱者に対して一時的に一定の優遇措置を行うことで，その構造的な差別を撤廃しようとするのが，積極的差別是正措置と呼ばれるものである。これは弱者を特に優遇するものであり，逆差別であるとの批判もある。しかし，その構造的な差別や社会における差別感情を払拭して真に平等な社会を作るために，一時的な優遇措置が正当化されることもある。

多くの国で取り入れられているのが，議員など公職の女性率を適正なものとするため，立候補者の一定割合を女性にしたり，委員の一定割合を女性枠とするというものである。日本では，政治の場面ではこの方策は採用されていないが，民間企業において営業職や管理職などの女性率を上げるためのポジティヴ・アクションと呼ばれる女性の優遇は差別には当たらないとの態度をとっている。

VI　幸福追求権

　憲法第13条は、「個人の尊重」と「生命、自由及び幸福追求に対する国民の権利」を定めている。憲法制定当初は、この条文は、以後に列挙される個々の権利をまとめたものにすぎないと考えられていたが、時代がすすむにつれ新しい権利が観念されるようになり、そういった権利の根拠として用いられるようになった。その結果、13条は非常に多様な権利の根拠として用いられることになった。

1　人間の尊厳

　この言葉は非常に多義的に用いられている。本来の意味は、人間を人格をもった存在として尊重するという意味であるが、それはヒトとモノとして扱うことを禁止する（奴隷の禁止）という意味から、自律した個人の意思を尊重するという意味にまで広く使いうるものであるからである。憲法には「個人の尊重」という文言があることからも、後者の用法で用いられることが多いが、これは「自己決定権」とほぼ同意であることから、本稿では「人間の尊厳」という言葉を前者の意味に限定して扱う。

　日本国憲法にも「奴隷的拘束」の禁止（18条）や拷問の禁止（36条）の規定が存在する。奴隷は言うまでもなく人をモノ、財産として扱うものであるし、また拷問や残虐な刑罰は、人を情報を得るためあるいは見せしめのための道具としか扱っていないものとして、人間の尊厳に反する行為とされ、絶対的に禁止される。

　しかし人間の尊厳に反する行為は、それとどまるものではない。本人に詳細を告げることなく医学実験の対象とすることなども、ヒトをモノとして扱っている例となろう。近年ではさらに、クローン人間を作ったり、ヒトと動物をかけあわせるなどの実験が、ヒトという種を冒涜するもの、あるいは種を危険にさらすものとして、人間の尊厳の枠内で論じられるようになっている。

2　プライヴァシーの権利

　プライヴァシーという概念が日本の社会に浸透したのは，戦後しばらくたってからのことであり，したがってこれを規定する条文は憲法には存在しない。そこで主に13条を根拠として主張されるのであるが，断片的にとはいえ，憲法にはプライヴァシーに類する規定が存在する。21条2項後段に定められる通信の秘密はプライヴァシーの一種であるし，35条の住居の不可侵もまた，条文の配置から刑事手続などに限定してとらえられがちであるが，他人にみだりに私生活領域を侵されないという意味で，プライヴァシーの一角を構成する。

　プライヴァシーの概念も多義的であり，もともとの「ひとりで放っておいてもらう権利」から，他人に知られたくない私事を公開されない権利，さらには自己の情報を誰が持っているのかを知り，公開を差し止め，不要な情報の削除を求め，誤りがあれば訂正を要求できるという「自己情報コントロール権」にまで及ぶ。

　プライヴァシーの権利は判例において徐々に蓄積されてきた。「宴のあと」事件（東京地判昭和39年9月28日判時385号12頁）においては，「正当な理由がなく他人の私事を公開することが許されてはならない」ことが確認され，プライヴァシーの侵害を認める上で①私生活上の事実または私生活の事実らしく受け取られるおそれのあることがらであること，②一般人の感受性を基準にして当該私人の立場に立った場合公開を欲しないであろうと認められることがらであること，③一般の人々に未だ知られていないことがらであること，の三要件を示した。また，京都府学連事件（最大判昭和44年12月24日刑集23巻12号1625頁）で最高裁は，「何人も，その承諾なしに，みだりにその容ぼう・姿態を撮影されない自由」（肖像権）を承認した。その他，指紋押捺を強制されない権利なども，自己情報の提供を拒むものとして，プライヴァシーの観念に入りうるものである。

　知られたくない私事を公開されるという意味でのプライヴァシーの侵害主体としては，まずマスメディアが挙げられる。昨今では私人がブログなどを通じて他人のプライヴァシーを公開するという問題も発生している。秘密はいったん公開されるともはや取り返しがつかない。したがって，こ

れに対する救済は，第一義的には公開の差止めとなり，ここで表現の自由との衝突が生じることになる。

しかし，憲法においてより重要なのは，国家が国民の情報を収集するという問題である。現在のネットワーク社会において，国家のさまざまな機関が収集した情報は，容易に結合され，共有されうる。国家が必要に応じて保有する情報には，収入や前科，病歴などの非常に秘匿性の高いものも含まれており，こうしたセンシティヴな情報が本人のあずかり知らぬところで流通するとすれば，個人のプライヴァシーは大幅に侵害されることとなる。前科照会事件（最三判昭和56年4月14日民集35巻3号620頁［判例4-6］）では公権力が漫然とこうした情報の照会に答えることが違憲であるとされた。また，個人の思想や趣味嗜好などを国家が調べることは，私生活にかんする干渉であるだけでなく，国家がそれを悪用するならば，民主主義そのものを揺るがせる可能性を秘めている。ゆえに，現在では「行政機関の保有する個人情報の保護に関する法律」が制定され，個人情報の収集は業務上必要な場合に限り，かつ，利用目的をできる限り特定すること，収集した情報の目的外利用や提供の原則禁止，などが定められたのである。

また，現代においてはさまざまな媒体に情報が蓄積されることで，私企業が個人の趣味嗜好や思想についての情報を得ることが可能になっている。こうした情報が売買の対象となったり目的外に使用されたりすることを防ぐために，「個人情報保護法」は，5000件以上の個人情報を保持し事業に用いる事業者に対し，やはり利用目的の特定や目的外利用・提供の禁止などの規律を定めている。

3　名誉権

個人の名誉感情や外部からの評価としての名誉は，刑法や民法においても保障されているが，過去には国家の情報操作により，いわれなき名誉の剥奪をされるようなこともあったことから，憲法上の保障の対象となると考えられている。特にマスコミにより誤った情報が流布されることで名誉を毀損されるという構図は，プライヴァシーの場合と似ているが，名誉は正しい情報を改めて発することで一応は回復が可能であるので，その救済

は差止めとともに，事後的な訂正や謝罪広告によることもできる。

刑法では，公共の利害に関する事柄であって，公益目的でなされた表現が，事実である場合，もしくは事実であると信じるに足りる相当な理由がある場合には，名誉毀損罪の成立を認めない。憲法における名誉の保障と表現の自由の衝突の場合についてもこの考え方は妥当する。公職の候補者や公共事業など，公共の利害に関する事柄を有権者が知ることは，民主主義の根幹をなす重要な事項であるので，名誉の保護は一歩退くことになる。

4 自己決定権

人が，自律した個人として，どう生きるのかを自由に決める権利である。この中には，信教の自由や職業選択の自由，婚姻の自由のようなものも含まれるが，これらの憲法中に列挙された自由を13条に根拠づける必要はないので，これらの自由の範疇に収まらないものが13条を根拠として主張される。

自己決定権の範囲については，二つの説が対立している。一つは，ありとあらゆる人間の行動が自己決定権の範囲に含まれるとするものである（一般的行為自由説）。もう一つは，あまりに広く自己決定の範囲を認めると権利が衝突する場面も多くなることから，かえって広範な制限を許すことになるので，人生において生き方そのものにかかわるような重要な決定のみを，自己決定権で保護しようとするものである（人格的利益説）。国家は本来，個人の私生活に理由もなく干渉してはならない。その意味で，一般的な行為自由は保障されている。ならば，そういった一般的な行為の自由までを憲法上の権利とする必要はなく，特にその中でも重要な決定を特に手厚く保障するためには，人格的利益説によるのが適当と思われる。

自己決定権の内実は多岐にわたるが，特によく議論されるいくつかの類型をみてみよう。

（1）家族の形成にかかわる権利

婚姻については憲法24条に規定があるが，その他にも結婚しない，離

婚をする，事実婚を選択する，子どもを産む・産まない，養子縁組をする，同性をパートナーとする，などの家族形成にかかわる決定は，その人の人生に大きくかかわるものであり，13条で保障されると考えられている。

特に，女性の権利の進展に伴い，子どもを産む・産まないの選択（人工妊娠中絶や生殖補助医療）が女性固有の自己決定権であるとの議論がみられた。家制度に縛られてきた女性が，自らの望まない性関係や出産を強いられないという意味で，この議論は女性の解放に大きく寄与した。妊娠・出産というリスクを負うのは女性であり，また子育てにおいても事実上女性が主体とならざるを得ない社会において，そのリスクや負担を引き受けるかどうかを決定するのは女性が主体であるべきであろう。しかし，広く家族形成にかかわる権利として捉えるならば，パートナーの意思を無視してもよい女性固有の権利と考えるのはゆきすぎである。

（2）生命・身体にかんする決定

病気になったときにいかなる治療法を選択するのかというインフォームド・コンセントの問題，また，終末期においてどのように生を終わらせるのかという尊厳死や安楽死の問題が含まれる。

かつては，病気を治し，あるいは一分一秒でも長く生きさせることが患者の最善の利益と考えられ，そのために医師は力を尽くすのだから，患者は医師の言うことを信じていればよい，と考えられてきた。しかし医療技術の発展とともに，それぞれに長所・短所のあるさまざまな治療法が開発され，また，個人の価値観も多様化して，何が最良の治療であるかの判断が難しくなった。脳死や臓器移植，代理母出産など，個人によって倫理的な賛否が分かれるような治療法もあらわれた。また，単に治療するだけでなく，生命の質（Quality of Life, QOL）が求められるようになった。こうした変化の結果，医師は患者に病気や治療法について詳しく説明し，患者がそれを十分に理解した上で，自分にとって最良と思う治療法を納得の上で選択するというインフォームド・コンセントの考え方が一般的になった。エホバの証人輸血拒否事件では，信仰上輸血を拒否する意思を明確にしていた患者に対し，輸血の可能性を十分に説明しないままに執刀して輸血を

した医師に，患者から輸血の可能性のある手術をするか否かの決定権を奪ったものとして，損害賠償請求を認めている（最三判平成12年2月29日民集54巻2号582頁[判例4-7]）。

　治療が不可能になった終末期においても，少しでも長く生きるために最後まで全力で治療を続けてもらうのか，治療はやめて痛みや苦しみの緩和のみにとどめるのか，人工延命措置を行うか否か，脳死後臓器提供をするか否かといったことも，本人の選択に委ねることが望ましいと考えられるようになった。このなかでも，人工呼吸器などの延命治療を拒否し，自然に死にたいというのが尊厳死の考え方であり，これは本人の明確な意思があれば尊重されるべきであると考えられるようになり，手続のガイドラインが整備されつつある。また，生命の末期において疼痛が非常にひどく，それを緩和する手段もない場合に，これ以上苦しみしかない人生を終わらせてほしいと願うのが安楽死の要求である。人工延命措置を停止するという形で行うのが消極的安楽死，積極的に致死薬を投与するのが積極的安楽死と呼ばれる。東海大安楽死事件の横浜地裁平成7年判決が，積極的安楽死を認めるための4要件を示している。

（3）その他の人格権

　「環境権」や「健康権」といったものが主張されることがある。たとえば良好な自然環境を守ったり，健康が害されない環境のもとで生活する権利などである。しかしこれらの権利は裁判では認められていない。自然保護，大気や水質の汚染や騒音といった公害の除去，歴史的環境の保護など，環境権の内容は一義的ではなく，侵害の態様も様々であり，権利主体もはっきりしないので，これを憲法上の権利として構成することは困難である。しかし，過去の大規模な公害や原発事故による放射能汚染のように，生命や健康を危険にさらされている国民がいることも事実であり，理念としてこうした権利が主張されることもうなずける。

判例 4-1

争点

外国人の人権享有主体性―マクリーン事件

事案

米国籍のX（マクリーン氏）は，語学学校の英語教師として1年間の在留許可を受けて入国したが，その後すぐに退職し無届で別の学校に移り，ベトナム反戦運動等に参加した。その後，在留期間の更新を申請したが不許可とされたため，Xはこれが政治活動を理由とした不利益処分であるとして，処分の取り消しを求めて訴えた。

判旨

「憲法第三章の諸規定による基本的人権の保障は，権利の性質上日本国民のみをその対象としていると解されるものを除き，わが国に在留する外国人に対しても等しく及ぶものと解すべきであり，政治活動の自由についても，わが国の政治的意思決定又はその実施に影響を及ぼす活動等外国人の地位にかんがみこれを認めることが相当でないと解されるものを除き，その保障が及ぶものと解するのが，相当である。しかしながら，[…]外国人の在留の許否は国の裁量にゆだねられ，[…]外国人に対する憲法の基本的人権の保障は，右のような外国人在留制度のわく内で与えられているにすぎないものと解するのが相当であつて，在留の許否を決する国の裁量を拘束するまでの保障，すなわち，在留期間中の憲法の基本的人権の保障を受ける行為を在留期間の更新の際に消極的な事情としてしんしやくされないことまでの保障が与えられているものと解することはできない。」（最大判昭和53年10月4日民集32巻7号1223頁）

判例 4-2

争点

法人の人権享有主体性は認められるか――八幡製鉄事件

事案

八幡製鉄の代表取締役Yが自由民主党に対し政治資金350万円を寄附した。これに対し同社の株主Xが、本件寄附は定款所定の事業目的の範囲外の行為であるとして、取締役に対し同金額を会社へ返還するよう求めた。

判旨

「会社は、[…]自然人とひとしく、国家、地方公共団体、地域社会その他(以下社会等という。)の構成単位たる社会的実在なのであるから、それとしての社会的作用を負担せざるを得ないのであって、ある行為が一見定款所定の目的とかかわりがないものであるとしても、会社に、社会通念上、期待ないし要請されるものであるかぎり、その期待ないし要請にこたえることは、会社の当然になしうるところであるといわなければならない。」「政党[…]の健全な発展に協力することは、会社に対しても、社会的実在としての当然の行為として期待されるところであり、協力の一態様として政治資金の寄付についても例外ではないのである。」

「憲法第三章に定める国民の権利および義務の各条項は、性質上可能なかぎり、内国の法人にも適用されるものと解すべきであるから、会社は、自然人たる国民と同様、国や政党の特定の政策を支持、推進または反対するなどの政治的行為をなす自由を有するのである。政治資金の寄附もまさにその自由の一環であり、会社によつてそれがなされた場合、政治の動向に影響を与えることがあつたとしても、これを自然人たる国民による寄附と別異に扱うべき憲法上の要請があるものではない。」(最大判昭和45年6月24日民集24巻6号625頁)

判例 4-3

争点

憲法の人権規定は私人間においても適用されるか― 三菱樹脂事件

事案

Xは大学卒業後Yに3ヶ月の試用期間を設けて採用されたが，身上書や面接試験において在学中に積極的に学生運動に関わっていたことを秘匿したことを理由に，試用期間の満了時に本採用を拒否された。そこでXは，本採用拒否が無効であることを求めて出訴した。

判旨

憲法の人権保障規定は，「国または公共団体の統治行動に対して個人の基本的な自由と平等を保障する目的に出たもので，もつぱら国または公共団体と個人との関係を規律するものであり，私人相互の関係を直接規律することを予定するものではない。［…］私人間の関係においては，各人の有する自由と平等の権利自体が具体的場合に相互に矛盾，対立する可能性があり，このような場合におけるその対立の調整は，近代自由社会においては，原則として私的自治に委ねられ，［…］憲法上の基本権保障規定をそのまま私人相互間の関係についても適用ないしは類推適用すべきものとすることは，決して当をえた解釈ということはできないのである。」「私的支配関係においては，個人の基本的な自由や平等に対する具体的な侵害またはそのおそれがあり，その態様，程度が社会的に許容しうる限度を超えるときは，［…］私的自治に対する一般的制限規定である民法一条，九〇条や不法行為に関する諸規定等の適切な運用によつて，一面で私的自治の原則を尊重しながら，他面で社会的許容性の限度を超える侵害に対し基本的な自由や平等の利益を保護し，その間の適切な調整を図る方途も存するのである。そしてこの場合，個人の基本的な自由や平等を極めて重要な法益として尊重すべきことは当然であるが，これを絶対視することも許されず，統治行動の場合と同一の基準や観念によつてこれを律することができないことは，論をまたないところである。」ただし，本件では企業の雇入れの自由をみとめ，訴えを認めなかった。（最大判昭和48年12月12日民集27巻11号1536頁）

判例 4-4

争点

公務員の政治活動の自由は認められるか――猿払事件

事案

北海道猿払村の郵便局員Yが，ある政党の公認候補のポスターを公営掲示場に掲示し，また掲示を依頼して配布した。これらが国家公務員法102条1項の禁止する「政治的行為」に当たるとして，同110条1項19号に基づき起訴された。一審の旭川地裁，二審の札幌高裁は郵便局員を無罪としたことから，検察側が上告した。

判旨

「国民の信託による国政が国民全体への奉仕を旨として行われなければならないことは当然の理であるが，『すべて公務員は，全体の奉仕者であつて，一部の奉仕者ではない。』とする憲法一五条二項の規定からもまた，公務が国民の一部に対する奉仕としてではなく，その全体に対する奉仕として運営されるべきものであることを理解することができる。公務のうちでも行政の分野におけるそれは，憲法の定める統治組織の構造に照らし，議会制民主主義に基づく政治過程を経て決定された政策の忠実な遂行を期し，もっぱら国民全体に対する奉仕を旨とし，政治的偏向を排して運営されなければならないものと解されるのであつて，そのためには，個々の公務員が，政治的に，一党一派に偏することなく，厳に中立の立場を堅持して，その職務の遂行にあたることが必要となるのである。すなわち，行政の中立的運営が確保され，これに対する国民の信頼が維持されることは，憲法の要請にかなうものであり，公務員の政治的中立性が維持されることは，国民全体の重要な利益にほかならないというべきである。したがつて，公務員の政治的中立性を損うおそれのある公務員の政治的行為を禁止することは，それが合理的で必要やむをえない限度にとどまるものである限り，憲法の許容するところであるといわなければならない。」（最大判昭和49年11月6日刑集28巻9号393頁）

判例 4-5

争点

尊属殺を通常の殺人より重く処罰するのは平等原則に反するか
―― 尊属殺規定違憲判決

事案

Yは14歳の時から15年にわたり実父と夫婦同然の生活を強いられ、5人の子を産まされた。やがてYがある青年と結婚を考えるようになると、父親はそれを阻止せんと被告人を10日余りにわたり脅迫虐待し、思い余ったYが襲ってきた父親を殺害したことから、刑法200条の尊属殺人の罪で起訴された。

判旨

「尊属に対する尊重報恩は、社会生活上の基本的道義というべく、このような自然的情愛ないし普遍的倫理の維持は、刑法上の保護に値するものといわなければならない。[…]尊属の殺害は通常の殺人に比して一般に高度の社会的道義的非難を受けて然るべきであるとして、……刑の加重要件とする規定を設けても、かかる差別的取扱いをもつてただちに合理的な根拠を欠くものと断ずることはできず、[…]憲法一四条一項に違反するということもできないものと解する。[…]しかしながら、刑罰加重の程度いかんによつては、かかる差別の合理性を否定すべき場合がないとはいえない。すなわち、加重の程度が極端であつて、前示のごとき立法目的達成の手段として甚だしく均衡を失し、これを正当化しうべき根拠を見出しえないときは、その差別は著しく不合理なものといわなければならず、かかる規定は憲法一四条一項に違反して無効であるとしなければならない。」「尊属殺の法定刑は、それが死刑または無期懲役刑に限られている点においてあまりにも厳しいものというべく、上記のごとき立法目的、すなわち、尊属に対する敬愛や報恩という自然的情愛ないし普遍的倫理の維持尊重の観点のみをもつてしては、これにつき十分納得すべき説明がつきかねるところであり、合理的根拠に基づく差別的取扱いとして正当化することはとうていできない。」(最大判昭和48年4月4日刑集27巻3号265頁)

判例 4-6

争点

前科の照会はプライヴァシーの侵害に当たるか── 前科照会事件

事案

Xは勤務先を解雇され，地位保全仮処分命令によって仮に従業員の地位にあった。勤務先から依頼を受けた弁護士は，弁護士会を通じて京都市の区役所にXの前科・犯罪歴を照会し，区役所長から回答を得た。そこで，前科を秘匿して入社したことを理由に，勤務先はXに解雇を通告した。Xは，Y（京都市）を相手どり，区役所長の行為がプライヴァシーの侵害に当たるとして損害賠償を請求した。

判旨

「前科及び犯罪経歴（以下「前科等」という。）は人の名誉，信用に直接にかかわる事項であり，前科等のある者もこれをみだりに公開されないという法律上の保護に値する利益を有するのであつて，市区町村長が，本来選挙資格の調査のために作成保管する犯罪人名簿に記載されている前科等をみだりに漏えいしてはならないことはいうまでもないところである。」前科等の有無が訴訟の重要な争点となつていて他に立証方法がないような場合には，裁判所から，場合によっては弁護士会からの照会につき回答をすることも許されるが，「その取扱いには格別の慎重さが要求されるものといわなければならない。本件において，［…］照会申出書に「中央労働委員会，京都地方裁判所に提出するため」とあつたにすぎないというのであり，このような場合に，市区町村長が漫然と弁護士会の照会に応じ，犯罪の種類，軽重を問わず，前科等のすべてを報告することは，公権力の違法な行使にあたると解するのが相当である。」（最三判昭和56年4月14日民集35巻3号620頁）

判例 4-7

争点

輸血拒否患者の手術における医師の説明義務の範囲
　　　　　　　　　　　　　— エホバの証人輸血拒否事件

事案

　Xは「エホバの証人」の信者であり，いかなる場合にも輸血を拒否するとの固い宗教上の信念を有していた。Xは肝臓の腫瘍を摘出するため，輸血なしで手術をしてくれる病院を求めて東大医科学研究所附属病院に入院した。医師に対してもこの信念を再三説明し，輸血をしないことから生じるいかなる損害にも責任を問わないとの免責証書を提出したが，医師らは手術中に輸血をしないと患者の生命が維持できない状況に陥ったため，輸血を行った。そこでXは，損害賠償を求めて訴えた。

判旨

　「患者が，輸血を受けることは自己の宗教上の信念に反するとして，輸血を伴う医療行為を拒否するとの明確な意思を有している場合，このような意思決定をする権利は，人格権の一内容として尊重されなければならない。[…]医師らは，手術の際に輸血以外には救命手段がない事態が生ずる可能性を否定し難いと判断した場合には，[…]そのような事態に至ったときには輸血するとの方針を採っていることを説明して，医科研への入院を継続した上，内田医師らの下で本件手術を受けるか否かを[…]自身の意思決定にゆだねるべきであった[…]。」

　なお，控訴審の東京高裁は次のように判示した。「人が信念に基づいて生命を賭しても守るべき価値を認め，その信念に従って行動すること[…]は，それが他者の権利や公共の利益ないし秩序を侵害しない限り，違法となるものではなく，他の者がこの行動を是認してこれに関与することも，同様の限定条件の下で，違法となるものではない。」「手術を行うについては，患者の同意が必要であり，医師がその同意を得るについては，患者がその判断をする上で必要な情報を開示して患者に説明すべきものである。[…]この同意は，各個人が有する自己の人生のあり方（ライフスタイル）

は自らが決定することができるという自己決定権に由来するものである。［…］人はいずれは死すべきものであり，その死に至るまでの生きざまは自ら決定できるといわなければならない（例えばいわゆる尊厳死を選択する自由は認められるべきである。）。」（最三判平成12年2月29日民集54巻2号582頁）

第5章

精神的自由権（1）

本章のねらい
　本章では，精神的自由権のうちの思想・良心の自由，信教の自由および学問の自由について，その意味と内容，限界を検討する。

I　思想・良心の自由

1　思想・良心とは

　憲法19条は「思想及び良心の自由」を保障している。人の内心の自由は，あらゆる精神活動の根幹にある。本来，内心については，他者から干渉されるようなものではないはずであるが，日本では戦前，国家が思想さえも統制しようとした苦い歴史があり，これへの反省に立って，この条文が定められたのである。

　「思想及び良心」の指すものは，良心が倫理的・道徳的側面，思想がそれ以外の社会や世界に対する体系的な思考とされるが，特にこの二つを使い分ける必要はない。また，その内容として，内心領域一般と考える説（内心説）と，特に信仰に準ずるような世界観・人生観など人格形成の核心をもつもののみを指すと考える説（信条説）が対立している。それが世界観や人生観といえる重要性がなくとも，個人の内心に対して国家の干渉を許してよいわけではない。しかし，それが外部に表象されるときには，おのずと限界というものが存在するので，場面によって思想・良心の自由の該当

範囲が異なると考えるべきである。

2　思想・良心の自由の内容

　思想・良心は，それが内心にとどまる限り，外部からは干渉できない。そこで，思想良心の自由の保障内容としては，①内心の暴露を強制されないこと，②思想・良心の告白を妨げられないこと，③思想・良心を理由として差別的扱いをされないこと，④思想・良心に反する行為を強制されないこと，に整理できる。①については，直接的に内心の告白を強制する（たとえば「踏み絵」）ことを禁じているだけではなく，人の内心は投票行動や読書行動，支持政党や交友関係などにも現れるものであるから，国家がこうした情報を収集することもまた，思想・良心の自由に反することとなるが，これはプライヴァシーの権利として構成できるものである。同じく，②は表現の自由，③は信条による差別禁止として論じれば足りる。

　したがって，思想・良心の自由固有の問題としては④ということになる。謝罪広告事件（最大判昭和31年7月4日民集10巻7号785頁［判例5-1］）で最高裁は，「単に事態の真相を告白し陳謝の意を表明するに止まる程度のもの」は思想・良心の自由を侵害しない，との見解を示した。このとき，信条説に立つ裁判官は，道徳的反省や誠実さは19条の保障範囲に含まれないと補足意見を述べ，内心説に立つ裁判官は，「事物に関する是非弁別の内心的自由」が思想・良心の自由に含まれるので，本件は19条に違反すると反対意見を述べている。しかし法廷意見は，ただ形式的な「謝罪」行為を求め，内心での反省や誠実さは求めていないように思われる。謝罪の価値は人それぞれであり，内心に何らの影響を及ぼさない人もあろうが，心底反省しない限り頭を下げられない人もいる。後者に対し「形だけで良いので謝罪をせよ」と強制すること自体，その人の人生観や価値観を否定することであり，そうであればこれはまさに19条の保障の問題となるというべきである。

　不当労働行為に対するポスト・ノーティス命令もこの問題として語られるが，これは会社が不当労働行為の再発防止を約束するものであり，「陳謝」という言葉が使われていたとしても，それは自然人における内心の自

由と同じ扱いができるものではない。

　また，最近問題になっているものとして，公立学校における国旗掲揚・国歌斉唱の問題がある。1999年の国旗国歌法の制定により，公立学校の教員が国歌斉唱などの職務命令を拒否して処分される例が発生した。最高裁でも，卒業式での君が代のピアノ伴奏を拒否した音楽教員の処分や（最三判平成19年2月27日民集61巻1号291頁），国歌斉唱を拒否したことを理由に定年後の再雇用が拒否されたこと（最二判平成23年5月30日判時2123号3頁［判例5-2］）などが争われたが，いずれも職務命令は19条に違反しないと判示されている。これは公務員という特別な法律関係にある者の命令服従義務の問題であるが，こうした関係においても思想・良心の自由を不当に侵すことは許されない。しかしながら，公務員であれば自己の主義に反しても政権の方針に従わねばならないことは当然であり，それを変えるには民主的手段によるほかはないはずである。君が代斉唱の義務付けも基本的には同様に考えるべきであるが，ただ，国旗や国歌をめぐる歴史的な事情などをかんがみるに，それが職務として単に歌うことを超えた過酷な心理的負担になっている可能性もないわけではない。また，服従義務は認めるとしても，教員としての本来の職務ではない場面での行為により，減給や，度重なれば失職もありうる処分は重すぎるという意見もある。

3　強制加入団体と会員の思想・良心の自由

　団体の行為がその構成員の思想や良心に反する場合がある。会社や宗教団体などにおいては，その方針に賛同できない場合は脱退する自由があるが，弁護士や税理士などの一部の職業では，その職業を遂行するためには強制的に加入しなければならない団体が存在する。こうした団体においては，たとえ方針に賛同できないとしても，事実上脱退の自由は存在しないことになる。

　南九州税理士会事件（最三判平成8年3月19日民集50巻3号615頁）では，政治資金を寄附するための特別会費の徴収が，会員の思想・良心の自由を害するとして争われた。本件では，実質的に脱退の自由が保障されていない団体においては，会員の思想・信条の自由を守るために法人の目的を厳格

に解するべきであり，特定の政治団体への寄附は法人の目的の範囲内とはいえず，特別会費の徴収は無効と判断された。一方で，群馬司法書士会事件（最一判平成14年4月25日判時1785号31頁）では，震災で被害を受けた兵庫県司法書士会に復興支援金を寄附するため会員から特別負担金を徴収する決議をしたことが問題となったが，司法書士会どうしの互助は司法書士会の設立目的の範囲内であり，また会員の思想・信条の自由を害するようなものではなく，その金額も大きな負担ではないとして，この決議を有効とした。

II 信教の自由

1 信教の自由とは

　憲法20条1項は，何人に対しても信教の自由を保障しており，2項では宗教上の行為・祝典・儀式・行事への参加を強制されない権利を保障している。思想・良心の一内容であるが，歴史的にみて特に宗教にかんして弾圧や虐殺などの人権侵害が多く行われたことにかんがみ，特に規定を設けているのである。信教の自由の内容としては，次のようなものがある。

①内心における信仰の自由
　いかなる宗教を信仰するかの自由，あるいは信仰をもたない自由のほかに，信仰告白をするかしないかの自由も含まれる。

②宗教的行為の自由
　宗教的な祝典や儀式，行事への参加や，布教宣伝を行う自由とともに，それらを行わない自由をも含む。宗教的行為にはさまざまな場面・規模のものが含まれる。家の中での食前や就寝前の祈りについては，ごく私的な空間で行うものであるから，内心と同程度の保障がされると考えて差し支えない。しかし，公共の場で行う行事や，多数人が集まって騒音を発するような儀式，他人への布教活動などにかんしては，周囲の人々の権利との調整が必要であるので，公共の福祉による制限があり得る。

③宗教的結社の自由

信仰を同じくする者たちが宗教団体を作る自由，およびそうした団体への加盟・脱退の自由，さらには宗教団体としての活動の自由などを含む。それに加えて，結成した宗教団体について，種々の特権が認められる宗教法人としての法人格を付与される権利までを含める見解もある。宗教法人格をもたなければ布教活動ができないというような制度であれば，宗教的結社の自由の問題となろうが，日本では宗教法人でなくとも宗教団体としての活動は可能であるので，特にこの自由に含める必要はない。ただし，ある宗教団体には法人格を認め，他のものには認めないという扱いの差に正当な理由がないときには，後に述べる政教分離の問題（国家の宗教的中立性の要請）が生ずる。

2　信教の自由の限界

（1）内心および私生活における信仰の自由

あくまで内心の問題である限りにおいて，原則として一切の制約が許されないと考えるべきである。ただし，ある信仰を守る結果，他者の権利を害したり，一般的な制度や義務に抵触するような場合が存在する。たとえば親が自己の信仰にもとづいて子どもの輸血を拒否することは，子どもの生命を害する可能性がある限りにおいて認められてはならないし，日本においてイスラームを信仰するからといって一夫多妻が認められるわけではない。

剣道履修拒否事件では，裁判所は，真摯な信仰の理由による履修拒否について，学校側が代替手段を講じるなどの配慮をせず，原級留置，さらには退学という重大な処分を行ったことを違法とした（最二判平成8年3月8日民集50巻3号469頁［判例5-3］）。しかし，日曜学校に参加するために日曜日授業参観に出席できなかったことを争ったケース（東京地判昭和61年3月20日判時1185号67頁）では，その不利益が一日の欠席にとどまることから，権利侵害を認めていない。

自衛官合祀事件（最大判昭和63年6月1日民集42巻5号277頁）において，殉職した自衛官が隊友会により護国神社に合祀されたことに対し，自衛官の妻が，自己の信仰に基づくキリスト教式で夫を悼みたいと考え，その意思

に反して神社に祀られない自由を主張したが，最高裁は，他者への宗教的寛容を要請し，「静謐な宗教的環境の下で信仰生活を送るべき法的利益」を認めなかった。しかし，たとえ周囲の人々にとっては合祀の宗教的意義が希薄であったとしても，一神教の信者にとっては他の宗教で祀られること自体が教義に反することを考えると，これは明らかに信教の自由を害するものである。また家族の意思に反して合祀を行うことは，家族生活への不当な介入であると考えるべきである（ただし本件では，合祀申請は公権力の行為であるとは認められなかった）。

(2) 宗教的行為・宗教的結社の自由

いかに宗教的な行為だからといって，他者の権利を害したり，法令に違反するようなことまでは保障されない。判例でも，加持祈禱により対象者を死に至らしめたり（加持祈禱事件［最大判昭和38年5月15日刑集17巻4号302頁］），宗教的実践として殺人を行うようなことは，刑法上の罪に当たるとしており，そうした教義をもつ宗教団体に解散命令を出すことは信教の自由を害しないと判断している（最一判平成8年1月30日民集50巻1号199頁）。

ただし，警察に追われた少年らを匿った牧師が犯人蔵匿の罪に問われた牧会活動事件では，裁判所は，牧師の行為が少年らの魂への配慮から自己反省の機会を与えたものであり，説得が功を奏して少年らが任意に出頭したという事情も踏まえ，宗教行為の自由を逸脱したものではないとして，無罪とした（神戸簡判昭和50年2月20日判時768号3頁）。

3　政教分離原則

憲法20条1項後段は「いかなる宗教団体も，国から特権を受け，又は政治上の権力を行使してはならない」，3項は，「国及びその機関は，宗教教育その他いかなる宗教的活動もしてはならない」と定め，また89条は，「公金その他の公の財産は，宗教上の組織若しくは団体の使用，便益若しくは維持のため，［…］これを支出し，又はその利用に供してはならない」と定めている。これらは政教分離の原則が条文化されたものである。

（1）国家と教会の関係

　古くは国家は教会と密接な関係にあり，政教一致の国も多かった。その結果として，宗教上の戒律が国家の法となり，その宗教を信仰しない者が迫害され，また自己の信仰とは異なる事情によって処罰されるようなこともあった。これは信教の自由とは相容れない。それゆえに，国家と教会の分離，あるいは政治と宗教の分離が必要とされるのである。

　現代における国家と教会の関係には，3つの類型がある。

①国教制
　ある宗教を国教と定めるもの。ただし，立憲主義国家においては，その他の宗教を信仰する自由は保障される。

②公認宗教制
　いくつかの宗教と政教条約を結び，特別の保護を与えるもの。この制度のもとでは，たとえば公立学校において，条約を結んだ宗教の教育が認められる。ただしそれ以外の宗教を信仰する自由も認められている。

③政教分離制
　国家はいかなる宗教とも特別の関係を結ばないもの。①②においては，個人の信教の自由が認められているとはいえ，公認されていない宗教の信者に不利益があることは否定できない。そこで，国家はいかなる宗教に対しても中立でなければならず（宗教的中立性），また国家はいかなる宗教的色彩も帯びてはならない（非宗教性）とする制度が生まれた。この制度のもとでは，国家や公権力が宗教的活動をすること，特定の宗教に援助を与えることなどは一切禁止される。日本国憲法は条文に明らかなように，この制度を採用している。

（2）目的効果基準

　政教分離制を採用する日本国憲法のもとでも，国家と宗教とはまったく無関係でいられるわけではない。宗教的な建築や美術が文化財としての高い価値を有していて，国家の保護対象とすることもあるし，現代では宗教的意義は希薄になっているものであってもルーツを宗教にもつ行事も数多くある。そこで，いかなる範囲において国家と宗教の関わり合いが認められるのかが問題となる。

津地鎮祭事件においては，市の体育館建設に際して地鎮祭を行う費用を公金から支出したことが争われた。地鎮祭が工事の安全を神に祈願するものであり，神道式に則って神官により行われるものであることを理由に，名古屋高裁は宗教的行為であるとして公金支出を違法としたが，最高裁は，もはや宗教的色彩は薄れ習俗的行為となっているとして，政教分離に違反しないと判示した（最大判昭和52年7月13日民集31巻4号533頁［判例5-4］）。このときに最高裁が用いた基準が，憲法が禁止する宗教的行為とは「行為の目的が宗教的意義をもち，その効果が宗教に対する援助，助長，促進又は圧迫，干渉等になるような行為」であるというもので，これを目的効果基準と呼ぶ。

　この基準によるならば，公の施設に門松を飾ったり，学校でクリスマス会を行うようなことは問題なく許される。しかし，地蔵像や忠魂碑の設置場所を公有地から提供するようなことは微妙となる。これらについても最高裁は目的効果基準によって合憲としている（箕面忠魂碑訴訟［最三判平成5年2月16日民集47巻3号1687頁］，大阪地蔵像訴訟［最一判平成4年11月16日判時1441号57頁］）が，宗教的意義がどの程度薄れているかには疑問がある。

　一方，目的効果基準によって公権力の行為を違憲としたものに，愛媛玉串料訴訟がある。神社の行う例大祭や慰霊祭に公金から供物料などを支出していた愛媛県の行為につき，平成9年の最高裁判決では，行為の行われる場所，一般人の宗教的評価，行為者の意図・目的，宗教的意識の有無・程度，一般人に与える効果・影響などを考慮して，これが宗教的行為に当たると判断した（最大判平成9年4月2日民集51巻4号1673頁［判例5-5］）。また，最近の砂川空知太神社判決（最大判平成22年1月20日民集64巻1号1頁［判例13-1］）においては，市の敷地を神社に無償提供していた問題につき，やはり政教分離違反であるとした。ただしこの件では，神社を撤去することは信者の信仰の権利を害することにつながるので，有償貸与や譲渡など撤去以外の手段で違憲状態の解消をはかるべきであると判示している。

　自治体における観光目玉となっているような神社仏閣などの大きな祭祀に際し，自治体がどこまで関与できるかという問題もある。白山比咩神社事件では，神社外の施設において行われた鎮座2100年式年大祭の奉賛会発会式に市長が出席して祝辞を述べたことが争われ，名古屋高裁金沢支部

はこれを宗教的行為であるとしたが，最高裁は，観光振興のために尽力すべき立場にある市長の儀礼的な祝辞であり，宗教的意味合いはないと判断した（最一判平成22年7月22日判時2087号26頁）。こうした地方の祭礼は，その宗教性は否定できないものの，自治体にとっては専ら観光資源として重要性をもつものである。それにかかわることが宗教的行為として禁じられるならば，祭礼に際しての自治体の長の儀礼的挨拶や，観光客を呼ぶための広告宣伝，警察による交通規制，自治体のバスの増発などもまた，宗教団体に援助を与えるものであって禁止されるという結論になり，妥当ではない。宗教的文化財についても同様のことが言え，国はあくまで文化財としての価値に着目してその保護のために公金を支出するのであり，これを宗教に対する公金支出と捉えて禁止するのは妥当ではない。こうした分野においては，国や自治体の意図としては，宗教的意義はきわめて希薄であったとしても，結果として宗教団体の利益となっていることも多く，目的効果基準がなお妥当するかどうかは疑問である。

　内閣総理大臣の靖国神社参拝についても，いくつもの訴訟が起こっており，高裁では違憲とした判決も存在するが，最高裁では参拝による法的利益の侵害があったとはいえないとして，憲法判断をしていない（最二判平成18年6月23日判時1940号122頁）。内閣総理大臣という公的な立場のものが，職務として参拝することが問題となっているが，これもその目的は本来は戦没者の慰霊であり，宗教的色彩がどこまであるのかは疑問である。ただし，無宗教の戦没者施設を作るべきだという主張に対する抵抗が強く，いまだ実現していないことなどを考え併せると，その設立経緯からも「靖国神社」であることを重視しているとも考えられる。

　この他に問題となり得るものとしては，宗教団体立の私立学校への私学助成がある。これは一見，宗教団体に対する支出ともみえるが，宗教法人と学校法人は分離されており，宗教団体が母体であるとはいえ，布教活動などではなく公教育を行う施設であり，この助成は教育に対して与えられているものである。教育に対する支出であることが担保されていさえすれば，問題はないだろう。また，宗教系私立学校には助成を与えず，その他の私立学校には与えるとすれば，別の側面での不公平が生ずることになる。

（3）制度的保障

　政教分離は，あくまで個人の信教の自由を守るための砦として設けられた制度である。通常の場合は，その制度そのものを守ることにより信教の自由はよりよく保障されるが，個人の信教の自由と政教分離が衝突する場面では，当然に個人の信教の自由が優先する。

　刑務所内において，受刑者が信ずる宗教の聖職者を公金により招いて懺悔・悔悟・反省などを行わせることは，公金支出の禁止という政教分離よりも，受刑者個人の信教の自由の保障を優先させるべきであるので，憲法によって禁じられるものではない。

　また，こうした刑務所あるいは公立学校において，禁じられる宗教活動とは宗派教育であって，宗教的情操を教育することはむしろ人格の形成には望ましいものであるので，布教や宣伝，他の宗教の否定などにならない限り，僧侶や牧師を招いて一般的な話をさせることなどは許されるものと考えられる。

　先に挙げた剣道履修拒否事件も，個人の信仰の自由と学校が特定の宗教を優遇してはならないとする政教分離原則の衝突の場面と考えられるので，こうした場合には個人の信仰が優先されるべきであり，最高裁の結論は妥当である。学校給食における宗教的配慮なども同様である。

III　学問の自由

1　学問の自由の内容

　憲法23条は学問の自由を保障している。真理の探究は人間の生活や知的水準などの向上に役立つものであるが，一方で，国家にとっては不都合な真実もある。わが国でも明治憲法下で，国の方針に合わない教授の罷免を要求したり，著作を発禁処分とするなどの事件があった（天皇機関説事件，滝川事件など）。そこで，日本国憲法では，とくに学問の自由を保障し，国家からの干渉を排除しようとしたのである。

学問の自由には，①研究の自由，②研究発表の自由，③教授の自由が含まれる。①は内面的な精神活動であり，思想・良心の自由の特別法に当たり，②は表現の自由の特別法に当たる。なお，①②については，一般人にも認められるものである。

(1) 研究の自由

　これは内面的精神活動であるので，原則としていかなる制限も許されないはずである。しかしながら，研究にはその基礎となる資料収集が不可欠であり，そのためにさまざまな文献を集めたり，実験をしたりする必要がある。この段階において，外部との関係が生じるので，公共の福祉による制限に服することとなる。

　文系の研究においては，軋轢は少ないように思われがちであるが，たとえば真実を知るためには立入禁止の聖域などに立ち入る必要がある場合などに問題となる。学問の自由といえど，他者の権利を害したり，他者のルールを破って主張することはできない。理系分野においては，人に害を与え得る薬剤や微生物を利用した実験，大規模な物理的力を利用する実験などがあり，これらが他者の生命や健康，権利を害する可能性がある以上，そうならないような規制を受けるのが当然である。特に先端科学技術の分野においては，原子力にかんする研究や強力な毒性をもつ微生物の研究など大量殺傷兵器に転用可能なもの，生命や遺伝子の操作や複製といった人間の尊厳や生物の種の保全にかかわるものなど，研究そのものが悪い目的をもつものではないとしても，いったん悪用されたり外部へ漏れたりすると，取り返しがつかない事態を惹起する可能性があるものがある。倫理的にも是非が対立しているものもあり，研究者の倫理観に任せるにも限界がある。こうした研究をどのような条件で認めるのか，それとも禁止するのか，また研究発表を認めるかどうかは，難しい問題である。現在行われている規制としては，2000年のクローン技術規制法によりヒトクローン胚やキメラ胚の作成が禁止されたが，研究や技術の全面禁止はこれが唯一の例である。

　さらに，遺伝子情報の解明は，プライヴァシー権との間にも緊張をもたらす。人の遺伝子を調べることは，本人の詳細な情報のみならず，その家

族の情報も判明してしまうことになる。親族としては知らないうちに調べられ、第三者がその情報を知っているというプライヴァシーの侵害状態が発生する。その情報自体は本人のものであるので、本人の了承なくその家族に知り得た情報を開示することもできず、また、検査をすることが本人の私事である以上、事前に関係者の同意を要求することもプライヴァシーの侵害を構成することになる。調整がたいへん難しい問題である。

（2）研究発表の自由

　研究成果を発表し、批判を受けてさらに自己の研究を進め、また他の研究者がその情報を共有してさらに研究を進めることは、学問の自由の重要な一内容である。表現の自由の学問的側面であり、その意味で表現の自由と同様の制限を受ける。

　研究成果の発表との関連で教科書検定が問題になったことがあるが、裁判所はこれを認めなかった。教科書は教育のためのもので自己の研究発表の場ではないことを考えると、妥当な結論である。

　危険な研究について、その研究成果を発表することの問題は前項に触れた。最近でも、人類の半数を殺す可能性のある極めて危険なインフルエンザウィルスが作成され、その作成方法を公開すべきかどうかの世界的な議論が起こり、アメリカではバイオテロを警戒して論文の掲載を一部制限する異例の結論を出した。ただし、情報が共有されないことは、これへの対処法の研究も進まないということを意味しており、批判も多い。

（3）教授の自由

　これは、研究者が自己の研究成果を大学において教授する自由を意味する。大学は真理探究の中心として、広く学生に深い知識を伝達するところであることから、特に保障されるものである。

　これに関連して、初等教育・中等教育の場での「教師の教授の自由」が主張されることがある。教師が一研究者として研究を行い、その結果を生徒たちに伝達することは、必ずしも禁じられるものではない。しかしながら、大学は基礎的な学習を終えて成熟した批判能力をもつと考えられる学生たちへの教授の場であるので、たとえ教授が偏向した考えを伝えたとし

ても，学生は自己の能力でその是非を判断できるのに対し，初等・中等教育は，その判断能力が未熟な子どもたちに基礎となる知識を教える場であって，そのような是非分別が十分でない生徒を教師がまったく自由に教育できるとするのは妥当ではない。また，公教育とは全国にわたって一定水準，同内容のものであるべきであり，教師によって教える内容が異なることは好ましくない。したがって，初等・中等教育の教師に認められるのは，大学と同様の「教授の自由」ではなく，「教育の自由」と表現するのが適切である。

(4) 教育の自由

では，教育の自由とは何か。これを根拠づける憲法の条文は存在しない。学問の自由のうち，教授の自由から派生するものとする考え方や，26条の「教育を受ける権利」「子女に教育を受けさせる義務」の対になるものとして導かれるという考え方がある。

その内容も一義的ではない。先述のような教師の自由が語られるときもあれば，親のわが子に対する教育の自由，つまり親の望むような教育を学校に要求するという意味で語られることもある。

親の教育の自由は，家庭での教育の自由や学校選択の自由，学校外での塾やその他の教育を受けさせる自由として現れるが，学校に対して自分の望む内容を教育せよという自由は認められず，また義務教育を受けさせないことも許されない。教師の教育の自由は，教育方法の自由などを含み，また教育内容の自由としては，公教育として国が策定した範囲内（教科書や学習指導要領など）であれば認められても，こうした国の基準を無視し，あるいは否定することは許されない。また，私立学校においては，ある程度の自由な教育（外国語教育，宗教教育など）や学校運営が認められているが，私立学校設立の自由も含め，これも教育の自由の問題として語られる。

2　大学の自治

学問の自由の制度的保障として，大学の自治が保障されると考えられて

いる。先に挙げた大学の学問への弾圧への反省から，大学の研究者の人事，学内秩序の維持，学内施設の管理，学生の処遇，予算の管理などについて，国家の介入を許さないことにより，学問そのものに対する国家の介入を禁止しようとするものである。

　特に問題になるのは警察権の介入である。警察機関が学内において情報収集を行うことも，学問の自由を危険にさらすものとして禁じられる。この点のリーディングケースが東大ポポロ事件（最大判昭和38年5月22日刑集17巻4号370頁［判例5-6］）である。最高裁は，この学生の活動が学問的な研究発表ではないとして，大学の自治の侵害を認めなかった。しかしながら，この事件の際には従前より私服警官が継続的に情報収集を行っていたことも判明しており，本件集会の性質のみを根拠に大学の自治への侵害がないとした結論には疑問がある。

判例 5-1

争点

謝罪広告の強制は思想・良心の自由を侵害するか― 謝罪広告事件

事案

　Yは衆議院議員選挙に立候補し，対立候補Xが県知事在職中に汚職を行ったとラジオ・新聞で公表したところ，Xから名誉毀損で訴えられ，1審，2審ともこの訴えを認め謝罪広告を新聞に掲載するよう命じられたので，Yは謝罪広告の強制は良心の自由を侵害するとして上告した。

判旨

　「謝罪広告を命ずる判決にもその内容上，これを新聞紙に掲載することが謝罪者の意思決定に委ねるを相当とし，[…]時にはこれを強制することが債務者の人格を無視し著しくその名誉を毀損し意思決定の自由乃至良心の自由を不当に制限することとなり，いわゆる強制執行に適さない場合に該当することもありうるであろうけれど，単に事態の真相を告白し陳謝の意を表明するに止まる程度のものにあつては，これが強制執行も代替作為として民訴733条〔現民執171条〕の手続によることを得るものといわなければならない。[…]「右放送及記事は真相に相違しており，貴下の名誉を傷け御迷惑をおかけいたしました。ここに陳謝の意を表します」なる内容のもので，[…]少くともこの種の謝罪広告を新聞紙に掲載すべきことを命ずる原判決は，上告人に屈辱的若くは苦役的労苦を科し，又は上告人の有する倫理的な意思，良心の自由を侵害することを要求するものとは解せられない[…]。」(最大判昭和31年7月4日民集10巻7号785頁)

判例 5-2

争点

君が代斉唱の強制は個人の思想・良心の自由を害するか
—— 君が代斉唱拒否事件

事案

都立高等学校教諭Xが，卒業式での国歌斉唱を命ずる校長の職務命令に従わなかったところ，これを理由に定年退職後の非常勤嘱託員の採用選考において不合格とされたため，この再雇用拒否処分の取消しを求めたものである。

判旨

「学校の儀式的行事である卒業式等の式典における国歌斉唱の際の起立斉唱行為は，一般的，客観的に見て，これらの式典における慣例上の儀礼的な所作としての性質を有するものであり，かつ，そのような所作として外部からも認識されるものというべきである。したがって，上記の起立斉唱行為は，その性質の点から見て，上告人の有する歴史観ないし世界観を否定することと不可分に結び付くものとはいえず，上告人に対して上記の起立斉唱行為を求める本件職務命令は，上記の歴史観ないし世界観それ自体を否定するものということはできない。また，上記の起立斉唱行為は，その外部からの認識という点から見ても，特定の思想又はこれに反する思想の表明として外部から認識されるものと評価することは困難であり，職務上の命令に従ってこのような行為が行われる場合には，上記のように評価することは一層困難であるといえるのであって，本件職務命令は，特定の思想を持つことを強制したり，これに反する思想を持つことを禁止したりするものではなく，特定の思想の有無について告白することを強要するものということもできない。そうすると，本件職務命令は，これらの観点において，個人の思想及び良心の自由を直ちに制約するものと認めることはできないというべきである。

　もっとも，上記の起立斉唱行為は，……その行為が個人の歴史観ないし世界観に反する特定の思想の表明に係る行為そのものではないとはいえ，

個人の歴史観ないし世界観に由来する行動（敬意の表明の拒否）と異なる外部的行為（敬意の表明の要素を含む行為）を求められることとなり，その限りにおいて，その者の思想及び良心の自由についての間接的な制約となる面があることは否定し難い。……そこで，このような間接的な制約について検討するに，個人の歴史観ないし世界観には多種多様なものがあり得るのであり，それが内心にとどまらず，それに由来する行動の実行又は拒否という外部的行動として現れ，当該外部的行動が社会一般の規範等と抵触する場面において制限を受けることがあるところ，その制限が必要かつ合理的なものである場合には，その制限を介して生ずる上記の間接的な制約も許容され得るものというべきである。」（最二判平成23年5月30日判時2123号3頁）

判例 5-3

争点

信仰を理由とした剣道履修拒否は認められるか──剣道履修拒否事件

事案

神戸市立高等専門学校の生徒Xが，エホバの証人への信仰に基づき剣道実技への参加を拒否したところ，体育の単位を取得できず，2年続けて原級留置処分を受けた結果，学則に従い退学処分となったため，生徒が信教の自由を侵害するものとしてこの処分の取消しを求めた。

判旨

「被上告人が剣道実技への参加を拒否する理由は，被上告人の信仰の核心部分と密接に関連する真しなものであった。……被上告人は，信仰上の理由による剣道実技の履修拒否の結果として，他の科目では成績優秀であったにもかかわらず，原級留置，退学という事態に追い込まれたものというべきであり，その不利益が極めて大きいことも明らかである。……被上告人がそれらによる重大な不利益を避けるためには剣道実技の履修とい

う自己の信仰上の教義に反する行動を採ることを余儀なくさせられるという性質を有するものであったことは明白である。上告人の採った措置が、信仰の自由や宗教的行為に対する制約を特に目的とするものではなく、教育内容の設定及びその履修に関する評価方法についての一般的な定めに従ったものであるとしても、本件各処分が右のとおりの性質を有するものであった以上、上告人は、前記裁量権の行使に当たり、当然そのことに相応の考慮を払う必要があったというべきである。」(最二判平成8年3月8日民集50巻3号469頁)

判例 5-4

争点

自治体と宗教とのかかわりあいはどの限度で認められるか──津地鎮祭事件

事案

三重県津市は市体育館の起工式を地鎮祭として行い、神官への謝礼など7663円を公金から支出した。これに対し市議会議員Xが政教分離違反に当たるとして市長Yに同額の返還を求めた訴訟である。

判旨

「憲法二〇条三項[…]にいう宗教的活動とは、前述の政教分離原則の意義に照らしてこれをみれば、およそ国及びその機関の活動で宗教とのかかわり合いをもつすべての行為を指すものではなく、そのかかわり合いが右にいう相当とされる限度を超えるものに限られるというべきであつて、当該行為の目的が宗教的意義をもち、その効果が宗教に対する援助、助長、促進又は圧迫、干渉等になるような行為をいうものと解すべきである。[…] ある行為が右にいう宗教的活動に該当するかどうかを検討するにあたつては、当該行為の主宰者が宗教家であるかどうか、その順序作法(式次第)が宗教の定める方式に則つたものであるかどうかなど、当該行為の外形的側面のみにとらわれるこ

となく，当該行為の行われる場所，当該行為に対する一般人の宗教的評価，当該行為者が当該行為を行うについての意図，目的及び宗教的意識の有無，程度，当該行為の一般人に与える効果，影響等，諸般の事情を考慮し，社会通念に従つて，客観的に判断しなければならない。」（最大判昭和52年7月13日民集31巻4号533頁）

判例 5-5

争点

地方公共団体の公金支出と政教分離── 愛媛玉串料事件

事案

愛媛県は昭和56年から61年の間に，靖国神社の例大祭・みたま祭に際し，玉串料・献灯料を計13回7万6000円，愛媛県護国神社の慰霊大祭に際し供物料を計9回9万円を，公金から支出した。これらに対し，愛媛県の住民Xらが政教分離の違法な支出だとして，県知事Yらに返還を求めたものである。

判旨

「神社神道においては，祭祀を行うことがその中心的な宗教上の活動であるとされている […]。そして，玉串料及び供物料は，［…］宗教上の儀式が執り行われるに際して神前に供えられるものであり，献灯料は，［…］境内に奉納者の名前を記した灯明が掲げられるというものであって，いずれも各神社が宗教的意義を有すると考えていることが明らかなものである。これらのことからすれば，県が特定の宗教団体の挙行する重要な宗教上の祭祀にかかわり合いを持ったということが明らかである。そして，一般に，神社自体がその境内において挙行する恒例の重要な祭祀に際して右のよう

な玉串料等を奉納することは，［…］時代の推移によって既にその宗教的意義が希薄化し，慣習化した社会的儀礼にすぎないものになっているとまでは到底いうことができず，一般人が本件の玉串料等の奉納を社会的儀礼の一つにすぎないと評価しているとは考え難いところである。

［…］また，本件においては，県が他の宗教団体の挙行する同種の儀式に対して同様の支出をしたという事実がうかがわれないのであって，県が特定の宗教団体との間にのみ意識的に特別のかかわり合いを持ったことを否定することができない。これらのことからすれば，地方公共団体が特定の宗教団体に対してのみ本件のような形で特別のかかわり合いを持つことは，一般人に対して，県が当該特定の宗教団体を特別に支援しており，それらの宗教団体が他の宗教団体とは異なる特別のものであるとの印象を与え，特定の宗教への関心を呼び起こすものといわざるを得ない。」（最大判平成9年4月2日民集51巻4号1673頁）

判例 5-6

争点

大学の自治の適用範囲— 東大ポポロ事件

事案

東京大学の公認団体「劇団ポポロ」が大学の許可を得て構内で行った演劇発表会の会場で，私服警官3名がいることがわかり，学生たちが警官を拘束し，暴行を加え，警察手帳を取り上げるなどしたので，暴力行為等処罰法違反で起訴された。学生Yらは，警察が構内に無許可で立入り情報収集を行っていたことは大学の自治に対する侵害であると主張した。

判旨

「大学の学問の自由と自治は，大学が学術の中心として深く真理を探求し，専門の学芸を教授研究することを本質とすることに基づくから，直接には教授その他の研究者の研究，その結果の発表，研究結果の教授の自由とこれらを保障するための自治とを意味すると解される。大学の施設と学生は，これらの自由と自治の効果として，施設が大学当局によつて自治的に管理され，学生も学問の自由と施設の利用を認められるのである。[…] 大学における学生の集会も，右の範囲において自由と自治を認められるものであつて，大学の公認した学内団体であるとか，大学の許可した学内集会であるとかいうことのみによつて，特別な自由と自治を享有するものではない。学生の集会が真に学問的な研究またはその結果の発表のためのものでなく，実社会の政治的社会的活動に当る行為をする場合には，大学の有する特別の学問の自由と自治は享有しないといわなければならない。また，その集会が学生のみのものでなく，とくに一般の公衆の入場を許す場合には，むしろ公開の集会と見なされるべきであり，すくなくともこれに準じるものというべきである。」（最大判昭和38年5月22日刑集17巻4号370頁）

第6章

精神的自由権（2）

本章のねらい

精神的自由のうち，表現の自由につき，その内容，保障の限界などを検討する。

I 表現の自由

1 表現とは

　憲法21条1項は，「集会，結社および言論，出版その他一切の表現の自由」を保障している。ここにいう表現とは，人の内面的精神活動の外部への表象行為であり，ここに挙げられた言論，出版のほか，音楽・演劇・写真・絵画・彫刻・映画などの芸術表現も含み，また抗議行動のために国旗を焼くなどの象徴的表現をも含む。

　もともと表現の自由とは公権力の干渉を受けることなく意見表明をする自由を意味した。しかし表現活動をするためには，そこに至るまでの情報収集が必要であり，また表現の相手方が必要である。表現の自由とは，いいかえれば情報の流通にかんする権利である。ここから，表現の自由の内容として，「情報収集権」「情報提供権」「情報受領権」という定式化が可能である。

2　表現の自由の優越的地位

　表現の自由には優越的地位が認められる。その理由として重要なものが二つある。一つは，表現活動，すなわち他人に自己を表現し，議論し，批評され，さらに自己の思索を深めるということが，個人の人格の形成・発展には不可欠であるので，手厚く保障すべきだということである（国民の自己実現）。もう一つは，民主的政治過程に不可欠であるということである（国民の自己統治）。われわれが適切に参政権を行使するためには，政治について，公職の候補者について，あるいは選出した代表について，正しい情報を得ることが不可欠である。情報の収集，提供，受領のどの段階に国家の介入があっても，正しい情報を得られなくなる。したがって，民主主義が正しく運営されるためには，表現の自由が手厚く保障されなければならないのである。この意味では，政治的言論や政党設立の自由，マスメディアによる報道の自由や知る権利が重要になる。

　さらに，真理への到達のための思想の自由市場という考え方がある。思想を自由に交換することで，自然と価値ある思想が残り，その他は淘汰され，真理へと到達できるという考えである。しかし，現実には真理が勝利する保障はなく，この考え方には疑問がある。

　優越的地位が認められることから，表現の自由に対する制限はその合憲性を慎重に判断されなければならないという帰結をもたらす。表現内容そのものに対する規制は原則として禁止される。また表現の自由の制限立法に対しては，違憲性の推定が働き（合憲性の立証責任を国側に負わせる），「明白かつ現在の危険」の基準や「より制限的でない選びうる手段（LRA）」がないかという審査がなされなければならない。しかしながら，優越的地位を認める根拠となる自己実現や民主主義過程にまったく関係のない，たとえばわいせつ表現にまで，こうした慎重審査が必要とするのはゆきすぎである。

3　表現に対する規制

（1）事前抑制の原則的禁止

表現をその発表前に禁止することは，情報が流通せず，それに対する批評なども封じることになるので，事後的な規制よりもその弊害が大きい。ゆえに，原則として禁止される。

①検閲の絶対的禁止

20条2項は「検閲は，これをしてはならない」と定めている。ここにいう検閲とは，「行政権が主体となり，思想内容の表現物を対象とし，その発表の禁止を目的として網羅的・一般的に発表前にその内容を審査すること」と判例では定義されている。この定義をめぐって，学説ではさまざまな議論がある。

まず，主体について，行政権のみで良いのか，公権力一般による審査が禁じられるのではないかという議論があるが，後に述べるように裁判所による差止めは別の考慮が必要であるので，ここでは行政権によるものとしてよいだろう。次に，その対象が思想内容の表現物であるか，表現行為一般であるかの対立がある。表現行為一般を保障対象とするならば，たとえば差別表現をそれと知りながら発表を許さざるを得ないことになる問題があるが，思想内容とするのも限定的に過ぎ，思想ではない単なる表現であるという名のもとに規制できることになるのは適切ではないので，より実質的な判断が必要である。また，審査時期を発表前に限ることにも問題がある。発売後即座に回収することや，インターネット上の投稿を常時監視してある種のキーワードを含むものをすべて削除するようなものは，厳密にいえば表現行為の後ではあるが，流通をほぼ遮断するという意味では事前のものと大差はない。網羅的・一般的という用語も，特定範囲を狙い撃ちするのは検閲に当たらないことになるとの批判がある。

行政権による事前抑制が問題となったものとしては，税関における輸入禁制品の検査がある。これについて最高裁は，国外においてはすでに発表済みであること，思想内容それ自体を網羅的一般的に審査するものではないこと，司法審査の機会が与えられ行政権の判断が最終的なものではないことなどを理由に，検閲であるとは認めなかった（最大判昭和59年12月12日民集38巻12号1308頁）。

②裁判所による差止め

行政権による検閲とは異なり，裁判所による差止めは公権力が主体的に

行うものではなく，個人が自己の権利の救済を裁判所に求めるものである。したがって，公権力の恣意による事前抑制になるとは考え難く，また個人の権利の救済の必要も存在することから，検閲と同様に考えることはできない。しかし，事前抑制が先に述べたような弊害があることから，判断は慎重にしなくてはならない。

　すでに幸福追求権の箇所で触れたが，その表現が発表されることで個人の名誉が毀損されたり，プライヴァシーが侵害されたりする場合に差止めが問題となる。プライヴァシーはいったん公表されると回復が不可能であり，名誉毀損も，事後的な謝罪広告や訂正報道などにより回復が可能であるとはいえ，そのダメージは非常に大きい。したがって，被害者が重大にして著しく回復困難な損害を被る虞がある場合には，事前差止めを認めることが必要である。

　ただしここで，民主的過程における表現の重要性を考慮する必要がある。特に公職にある者やその候補者，あるいは公の事業などについての情報は，たとえそれが個人の私事にわたることや人の名誉を毀損するような場合でも，有権者として知っておかなければならない場合がある。そこで，公共性のある事柄について，公益を図る目的でなされた表現については，表現の自由が優越するということになる。

（2）表現内容規制

　表現内容への規制は，表現に対する萎縮的効果をもたらし，禁止そのものが意図したよりも大きな規制となる危険がある。そこで表現内容の規制はきわめて慎重に判断されなければならず，厳格な審査基準が用いられる。

①わいせつ表現

　刑法にはわいせつ物の頒布を処罰する規定がある。リーディングケースはチャタレイ事件（最大判昭和32年3月13日刑集11巻3号997頁［判例6-1］）であるが，その後の判例で，わいせつ性の判断は文書全体において，その性描写の程度や手法，文書に占める比重，思想との関連，芸術性や思想性による性的刺激の緩和の程度などを考慮して行われることとなった（「悪徳の栄え」事件［最大判昭和44年10月15日刑集23巻10号1239頁］）。わいせつ表現

が思想や芸術を表現する上で不可欠な要素であれば，それは自己表現の一種として保護されるべきである。しかしわいせつ文書や映像の中には，ただ性的な刺激のためにのみ存在するものもあり，これらに表現の自由の優越的地位を認める必要はない。

また，特に映像のポルノグラフィは，女性を単なる性的対象として貶めるものであり性差別に当たること，特に強姦や痴漢といった同意のない性関係をテーマとするものについては，女性の尊厳や自己決定権の面から禁止すべきであると国際的に非難されている。また児童ポルノについては，児童虐待に当たるので厳しく禁止されている。

②差別的表現

国内法による規制はないが，日本も加盟する人種差別撤廃条約4条は，人種・皮膚の色・種族的集団の優越性思想，人種的憎悪・人種差別の正当化などの宣伝や煽動を禁止し，国家に処罰を義務づけている。日本はこの条約の批准の際，表現の自由の保障に抵触しない限度で履行するとの留保を付している。

③暴力行為や違法行為の煽動

破壊活動防止法の39条・40条に，放火や騒乱の扇動を処罰する規定がある。これらの煽動行為は表現活動そのものではあるが，重大犯罪を惹起する危険性を有するに至った場合には，それを処罰しても表現の自由の侵害にはならないとする判例がある（最二判平成2年9月28日刑集44巻6号463頁）。単なる可能性の段階で処罰するのは適当ではなく，「明白かつ現在の危険」の基準が妥当しよう。

また，公務員の違法な争議行動のあおり・そそのかしの罪（国家公務員法98条2項，110条1項17号など）についても刑法上の処罰が規定されているが，争議行動が「重大犯罪」とまでいえるかどうかは疑問であり，処罰までする妥当性については学説上疑念が示されている。しかし，先に公務員の人権の箇所で触れたとおり，最高裁は一律処罰を合憲としている。

④営利的表現

営利広告については，誇大広告・虚偽広告の禁止や，一定の職種について広告内容を限定する規制がある。これを表現の自由と捉えるか，それとも経済的自由と捉えるかで，保障の範囲が異なってくることになる。経済

的自由であれば緩やかな審査基準が妥当するからである。しかし，営利的表現は基本的には経済活動に向けられたものであり，表現の自由の一類型であるとしても，優越的地位を認める根拠には該当しない。消費者保護の必要性からも，表現の自由一般よりは緩やかな基準で判断することが妥当であろう。

　ただし，企業が自己の信念を表明したり，自社の行う社会貢献について広告したりする例がある。これは企業価値を高めようとする営利的活動であるとともに，そうした社会貢献などへの関心を高めようとする表現行為でもあるので，こうしたものについては営利活動であることのみをもって緩やかな基準で良いとすることはできず，表現の自由として判断すべきである。

（3）表現態様規制

　これは表現の内容に着目してではなく，表現の時・場所・方法などの表現態様について規制を行うもので，内容中立的規制とも呼ばれる。たとえば屋外広告物の規制，ビラ貼りの規制，街頭演説やビラ配りの規制などである。これらは街の外観や交通への影響，公共の安全などを確保するために，その内容の如何を問わず規制をするものであるので，合理的な理由があり必要な限りにおいて規制が許されると考えられている。

　ただし，表現内容規制との区別が困難なものもある。公務員宿舎の共用廊下に立ち入って反戦ビラを配布する行為を住居侵入に当たるとして起訴した事例において，最高裁は，本件は表現そのものの処罰ではなく表現態様規制であり，たとえ表現の自由の行使のためとはいえ住人の私生活の平穏を侵害するものであるとして，処罰は憲法21条1項に違反するものではないとした（最二判平成20年4月11日民集62巻5号1217頁［判例6-2］）。しかしながら，この宿舎における同様の立ち入り事例でも，ピザ屋などのチラシの配布をする者に対しては処罰しておらず，本件が表現内容ゆえに処罰されたとの疑いが強い。

　また，選挙運動については，公職選挙法に事前運動や戸別訪問の禁止，掲示物や頒布物についての制限などの規定がある。選挙の自由公正を守るために，資金にまかせて膨大なビラや掲示物を配布することを禁じ，また

戸別訪問については不正行為の温床となりやすく，選挙人の生活の平穏を害するとして禁止している。しかしながら，詳しい話を聞きたいと望む選挙人にとって情報収集の機会を奪われることは，民主主義過程における重大な不利益となること，また不正行為の防止にはその他のより制限的でない手段があるのではないかとの疑問から，この一律禁止については学説からの批判が強い。

4　報道の自由

マスメディアは，民主主義過程において国民に重要な判断資料を提供するという重大な使命を負っており，またその意味で権力の監視装置とも言える。マスメディアやジャーナリストが自由に活動することが民主主義社会においては要請されており，情報を収集し，編集し，報道するという表現の自由が認められる。

（1）取材の自由

報道のための情報の収集である取材活動は，正しい報道のために不可欠である。最高裁も，報道のための取材の自由を「憲法21条の精神に照らし，十分尊重に値いする」と述べているが，これは表現の自由としての保障そのものではなく，それよりも低いレヴェルでの保障があるということを意味している。

①取材源の秘匿

取材を行うためには，取材源の秘匿が必要となることもあるが，これに基づく報道について裁判での証言が求められたときに，証言を拒絶できるかどうかが問題となる（最三決平成18年10月3日民集60巻8号2647頁，最大判昭和27年8月6日刑集6巻8号974頁）。また，犯罪現場や証言などを撮影した取材テープの提出命令についても，同様の問題が生ずる。仮に拒絶が認められないとすれば，以後報道機関に対して秘密裏に情報を提供しようとする者は現れなくなり，取材活動に重大な支障をきたす。またその結果として重要な報道が不可能になるという結果をもたらし，国民の知る権利も害されることになる。そこで最高裁は，以後の取材の自由が妨げられる

程度や報道の自由に及ぼす影響，その証言や証拠物の証拠としての価値や必要性などを勘案して，証言や提出命令がやむを得ない限りにおいて認められるとする（最大決昭和44年11月26日刑集23巻11号1490頁［判例6-3]）。この基準から，すでに放映済みの取材テープの提出は比較的報道の自由への影響が少ないものとされ，取材源の秘匿や身元を隠すことを条件に撮影されたものなどは，その他の証拠がないなどきわめて限定的な条件のもとにのみ提出命令がみとめられることとなろう。しかし，メディアへの匿名の情報提供に少しでも身元を暴露される可能性があるのならば，取材に応じようとする者は格段に少なくなり，取材活動の自由への侵害は取り返しのつかないものになるのではないか。取材対象者自身が犯罪行為に加担していたことの証拠となるようなものであれば，自己帰罪拒否特権の問題も生じることとなる。

②取材方法の制限

　政府情報の収集は，民主主義社会においてとりわけ重要な意味をもつが，これは公務員の守秘義務と衝突する。そこでジャーナリストはさまざまな手を使って取材活動を繰り広げることになる。この方法について争われた外務省秘密電文漏洩事件（最一判昭和53年5月31日刑集32巻3号457頁）で，最高裁は，公務員に対して根気強く要請・説得を続けることは，その手段・方法が相当なものである限り是認されるが，贈賄・脅迫・強要など刑罰法規に触れるような場合，取材対象者の人格の尊厳を著しく蹂躙するなどの社会観念上是認することのできない態様のものである場合には，取材活動の範囲を逸脱し違法であるとの基準を示した。この基準は妥当であるが，このケースは記者がいわゆる色仕掛けで公務員から情報を聞き出したものであり，倫理的な是非はともかく，立派な成人がそれに乗せられて情報を漏らしたことを「人格を蹂躙された」とまでいえるかどうかは疑問である。

　取材活動が個人のプライヴァシーや生活の平穏を害することもある。こうした個人の権利を害してまでメディアの表現の自由は認められないはずであるが，そうした個人の権利保護を理由にメディアの取材や報道に規制をかけることを認めてしまうと，権力の監視装置としての役割を果たせるだけの自由な活動ができなくなり，あるいはどんどん規制が強化されてし

まうという懸念もあり，この調整は非常に難しい。
③メディアの編集権
　メディアは独自の編集権を有しており，その結果，取材対象の言葉の一部だけを取り出したり，切り貼りしてそのニュアンスを変えてしまったりすることもある。これが個人の表現の自由，あるいは人格的権利を害する一方で，取材活動はあくまで材料の収集であり，メディアやジャーナリストの立場でそれを利用して自由な表現を行うことを制約することは適当ではないとも考えられる。不本意な報道をされた場合に，報道機関の負担でその訂正をする機会を与えられるという「反論権」の考え方があるが，日本では採用されていない。

5　「知る権利」

　国民の「知る権利」は，表現の自由のうち情報受領権として考えることができる。民主主義過程において必要な情報を得ることは，主権者として不可欠の権利である。この「知る権利」の充足は，マスメディアによる報道のほか，国民が直接公的機関に情報開示を請求するという形でも可能である。
①「知る権利」の内容
　マスメディアは国民の「知る権利」に資するという大義名分のもとプライヴァシー報道を行い，国民もまた興味ある事柄すべてについて「知る権利」を主張する傾向にあるが，「知る権利」の性質からすれば対象は公共のことがらに限定され，単なる興味や好奇心を満たすものでないことに注意すべきである。選挙に際して必要な情報の収集や，また主権者として公権力を監視する必要から，国家や自治体の行動や現況，政治家の行動や人となりなどが「知る権利」の対象であることは疑いがない。しかし，たとえば犯罪行為について，逮捕への協力要請，安全への注意喚起などは公共のことがらであるが，すでに逮捕された被疑者の詳細な情報や犯行の状況，被害者の身元などは，国民の関心事ではあっても，「知る権利」の対象とすべき公共のことがらといえるかどうかは疑問である。
②情報公開制度
　情報開示請求権は，公権力の保有する情報に対する主権者たる国民の権

利として主張されるようになった。1980年ごろから各地で情報公開条例が制定されはじめ，国レヴェルの情報公開法も1999年に制定された。ただし，公権力の保有する情報には，非常にセンシティヴな個人情報や法人にかんする情報も含まれており，そういった情報は非開示とすることとなっている。またその情報が公になることにより国の安全が害されたり，他の機関との信頼関係が損なわれたり，率直な意見交換などが不可能になるなど，行政に不利益がもたらされるような情報についても非開示が定められている。行政機関の非開示決定については，情報公開審査会が非開示決定の当否について判断し，その結論に満足できなければ裁判所に提訴することとなる。行政機関の非開示決定をめぐっては，数多くの判決が出され，基準が明らかにされている（たとえば最一判平成6年1月27日民集48巻1号53頁［判例6-4］）。

II　集会・結社の自由

集会・結社の自由は，多人数が共同して行う表現の自由として捉えられる。集会とは多人数が共通の目的のために一定の場所に一時的に集まることであり，デモ行進なども「動く集会」としてのこの保障の対象となる。結社とは多人数が共通の目的のために継続的な団体を結成することである。

1　集会の自由

集会は多人数が一定の場所に集合することから，個人での表現活動に比して，他者との権利の衝突が生じやすい。集会が行われる場所としては，公園や道路，公の施設などが考えられるが，これらは他者も多く利用するものであることから，一定の制限に服することとなる。多くは事前の届出制や許可制をとっているが，表現の自由に際して事前規制を行うことの当否が問題となる。

まず，憲法で保障されるのは「平穏な」集会の自由であり，武器を所有しての集会などはその保障対象とはならない。平穏な集会である限り，その

集会の性質などに着目して利用を拒否することは，集会の自由に対する侵害となる。他者の権利との関係では，屋内と屋外を分けて考える必要がある。

①屋内集会

施設の一部を借りて行う集会では，閉鎖された空間を占拠するだけであるので，他者への影響は少ないと考えられる。したがって，利用希望が重なるというような場合のほかは，他の利用者への明らかな差し迫った危険がない限り，集会のための利用申請を拒むことは集会の自由を侵害すると考えられる。泉佐野市民会館事件ではこの基準を用いて，過激派の利用申請に対して，対立グループとの暴力的衝突が生じ，利用者や職員，付近住民などの生命・身体・財産が侵害されることが具体的に明らかに予見されるとして，本件利用申請の拒否が集会の自由を害しないと判示した（最三判平成7年3月7日民集49巻3号687頁［判例6-5］）。

ただし，施設が一般的な集会用のものではなく，特定の目的のために設置されたものの場合は，その本来の目的を達成するために必要な範囲で，その他の目的による使用を許可しないことができる。子どものための施設であれば子どもに関連する集会に限定したり，子どもの教育上好ましくない集会を許可しないなどである。

②屋外集会

公園や道路といった屋外で集会を行う場合は，その他の利用者との調整が必要になる。とくに問題が大きいのは，道路を利用して行うデモ行進である。これには道路交通秩序維持のための道路交通法による許可制と，地方公共の安寧と秩序維持のための公安条例による届出制・許可制の二重の規制が課されている。道路交通法は，「一般交通の用に供せられるべき道路の機能を著しく害する」場合に限り，集団行進を不許可とすることができると定めている。一方で，公安条例による規制については，新潟県公安条例事件（最大判昭和29年11月24日刑集8巻11号1866頁［判例6-6］）において，一般的な許可制を定めることは許されないとしつつ，特定の場所または方法につき，合理的かつ明確な基準の下での許可制や留保を付した届出制は許されるとした。多数人が集合する結果，デモ行進が無秩序になったり，場合によっては暴力的になる可能性もあり，それによって通行人や近

隣住民に被害が及ぶ可能性を考えると，そういった状況を防ぐための事前の届出などはやむを得ない措置ではある。しかし，こうした示威運動の民主的側面を考えるならば，条件を付けるにしても必要最低限のものであるべきであるし，不許可とする際には明白かつ現在の危険の基準が用いられるべきであろう。

2　結社の自由

（1）結社の自由

　結社の自由は，団体を結成することのみならず，結成された団体の継続や解散の自由，団体への加入・脱退の自由なども含め，こうしたことについて国家の干渉を受けないということを意味し，また，結社そのものの活動の自由も意味する。結社についての許可制・届出制は禁じられ，団体は，その設立目的の範囲内において，活動能力（権利能力）が認められる。このことは法人の人権享有主体性でも触れたとおりである。

（2）結社の種類

　政治的・経済的・宗教的・学問的・芸術的・社交的など，その目的を問わない。ただし，政治的結社のなかでも政党については，民主主義社会において特別の機能を果たすので，高度な自主性と自律性を認められ，またその公的側面から国家の規律を受けるなど，一般の結社とは異なる扱いがされる。また，宗教的結社については憲法20条の保障があり，労働組合については28条の保障があるので，特に結社の自由の問題とする必要性は薄い。営利目的の結社，つまり会社は，その目的からして精神的自由たる結社の自由ではなく，主として経済的自由の一類型と捉えるべきであろう。

（3）法人格

　結成された結社への法人格の付与については，結社としての活動の自由の問題となる。法人格がなければ団体としての活動ができないわけではないが，団体が権利主体となれないことから，その活動にはさまざまな制

約が伴う。以前は特別法により認められた学校法人などを除き，公益法人について許可主義をとり，多くの非営利団体について法人格の取得の道を閉ざしてきたが，1998年に認証により簡易な手続きで法人格を取得できるNPO法人が認められ，2006年には準則主義による一般社団法人・一般財団法人が認められて，結社が法人格を取得して自由に活動できる基盤が整った。

(4) 結社の自由の限界

人種差別撤廃条約は，人種差別を助長しおよび煽動する団体を禁止し，その団体または活動への参加を処罰すべきであるとしているが，これについても日本は留保を付している。

破壊活動防止法は，継続・反復して暴力主義的破壊活動を行う明らかな恐れがある団体について，デモ行進や公開の集会，機関誌の印刷・頒布などの禁止(5条)，解散(7条)を定めている。また，無差別大量殺人団体規制法は，無差別大量殺人行為を行った団体につき，その性質をまだ有していると考えられるときの観察処分(5条)，および再び重大犯罪を起こそうとしているときの土地建物の取得・使用禁止や構成員の活動禁止といった再発防止処分(8条)を定めている。

判例 6-1

争点
わいせつ文書とはいかなるものを指すのか──チャタレイ事件

事案
イギリスの作家 D.H. ロレンスの「チャタレイ夫人の恋人」を翻訳出版した出版社 Y1 と翻訳者 Y2 が，刑法 175 条のわいせつ文書頒布罪に当たるとして起訴された。

判旨
「猥褻文書（および図画その他の物）とは如何なるものを意味するか。……最高裁判所の判決は「徒らに性欲を興奮又は刺戟せしめ，且つ普通人の正常な性的羞恥心を害し，善良な性的道義観念に反するものをいう」としている。……我々もまたこれらの判例を是認するものである。」「著作自体が刑法一七五条の猥褻文書にあたるかどうかの判断は，当該著作についてなされる事実認定の問題でなく，法解釈の問題である。……この故にこの著作が一般読者に与える興奮，刺戟や読者のいだく羞恥感情の程度といえども，裁判所が判断すべきものである。そして裁判所が右の判断をなす場合の規準は，一般社会において行われている良識すなわち社会通念である。……かような社会通念が如何なるものであるかの判断は，現制度の下においては裁判官に委ねられているのである。」（最大判昭和32年3月13日刑集11巻3号997頁）

判例 6-2

争点

表現態様規制と表現内容規制の区別——立川反戦ビラ事件

事案

立川自衛隊監視テント村の構成員Yが、防衛庁(当時)立川宿舎の共用廊下に立ち入って、イラク戦争への反対のビラを各戸の玄関ドアの郵便受けに投函したところ、宿舎の管理人から警察に住居侵入の被害届が出され、起訴されたものである。

判旨

「本件では、表現そのものを処罰することの憲法適合性が問われているのではなく、表現の手段すなわちビラの配布のために「人の看守する邸宅」に管理権者の承諾なく立ち入ったことを処罰することの憲法適合性が問われているところ、本件で被告人らが立ち入った場所は、防衛庁の職員及びその家族が私的生活を営む場所である集合住宅の共用部分及びその敷地であり、自衛隊・防衛庁当局がそのような場所として管理していたもので、一般に人が自由に出入りすることのできる場所ではない。たとえ表現の自由の行使のためとはいっても、このような場所に管理権者の意思に反して立ち入ることは、管理権者の管理権を侵害するのみならず、そこで私的生活を営む者の私生活の平穏を侵害するものといわざるを得ない。したがって、本件被告人らの行為をもって刑法130条前段の罪に問うことは、憲法21条1項に違反するものではない。」(最二判平成20年4月11日民集62巻5号1217頁)

判例 6-3

争点

報道機関の取材の自由は憲法上の保障を受けるか
　　　　　　　　　　　　― 博多駅TVフィルム事件

事案

　博多駅での機動隊員とデモに参加する学生との衝突における機動隊員の行為が特別公務員暴行陵虐罪などに当たるという告発が不起訴となったので，付審判請求が申し立てられた。この審理のため，裁判所は報道機関に対し撮影したフィルムの任意提出を求めたが拒否されたので，刑訴法99条2項により事件の状況を撮影したフィルム全部の提出を命じた。

判旨

　「報道機関の報道は，民主主義社会において，国民が国政に関与するにつき，重要な判断の資料を提供し，国民の「知る権利」に奉仕するものである。したがつて，思想の表明の自由とならんで，事実の報道の自由は，表現の自由を規定した憲法二一条の保障のもとにあることはいうまでもない。また，このような報道機関の報道が正しい内容をもつためには，報道の自由とともに，報道のための取材の自由も，憲法二一条の精神に照らし，十分尊重に値いするものといわなければならない。［…］しかし，取材の自由といつても，もとより何らの制約を受けないものではなく，たとえば公正な裁判の実現というような憲法上の要請があるときは，ある程度の制約を受けることのあることも否定することができない。」「しかしながら，［…］犯罪の性質，態様，軽重および取材したものの証拠としての価値，ひいては，公正な刑事裁判を実現するにあたつての必要性の有無を考慮するとともに，他面において取材したものを証拠として提出させられることによつて報道機関の取材の自由が妨げられる程度およびこれが報道の自由に及ぼす影響の度合その他諸般の事情を比較衡量して決せられるべきであり，これを刑事裁判の証拠として使用することがやむを得ないと認められる場合においても，それによつて受ける報道機関の不利益が必要な限度をこえないように配慮されなければならない。」（最大決昭和44年11月26日刑集23巻11号1490頁）

判例 6-4

争点

情報公開請求において非開示とできる対象
　　　　　　　　　— 大阪府知事交際費情報公開訴訟

事案

大阪府の住民Xらが，大阪公文書公開条例に基づいて大阪府知事の交際費の開示を請求したところ，非開示の決定がされ，異議申立ても棄却されたことを不服として提訴したものである。

判旨

「知事の交際事務［…］は，相手方との間の信頼関係ないし友好関係の維持増進を目的して行われるものである。そして，相手方の氏名等の公表，披露が当然予定されているような場合等は別として，相手方を識別し得るような前記文書の公開によって相手方の氏名等が明らかにされることになれば，懇談については，相手方に不快，不信の感情を抱かせ，今後府の行うこの種の会合への出席を避けるなどの事態が生ずることも考えられ，また，一般に，交際費の支出の要否，内容等は，府の相手方とのかかわり等をしん酌して個別に決定されるという性質を有するものであることから，不満や不快の念を抱く者が出ることが容易に予想される。そのような事態は，交際の相手方との間の信頼関係あるいは友好関係を損なうおそれがあり，交際それ自体の目的に反し，ひいては交際事務の目的が達成できなくなるおそれがあるというべきである。［…］知事の交際は，それが知事の職務としてされるものであっても，私人である相手方にとっては，私的な出来事といわなければならない。本件条例九条一号は，私事に関する情報のうち性質上公開に親しまないような個人情報が記録されている文書を公開してはならないとしているものと解されるが，知事の交際の相手方となった私人としては，懇談の場合であると，慶弔等の場合であるとを問わず，その具体的な費用，金額等までは一般に他人に知られたくないと望むものであり，そのことは正当であると認められる。そうすると，このような交際に関する情報は，その交際の性質，内容等からして交際内容等が一般

に公表，披露されることがもともと予定されているものを除いては，同号に該当するというべきである。」(最一判平成6年1月27日民集48巻1号53頁)

判例 6-5

争点

集会の自由はいかなる場合に制限されうるか──泉佐野市民会館事件

事案

Xらは集会を開催するために泉佐野市民会館の利用を申請したが，市はこのXらが過激派の一団体であり，対立する他の過激派との衝突が予想され，周辺住民の平穏な生活が害されるおそれがあるとして，不許可処分を行った。

判旨

「条例七条一号は，「公の秩序をみだすおそれがある場合」を本件会館の使用を許可してはならない事由として規定しているが，[…]右のような趣旨からして，本件会館における集会の自由を保障することの重要性よりも，本件会館で集会が開かれることによって，人の生命，身体又は財産が侵害され，公共の安全が損なわれる危険を回避し，防止することの必要性が優越する場合をいうものと限定して解すべきであり，その危険性の程度としては，[…]単に危険な事態を生ずる蓋然性があるというだけでは足りず，明らかな差し迫った危険の発生が具体的に予見されることが必要であると解するのが相当である。そう解する限り，このような規制は，他の基本的人権に対する侵害を回避し，防止するために必要かつ合理的なものとして，憲法二一条に違反するものではなく，また，地方自治法二四四条に違反するものでもないというべきである。そして，右事由の存在を肯認することができるのは，そのような事態の発生が許可権者の主観により予測される

だけではなく、客観的な事実に照らして具体的に明らかに予測される場合でなければならないことはいうまでもない。」(最三判平成7年3月7日民集49巻3号687頁)

判例 6-6

争点

デモ活動を許可制とすることは集会の自由を害するか
—— 新潟県公安条例事件

事案

新潟県高田市で行われた集団示威行動が事前の許可を得ていなかったとして公安条例違反で起訴された。

判旨

「行列行進又は公衆の集団示威運動は、公共の福祉に反するような不当な目的又は方法によらないかぎり、本来国民の自由とするところであるから、条例においてこれらの行動につき単なる届出制を定めることは格別、そうでなく一般的な許可制を定めてこれを事前に抑制することは、憲法の趣旨に反し許されないと解するを相当とする。しかしこれらの行動といえども公共の秩序を保持し、又は公共の福祉が著しく侵されることを防止するため、特定の場所又は方法につき、合理的かつ明確な基準の下に、予じめ許可を受けしめ、又は届出をなさしめてこのような場合にはこれを禁止することができる旨の規定を条例に設けても、これをもって直ちに憲法の保障する国民の自由を不当に制限するものと解することはできない。けだしかかる条例の規定は、なんらこれらの行動を一般に制限するのでなく、前示の観点から単に特定の場所又は方法について制限する場合があることを認めるに過ぎないからである。さらにまた、これらの行動について公共の安全に対し明らかな差迫つた危険を及ぼすことが予見されるときは、こ

れを許可せず又は禁止することができる旨の規定を設けることも，これをもつて直ちに憲法の保障する国民の自由を不当に制限することにはならないと解すべきである。」(最大判昭和29年11月24日刑集8巻11号1866頁)

第7章 経済的自由と社会権

本章のねらい

人々が生活空間を自律的に切り拓いて行くためには、生計の手段が確保されなければならない。それゆえに、各国の立憲主義憲法同様、日本国憲法もまた、財産権や職業選択の自由を明文で保障する。他方で、人々は具体的な生活の場面で病気や失業といった様々な困難に直面し、必ずしも独力で生活空間を切り拓けない場合がある。そこで、日本国憲法は、それへの配慮を社会権規定として明文化し、生存権、労働基本権や教育を受ける権利について規定をしている。以下では、これらの点を念頭に置きつつ、日本国憲法が保障する経済的自由の諸条項とともに、社会権規定などの解釈を取り扱う。

I 居住・移転の自由

1 居住・移転の自由の意義

憲法は、22条1項で、職業選択の自由と並んで、居住・移転の自由を保障する。人々が自由に居所を変えられることは、封建的な経済構造を解体し、自由な市場経済を確立するのに不可欠な前提であって、居住・移転の自由が経済的自由のひとつに数えられるのもそのためである。

もっとも、居住・移転の自由には、人身の自由や人格発展の自由としての側面もあることは十分に配慮する必要がある。

2　居住・移転の自由の内容と制約

　居住・移転の自由の保障内容は，日本国内における移動である（旅行などの一時的なものも含む）。

　このような居住・移転の自由に対する制約として，たとえば夫婦の同居義務（民法752条），精神障害者や感染症患者の強制入院（精神保健及び精神障害者福祉に関する法律29条以下，感染症の予防及び感染症の患者に対する医療に関する法律19条以下），破産法による破産者の居住地制限（破産法37条），刑事訴訟法による刑事被告人の住居制限（刑事訴訟法95条）などがある。これらの規定はいずれも合憲だと考えられているが，実際に制限する際には，居住・移転の自由が人身の自由や人格発展の自由としての側面を有することも念頭に置きつつ慎重に判断されなければならない。

II　外国移住・国籍離脱の自由

1　外国移住の自由

　外国に移住する自由とは，外国が入国を認めることを前提に外国に移住することにつき公権力によって禁止されないことをいう。一時的な外国への渡航（海外旅行の自由）もここに含まれる（帆足計事件上告審［最大判昭33年9月10日民集12巻13号1969頁］）。また，出国のみならず帰国の自由も保障される。

　外国に移住する自由に対する制約としては，旅券法や出入国管理及び難民認定法がある。旅券法13条1項7号が「著しく，かつ，直接に日本国の利益又は公安を害する行為を行うおそれがあると認めるに足りる相当の理由がある者」について，旅券の発給を行わないことができる旨定めている点が争われた前掲帆足計事件（なお，当時の旅券法では13条1項5号で規定されていた）で，最高裁は，本規定が，公共の福祉のために合理的な制限であって漠然たる基準を示すものではないとして合憲と判断しているけれども，少なくとも害悪発生の相当の蓋然性が客観的に存しない場合における

不発給処分は，適用違憲となると考えるべきだとする意見もあった（伊藤正巳裁判官補足意見）。

2　国籍離脱の自由

　国籍離脱の自由とは，日本国籍保有者が外国籍へと国籍を変更することを公権力により妨げられないことをいう（なお，世界人権宣言15条も参照）。これは，究極的には，憲法を正当化している社会契約からの離脱の自由を意味する。この自由には無国籍になる自由は含まれない。国籍法は，国籍の喪失にかんする規定を置いているが（国籍法11条以下），そこでも，国籍の喪失は，外国籍の取得・保有が要件となっており，無国籍になることはできない。

　なお，この点に関係して，近時，出生により外国籍を取得した者について，出生後3か月以内に国籍留保手続を行わないと出生時に遡って日本国籍を喪失するとされている点が問題とされている（国籍法12条，戸籍法104条）。

III　職業選択の自由

1　職業選択の自由の意義

　職業を選び，それを遂行することは，個人の生計の手段を確保するためにも，個人の人格的発展，形成のためにも重要な意義をもつ。また，今日の経済社会においては，各人がそれぞれに職業を遂行することを前提に，高度の分業制が成立しているのであって，この点も見落とされるべきではない。もっとも，職業の選択および遂行は，社会経済政策の観点から一定の規制が必要となる場合がありうる。

2　「職業の選択」の内容

　憲法22条1項にいう「職業の選択」には，職業の開始・継続・廃止の自由

と職業遂行の自由とが含まれる。ここにいう職業の開始・継続・廃止・遂行とは，典型的には，個人が事業を行うことが想定されるが，通説では，自己が雇われる職業の選択も含まれるとされる。

なお，この点につき，かつて経済史学の立場から，職業選択の自由と「営業の自由」とを峻別し，後者については，営業の独占を排除する目的で設定された公序であるとして，その基本的人権としての性格に疑問が投げかけられたことがある。しかし，現在では，日本国憲法は，そのような営業の自由をも含めて基本権として保障していると解すべきだとされている。

3　職業選択の自由に対する制約とその合憲性判断

（1）基本的な考え方

職業選択の自由は，人々の外部的行為の自由の一種であって，それゆえに公共の福祉に基づく制約を受けざるをえない。加えて，職業選択の自由は，社会的・経済的活動であるから，憲法は，かかる自由に対する一定の社会・経済政策的配慮に基づく制約をも許容・要請していると解される。それゆえ，職業選択の自由に対する制約は，一般に，精神的自由に比して，公権力による規制が許容されうる余地が広いと考えられる（二重の基準論）。加えて，このような社会・経済政策的な配慮に基づく規制については，政治部門（つまり国会や内閣）の判断も尊重されるべきであろうから，裁判所がどこまで司法審査に踏み込むべきかという点も問題になる。

（2）規制目的二分論

このような事情を踏まえつつ，職業選択の自由に対する規制の合憲性判断の枠組みとして提唱されてきたのが，いわゆる規制目的二分論である。これは，①職業選択の自由に対する規制を（ア）国民の生命・身体の安全の確保などの観点から行われる消極的警察的目的に出たもの（消極目的規制）と（イ）社会・経済政策の観点から行われる積極的政策的目的に出たもの（積極目的規制）とに区別し，②（ア）消極目的規制については，規制目的達成のために必要最小限度の規制にとどまっているかによって判断し（薬局

距離制限事件［判例7-2］参照），（イ）積極目的規制については，規制措置が著しく不合理であることの明白である場合に限って違憲となる（明白性の原則）とするものである（小売市場事件［判例7-1］参照）。

（3）学説による批判

　もっとも，この規制目的二分論に対しては，近年，学説から強い批判がある。

　第一に，職業選択の自由に対する規制には，その目的についても手段についても多様なものがあるのであって，これを機械的に二分し判断基準を当てはめることはできないのではないかという疑問がある。実際，これまで問題となった規制には，酒税法における酒類販売免許制のような消極目的とも積極目的とも言えないものもあった（最三判平成4年12月15日民集46巻9号2829頁，最一判平成10年7月16日判時1652号52頁参照）。

　第二に，消極目的規制は，国民の生命・身体の安全の観点からなされるのだから，その分，規制の必要性が高いとも言いうる。にもかかわらず，こちらの規制の方が，より厳格に審査しなければならないのはなぜかという指摘がある。

　第三に，判例は規制目的二分論を採用していないのではないかという指摘がある。そもそも規制目的二分論は，当初，職業選択の自由に限定されたものではなく，経済的自由一般に妥当しうる理論として受け止められていた。ところが，財産権制限に関する森林法共有林分割請求事件［判例7-3］では，規制目的二分論が採用されなかったと見られている。この事件で最高裁は，森林法186条（当時）を，薬局距離制限事件を先例として引いたうえで，積極目的規制と理解したにもかかわらず，厳格な判断を行っている。これを機に，規制目的二分論の射程をめぐって，①経済的自由一般について，規制目的二分論は妥当しないとする説，②財産権については，規制目的二分論は妥当しないとする説などが対立することとなった。

　そこで，近年では，薬局距離制限事件［判例7-2］の最高裁による判旨を，(i)規制の目的，必要性，内容，これによって制限される職業の自由の性質，内容および制限の程度を検討し，これらを比較衡量するアプローチを採用したうえで，(ii)規制の態様が，最も強い規制であるところの許可制

であって，狭義の職業選択の自由に対する強力な制約であったことに着目し，(ⅲ)その中でも，消極目的からなされる規制については，必要最小限度にとどまらなければならないとしたものと理解すべきであるという指摘がなされている。この指摘からは，そもそも，判断基準の定立において，判例理論が重視しているのは，どのような権利・利益がどの程度侵害されているかであって（薬局距離制限事件の場合には，狭義の職業選択の自由という人格的利益が距離制限という本人の努力により克服しがたい基準により制約されている），規制目的は，いわば2次的な考慮要素にとどまっていると説明される。

Ⅳ 財産権の保障

1 財産権保障の意義

憲法29条は，1項で「財産権は，これを侵してはならない」とし，2項で「財産権の内容は，公共の福祉に適合するやうに，法律でこれを定める」と定める。また同3項は，私有財産の公共収用に対する正当な補償を求めている。

古くは，財産権は，「神聖不可侵」（フランス人権宣言）とみなされたが，今日では，その社会性が指摘されている。財産権の内容を公共の福祉に適合的に定めることを要請する憲法29条2項は，ここにいう社会性も含めて解されなければならない。

他方で，29条2項は，財産権の内容を「法律によって定める」ことを要求する。すると，1項で保障される財産権の内容は，2項にいう法律の制定をまって初めて明らかになることとなってしまう。そこで，1項と2項との関係をどのように解するかが，解釈上，重要な論点となる。

2 財産権保障の内容

（1）1項と2項の関係

29条1項が保障する財産権は，かつては，これを2項に基づいて制定された法律によって確定される財産権と解する学説もあったが，これでは，1項の存在意義が失われてしまう。そこで，現在では，1項にいう「財産権」には，2項に還元されない独自の意義があるとされ，私有財産制度の保障や，現に有する国民の個々の財産権の保障をも意味すると解されている。

（2）私有財産制度の保障

　このうち，私有財産制の保障は，従来，いわゆる制度的保障と捉えられてきた。もっとも，これについても，①資本主義的市場経済の保障（つまり，社会主義・共産主義への移行は憲法上許容されない）であるとする説（体制選択説）と②生存財産（小さな財産）と独占財産（大きな財産）とを区別し前者が保障される（つまり，生存財産が保障されるのであれば，独占資本を国有化し社会主義・共産主義への移行も憲法上可能）とする説が対立してきた。

　ただし，東西冷戦が終結した現在では，これらの対立はその前提を失ったと言ってよい。そこで，近年では，私有財産制の保障を制度的保障で理解するのは適切ではなく，③ローマ法的民法秩序（一物一権主義）という法制度が客観法的に保障されたものと理解すべきであるとする説（法制度保障説）や④基本権主体が自身の生活を自己責任的に形成するための条件（法的インフラ）を整備することであるとする説（内容形成説）が有力に唱えられている。これら近時の学説の立場からすると，私有財産制が侵害される場合とは，制度的保障論が説くような制度の中核部分への侵害を意味するのではなく，法制度の一定の原型が変更される場合や，法的インフラの整備が不合理な理由でなされない場合などを意味することとなる。

（3）国民の個々の財産権の保障

　次に，国民の個々の財産権については，①国民が現に有する財産権であるとする説（既得権保障説）や②小さな財産/大きな財産論を再構成し，「人格的自律に必要な財産」が保障されるとする説がある（人格財産説）。最高裁も，後に見る森林法共有林分割請求事件判決［判例7-3］で，29条1項が「社会的経済的活動の基礎となる国民の個々の財産権」を保障するものと説示している。もっとも，人格財産といっても，そのときの社会・経済的情

勢によって，あるいはその時々の人々の理解によって，その具体的範囲は変わりうる（たとえば，年金受給権や著作権はどのように考えれば良いか）し，また，法人についてはどのように考えるべきかという問題が残る。

3　財産権制約に対する合憲性審査

憲法29条2項は，財産権の内容を法律によって定めることと，法律が公共の福祉に適合的であることを要請している。最高裁は，共有森林の分割の請求ができない旨を定める森林法186条（1987年の削除前）の違憲性が争われた森林法共有林分割請求事件判決［判例7-3］で，共有分割請求権が29条1項で保障される財産権であるとしたうえで，薬局距離制限事件［判例7-2］を引用しつつ，明白性の原則よりは厳格と思われるものの，より緩やかな審査を行って，共有分割請求権の制限の必要性と合理性を否定した。

この判決については，職業選択の自由の場合と同様の規制目的二分論が基礎にあるという考え方も有力であるが，近年では，（少なくとも）財産権については，規制目的二分論を採用していないと評価する学説も有力である。

その後，最高裁は，旧証券取引法164条1項が争われた事案（最大判平成14年2月13日民集56巻2号331頁）で，森林法共有林分割請求事件判決によく似た審査を行ったが，そこでは，同判決も引用されず，同判決中にあった「消極」，「積極」といった文言も使用しなかった。この後の憲法29条違反が争われる事例について，最高裁は，この証券取引法に関する判決を先例として引用している。

4　損失補償

（1）公用収用制度

国や地方公共団体は，公共の目的を達成するために，特定の財産を必要とする場合がある。そのような財産は，原則としては，市場取引で（つまり，契約などを用いて）取得されるべきであるが，公益上の必要から（たとえば，道路・空港の建設や拡張，公共施設の建設の場合における用地の取得など），

強制的に収用する制度（公用収用制度）が用意されている。もっとも，公用収用制度は濫用されやすいため，古くから，このような公用収用には，①法律の根拠を要すること，②収用が公共のために行われること，③被収用者の財産上の価値の喪失に対して補償が行われることを要するとされてきた。憲法29条3項が，②と③を公用収用の要件として明示的に定めているのはこれを踏まえたものと理解されている。

（2）「公共のために用ひる」の意義

29条3項は，公用収用の発動要件として，収用財産を「公共のために用いる」ことを定める（なお，土地収用法参照）。ここにいう「公共のため」とは，収用全体の目的が広く公共の目的に資するものであればよいと解されている。そのため，農地改革のように収用された私有財産が最終的に特定の私人に移転する場合も「公共のための収用」だとされる。また，いったん収用された財産を収用時とは異なる目的で使用することも，その目的が「公共のため」であるならば許されると解されている（農地改革事件［最二判昭和29年1月22日民集8巻1号225頁］）。

（3）補償の要否

ところで，元来，29条2項で問題となる財産権の制約は，法律による一般的な制限なのに対し，3項の公用収用で問題となるのは，個別具体的な財産であると考えられてきた。そうだとすれば，基本的には，法律による財産権の収奪・制約には（2項違反の可能性があるとしても）補償の問題は発生せず，個別具体的な財産が侵害されたといえる場合に初めて損失補償が必要になることになる。

しかしながら，法律による規制それ自体が収用行為に該当する「法律収用」もありうるし，法律による財産権の一部制限（公用制限）の結果，特定の者の財産価値が減少することもあろう。それゆえ，現在では，このような場合について，29条2項に照らして法律が合憲だとされてもなお，財産価値を補償すべき場合がありうると考えられている。

そこで，どのような場合について補償が必要となるかが問題となる。この点については，原則として，特定の個人の犠牲（特別の犠牲）の上に，社

会公共が利益を得る場合であると考えられている。そこで,「特別の犠牲」があるといえるのはどのような場合かが問題となる。

まず,私人の所有する財産が完全に奪われる場合は,収奪される財産が僅少である場合などは別として(食品衛生法28条など参照),基本的には,補償が必要であるとされる。問題は,公用制限などの場合だが,特定の私人に対してのみ犠牲を課すものであって(形式的基準),かつ,財産権侵害の強度が,財産権の内在的制約として受忍すべき限度を超えて財産権の本質的内容を侵すものである場合(実質的基準)には補償が必要であると考えられている(奈良県ため池条例事件[最大判昭和38年6月26日刑集17巻5号521頁],河川附近地制限令事件[最大判昭和43年11月27日刑集22巻12号1402頁]など参照)。

(4) 正当な補償

被収用者は,財産を収用される代わりに金銭による「正当な」補償を受けることが予定されている。この補償は収用の前に行われることが原則であるが,どの程度の額が補償されれば「正当な」補償といえるかが問題となる。

この点,①被収用財産の市場価値をもって正当な補償だとする説(完全補償説)と②合理的と認められる相当な額であれば足りるとする説(相当補償説)とが対立してきた。

判例は,農地改革に関連した初期の事案で,相当補償説に立った(最大判昭和28年12月23日民集7巻13号1523頁)が,その後,旧土地収用法72条を,完全補償説に立って解釈し,これが実質的には憲法解釈を示したものとして受け止められた(最一判昭和48年10月18日民集27巻9号1210頁)。しかし,改正された土地収用法71条の合憲性が争われた近年の事案では,再び相当補償説に立っている(最三判平成14年6月11日民集56巻5号958頁)。

なお,補償の必要があるにもかかわらず,財産権を制限する法律に補償規定を欠く場合がある。この場合,当該法律そのものが違憲となるのではなく,憲法29条3項に基づいて直接請求ができると考えられている(直接請求権発生説。なお,前掲河川附近地制限令事件も参照)。

Ⅴ 生存権

1 生存権の意義

　財産権保障や職業選択の自由といった古典的な経済的自由を前提として，レッセ・フェール（自由放任）的な市場経済が発達した。しかしながら，それは，貧富の差の拡大に代表される様々な問題を生み出すことになった。こうした貧富の差は，近代憲法が前提としていた「自律的存在」としての個人という，成熟した判断能力を持つ抽象的な人格が，その具体的な姿においては，「強い個人」／「弱い個人」として存在し，かつ，それが構造的に固定化してしまうことを明らかにした。そこで，具体的な人が，自律的な存在として自らの生を全うするためには，状況に応じた適正な支えを必要とすること，そのような支えは，社会全体が連帯して提供すべきことが認識されるに至った。

　このような認識から，経済的自由についてもその社会性を踏まえた理解が求められることはすでにみたが，20世紀の各国憲法は，これらに加えて，各種の社会（権）的規定を持つに至った。ドイツのワイマール憲法が「経済生活の秩序は，すべての人に人たるに値する生存を保障することを目指す正義の諸原則に適合するものでなければならない」(151条) と定めたのは，その嚆矢とされる。

　我が国においても，明治・大正期にすでに，経済的弱者の保護に関する議論の蓄積がみられたが，憲法典レベルでこれを保障するに至ったのは，日本国憲法の制定に際してである。もっとも，現在の25条のような権利としての生存権規定は，起草段階には存在せず，衆議院の審議段階で挿入されたものである。

2 憲法25条の法的性格

(1) 法的性格

　憲法25条は，1項で「すべて国民は，健康で文化的な最低限度の生活を営む権利を有する」と規定し（狭義の生存権），2項で「国は，すべての生活

部面について，社会福祉，社会保障及び公衆衛生の向上及び増進に努めなければならない」と定める(広義の生存権)。これらの規定は，社会権の総則的規定と受け止められており，多くの学説は，社会権的性格を有すると考えられる環境権保障の根拠条文として本条を援用する。

　憲法25条1項で保障される生存権は，自由権的な側面が観念できないこともないが，基本的には，国家に，一定の現物やサービス，金銭の給付を請求する(つまり，一定の作為を請求する)権利である。もっとも健康で文化的な最低限度の生活のために何をどのように給付すべきかについては，複数の選択肢があり，かつ，国の財政的な事情にも関連するため，一義的には，立法府が定めるべき事柄であるとも考えられる。そこで，本条を根拠に，裁判所において，国に対して何らかの措置を求めることを主張しうるかが問題となる。

　この点，学説においては，①将来の政治や立法に対する基本的方向(国政のプログラム)を指示したものであるとする説(プログラム規定説)，②具体的権利説，③抽象的権利説，が対立してきた。

　このうち，プログラム規定説には，憲法が生存権を基本権として保障していることを空文化するものであるといった批判が寄せられる。また，具体的権利説には，(ア)生存権立法がなされない場合には，立法不作為の違憲確認訴訟が提起できるという意味で権利性を有するとする説と(イ)25条に裁判規範性を正面から認め，「健康で文化的な最低限度の生活」を下回る水準の場合には，金銭給付を裁判上求めることができるとする説(言葉どおりの意味における具体的権利説)とが主張されるところ，立法不作為の違憲確認ははたして認められうるのか，財政に対する強力な制約になるのではないかといった批判が寄せられている。

　抽象的権利説についても，その意味するところは論者によって多様で，大きく分けて(ア)法律による具体化を待って初めて具体的な権利となるとする説と(イ)立法裁量は広く認めるが，裁量権の逸脱・濫用があった場合には違憲となるという意味で法規範性を有するとする説がある。(ア)の立場は，結局，プログラム規定説と変わるところはない。

　最高裁は，当初，プログラム規定説に立っていた(食管法違反被告事件[最大判昭和23年9月29日刑集2巻10号1235頁]参照)。けれども，その後，生活

保護法にしたがって厚生大臣の決定した生活扶助が低すぎ，生存権を侵害しているとして争われた朝日訴訟上告審［判例7-4］では，傍論においてではあるものの，食管法違反被告事件判決を引用して，25条の具体的権利性を否定しつつも，「現実の生活条件を無視して著しく低い基準を設定する等憲法および生活保護法の趣旨・目的に反し，法律によって与えられた裁量権の限界をこえた場合または裁量権を濫用した場合には，違法な行為として司法審査の対象となる」と判示した。

さらに，児童扶養手当法の定める併給禁止規定が争われた堀木訴訟上告審（最大判昭和57年7月7日民集36巻7号1235頁）で，最高裁は，「憲法25条の規定の趣旨にこたえて具体的にどのような立法措置を講ずるかの選択決定は，立法府の広い裁量にゆだねられており，それが著しく合理性を欠き明らかに裁量の逸脱・濫用と見ざるをえないような場合を除き，裁判所が審査判断するのに適しない事柄である」と判示した。

このようにみてみると，判例は，①25条に具体的権利性を認めない，②広範な立法裁量を認めつつも，裁量の逸脱・濫用の場合に司法審査を行いうるという立場を採用しているということになり，その意味で，抽象的権利説に立つといえる。

2　立法裁量の統制と判断枠組み

そこで，近年では，学説は，社会保障法制の整備につき，立法府に裁量があることを認めつつも，その裁量を統制することを模索している。

そのような試みとしては，①憲法25条2項が「防貧施策をなすべき努力義務」を，1項が「救貧施策をなすべき責務」を定めたものとして把握し，1項については厳格な審査を求める説や（1項・2項分離論。なお，堀木訴訟控訴審判決［大阪高判昭和50年11月10日判時795号3頁］参照），この考え方に触発されて，ミニマム・スタンダードの保障のあり方に対しては，裁判所はより厳格に審査すべきであるとする説がある。また，②生存権に関する別異取扱いについては，憲法14条1項が妥当するとしたうえで，権利の重要性に鑑みて，「厳格な合理性の基準」が妥当するとする説がある（なお，前掲堀木訴訟および学生無年金訴訟上告審［最二判平成19年9月28日民集61巻6号

2345頁〕など参照)。さらに、③生存権の「自由権的効果」に着目して、生存権具体化立法における給付水準の引き下げ(制度後退)については、厳格な審査に服するべきだとする見解もある。

VI 教育を受ける権利

1 教育を受ける権利の意義

　日本国憲法は、26条で「すべて国民は、法律の定めるところにより、その能力に応じて、ひとしく教育を受ける権利を有する」(1項)と定めるとともに、「すべて国民は、法律の定めるところにより、その保護する子女に普通教育を受けさせる義務を負ふ。義務教育は、これを無償とする」(2項)と規定する。

　人が自律的な生を全うするには、成熟した判断能力と並んで豊かな知識や教養を欠くことができない。人がそのような能力を涵養することを妨げられないという意味での教育を受ける権利(学習権)が憲法上の保障を受けることは、本条をまたずとも憲法13条に幸福追求権が保障されることより明らかである。しかしながら、このような学習権は、他人(とくに大人)が提供する教育によって初めて十全に保障される。それゆえ、本条1項にいう「教育を受ける権利」とは、このような請求権的な性格を有する社会権として把握される。

　もっとも、幸福追求権が、親に自らの家庭生活のあり方を自律的に決定することをも保障すると考えられること、子にどのような教育を施すかは親の思想・信条の自由や信教の自由と密接に結びついていることに鑑みると、上に見た教育の提供は、第1次的には、親の権能に属する(なお、世界人権宣言26条3項も参照)。ただし、だからといって、子の教育に関する親の放任や放棄を正当化するものではなく、あくまでも、親の教育権は、子の学習権を充足させるという目的に向けられる。本条2項が親の教育の義務を定めるのは、この点にかかわる。

2　教育の自由

　本条と関連して，自己の考え方や信条等を他者に教育することを公権力により妨げられない権利という意味で，いわゆる教育の自由が語られることがある。もっとも，上に見たように，ひとくちに教育の自由といっても，子の学習権のほかに，親の教育の自由（ここにはとくに学校選択の自由が含まれる）や，私立学校設立者の教育の自由（私学教育の自由），国公立学校における教師の教育の自由などが観念できる。これらの教育の自由については，本条を根拠とする見解のほかに，憲法13条や24条，19条または20条に基礎づける見解も有力である。

3　教育制度法定主義

（1）教育制度法定主義の意義

　憲法26条は，教育を受ける権利や親の普通教育を受けさせる義務について，法律で定めることを要求する。これは，①教育を受ける権利が請求権的性格を持つことから法律による具体化が必要であることとともに，②学校制度・教育制度が勅令で定められた明治憲法下と異なって，法律という法形式によって定められなければならないことを意味する。これを受けて定められている教育関連法令として教育基本法や学校教育法がある。

（2）教育制度法定主義の限界

　教育制度が法律事項とされるからといって，法律によればどのような内容でも定めることができるというわけではない。この点については，後述するように義務教育の無償提供という明文の限界があることに加えて，それ以外にも平等原則（憲法14条）や政教分離原則（20条3項）といった一般的な憲法の規定も，ここにいう限界を構成する（教育基本法4条，8条2項，9条2項および尼崎高校事件［神戸地判平成4年3月13日行集43巻3号309頁］，剣道履修拒否事件［判例5-3］参照）。

（3）義務教育の無償提供（26条2項）

　憲法26条2項に定める義務教育の無償提供の範囲については，①授業料を徴収しないことを意味するとする説（授業料無償説）と②授業料以外にも学用品や通学費などの義務教育に要する一切の費用が無償となるとする説（就学必需費無償説）とがある。教育基本法は，義務教育段階の国公立学校について授業料を徴収しないとしており（教育基本法5条4項），授業料無償説に立つ（なお，教科書無償配布事件［最大判昭和39年2月26日民集18巻2号343頁］参照）。就学必需品については，就学援助制度によって一定の補助がある（学校教育法19条）。

（4）教育内容決定権の問題

　また，教育内容決定権の問題もここにいう学校制度法定主義の限界の一場面として理解できる。現在の法制では，国は学習指導要領を定め，これを一定の法的拘束力のあるものとすることで，学校教育の内容についても一定の関与を行っている（伝習館高校事件[*1]［最一判平成2年1月18日民集44巻1号1頁］参照）。

　この点，学説上は，①親とその信託を受けた教師に専属するとして，これへの国への関与を否定し，国の責務を学校の設営・管理といった「外的条件」に限定して考える立場（国民教育権説）と，②教育内容の決定は国家に専属するとする立場（国家教育権説）とが対立してきた。

　もっとも，最高裁は，旭川学力テスト事件[*2]上告審判決（最大判昭和51年5月21日刑集30巻5号615頁）で，いずれの立場も極端かつ一方的である

[*1]　**伝習館高校事件**：福岡県立伝習館高校の教諭が，学習指導要領に従わず授業を行ったことにより，懲戒免職処分を受けた事件。教諭は，学習指導要領が何ら法的拘束力をもたないものであり処分は違法であるとして，その取り消しを求めた。最高裁は，「学校教育の内容及び方法について遵守すべき基準を定立する必要があり，特に法規によってそのような基準が定立されている事柄については，［…］高等学校の教師に認められるべき裁量にもおのずから制約が存在する」として学習指導要領の法的拘束力を認め，懲戒免職処分は懲戒権者の裁量権の範囲を逸脱するものではないと判示した。

[*2]　**旭川学力テスト事件**：文部省の指示に基づき昭和36（1961）年に実施された全国中学校一斉学力調査（学力テスト）に対して実力阻止行動に出た共闘労組役員が公務執行妨害罪等で起訴された事件。最高裁は，国が「国政の一部として広く適切な教育政策を樹立，実施すべく，［…］あるいは子ども自身の利益の擁護のため，あるいは子どもの成長に対する社会公共の利益と関心にこたえるため，必要かつ相当と認められる範囲において，教育内容についてもこれを決定する権能を有する」とし，学力テストの合憲性を認めた。

とし，憲法26条の背後にある子の学習権の充足という観点から，教師や親の教育の自由，私学教育の自由が一定の範囲で肯定されるものの，国も「必要かつ相当と認められる範囲において」教育内容を決定する権能を有するとしている。

VII　勤労の権利と労働基本権

1　勤労の権利

憲法は，「すべて国民は，勤労の権利を有」すること（27条1項），勤労条件を法定すべきこと（同2項），児童を酷使してはならないこと（同3項），「勤労者の団結する権利及び団体交渉その他の団体行動をする権利」の保障（28条）を定めている。

このうち，27条1項は，①個人が公権力によって労働の機会を奪われないことと②労働の意思と能力のある者が労働の機会を得られない場合に労働の機会の提供を求め，あるいは，雇用保険などを通じて適切な措置を講ずるよう要求する権利を内実とする。もっとも，①は職業選択の自由として把握されることは，すでに述べた。また，②については，社会権的性格を有するのであって，法的具体化が必要となり，職業安定法，雇用対策法，雇用保険法など様々な労働法制が用意されている。

27条の特有の意義は，上に述べたところに加えて，契約の自由を基礎として当事者間で定められることが原則とされる労働契約について，法律による修正を許容するところにある（三菱樹脂事件［判例4-3］参照）。このような法律には，労働基準法，労働安全衛生法，最低賃金法などがある。

2　労働基本権

（1）労働基本権の意義

憲法は，社会国家的な見地から，経済上劣位に立つ勤労者に対して実質的な自由と平等とを確保するための手段として，労働者の団結権，団体交

渉権および争議権（労働三権）を保障している。もっとも，労働基本権の保障についても，本質的には，労働が自己の人格の発展・形成にも資することが価値として，その背景に前提されていることは留意されなければならない。

　なお，ここにいう勤労者とは，「職業の種類を問わず，賃金，給料その他これに準ずる収入によって生活する者」（労働組合法3条参照）を意味し，ここには公務員も含まれる。けれども，警察職員，消防職員，自衛隊員などは，労働三権のすべてが制約されているし，国家・地方公務員についても，争議権が否定されていることに加え，団結権および団体交渉権が制限されている。

　公務員の労働基本権の制限をめぐり，最高裁のこれまでの判断は，制限の緩和から規制強化に向かった。当初，公務員の労働基本権の尊重確保と国民生活全体の利益の維持増進を比較衡量し，制限は必要最小限にすべきとする全逓東京中郵事件判決［判例7-5］，地方公務員の争議行為禁止規定，処罰規定の双方を厳格に合憲限定解釈した東京都教組事件判決（最大判昭和44年4月2日刑集23巻5号305頁）など，公務員の労働基本権保障に積極的な判決が続いたが，全農林警職法事件［判例7-6］で最高裁は，公務員の地位の特殊性と職務の公共性を強調し，一律の規制と刑事罰による制裁を合憲と判断した。これ以後，最高裁のこのような立場は維持されてきた（岩手県教組学力テスト事件［最大判昭和51年5月21日刑集30巻5号1178頁］，全逓名古屋中郵事件［最大判昭和52年5月4日刑集31巻3号182頁］など）。

（2）刑事免責と民事免責

　労働基本権の保障は，国家に対してのみならず，使用者に対しても妥当する。このことから，①国は，正当な争議行為を刑事制裁の対象としてはならないこと（刑事免責。労働組合法1条2項参照），②労働基本権を制約するような使用者との労働契約は無効となり，使用者が事実行為によって制約した場合には不法行為を構成すること，③正当な争議行為は，債務不履行や不法行為責任を生じないこと（民事免責。労働組合法7条および8条参照）などが帰結される。

　また，採用後一定期間内に労働組合に加入しない者や，脱退者，除名

者を解雇する労使協定（ユニオン・ショップ協定）の問題（最一判平成元年12月14日民集43巻12号2051頁）や政治目的のために行われる政治ストのうち，正当な争議行為に当たる部分があるのではないか，といった問題が指摘されている。

判例 7-1

争点

社会経済政策としてなされる営業規制の合憲性とその審査基準— 小売市場[*1]事件

事案

小売商業調整特別措置法3条1項（なお，同法施行令1条，2条及び別表1，2も参照）は，政令で指定する地域内の建物については，都道府県知事の許可を受けた者でなければ，小売市場を開設することができない旨定めている。同法5条1号は，右許可の基準として，「当該小売市場が開設されることにより，当該小売市場内の小売商と周辺の小売市場内の小売商との競争又は当該小売市場内の小売商と周辺の小売商との競争が過度に行われることとなりそのため中小小売商の経営が著しく不安定となるおそれがあること」と定め，これを受けて，大阪府では，700mの距離制限を含む基準を内規として設けていた。被告人は，府知事の許可を受けずに，小売市場を開設したため，起訴された（なお，同法22条1号に罰則規定がある）。1審は有罪とし，控訴審も控訴を棄却したため，被告人が上告した。

判旨

＜上告棄却＞（1）職業選択の自由には，営業の自由も包含されるが，職

[*1] **小売市場**：小売市場とは，一の建物であって，その建物内の店舗面積の大部分が五十平方メートル未満の店舗面積に区分され，かつ，十以上の小売商の店舗の用に供されるものをいう（小売商業調整特別措置法3条1項参照）。築地市場のような卸売市場とは異なることに注意。

業選択の自由といえども公共の福祉に基づく制約に服する。(2) 個人の経済活動に対する法的規制は，①「個人の自由な経済活動からもたらされる諸々の弊害が社会公共の安全と秩序の維持の見地から看過することができないような場合に，消極的に，かような弊害を除去ないし緩和するために必要かつ合理的な規制」と，②「積極的に，国民経済の健全な発達と国民生活の安定を期し，もって社会経済全体の均衡のとれた調和的発展を図るために」，必要かつ合理的な範囲にとどまる一定の規制措置が許容される。(3) 社会経済の分野においてどのような規制を行うかは，主として立法政策の問題であって，「裁判所は，立法府の右裁量的判断を尊重するのを建前とし，ただ，立法府がその裁量権を逸脱し，当該法的規制措置が著しく不合理であることの明白である場合に限って」違憲となる。(4) 小売商業調整特別措置法所定の小売市場の許可規制は，「国が社会経済の調和的発展を企図するという観点から中小企業保護政策の一方策としてとった措置ということができ，その目的において，一応の合理性を認めることができないわけではなく，また，その規制の手段・態様においても，それが著しく不合理であることが明白であるとは認められない」（最大判昭和47年11月22日刑集26巻9号586頁）

判例 7-2

争点

薬局開設を許可制にすること，および許可基準として距離規制を設けることの合憲性—薬局距離制限事件

事案

昭和38年の薬事法改正により，薬局開設の許可基準として，同法6条2項に薬局の配置が適正を欠く場合には許可を与えない旨の規定が置かれ，4項で適正配置の基準につき都道府県条例に委任することと定められた。Xは，本件改正の施行直前に，広島県知事Yに対し，医薬品一般販売業の

許可を申請した。その後，広島県は「薬局等の配置の基準を定める条例」を制定し，Xの申請は，これらの法令に基づいて不許可となった。1審は，Yの処分を取り消し，Yが控訴した控訴審では，原判決が取り消され，Xの請求を棄却したため，Xが上告した。

判旨

＜原判決破棄・控訴棄却＞　判決は，憲法22条1項にいう職業選択の自由には職業遂行の自由が含まれることを示したうえで，次のように説示した。(1) 職業に対する規制は，その目的も社会政策及び経済政策上の積極的なものから，消極的なものに至るまで千差万別で，その重要性も区々にわたり，実際の制限のあり方も専売制から業態の規制まで，それぞれの事情に応じて各種各様の形をとるので，具体的な規制措置の合憲性については，「規制の目的，必要性，内容，これによって制限される職業の自由の性質，内容及び制限の程度を検討し，これらを比較考量」して判断する。その際，裁判所は，立法裁量を尊重すべきであるが，立法裁量の範囲は，「事の性質上おのずから広狭があり[…]具体的な規制の目的，対象，方法等の性質と内容に照らして」，判断する。(2)「一般に許可制は，[…]職業の自由に対する強力な制限であるから，[…]原則として，重要な公共の利益のために必要かつ合理的な措置であることを要し，また，それが社会政策ないしは経済政策上の積極的な目的のための措置ではなく，自由な職業活動が社会公共に対してもたらす弊害を防止するための消極的，警察的措置である場合には，許可制に比べて職業の自由に対するより緩やかな制限である職業活動の内容及び態様に対する規制によっては右の目的を十分に達成することができないと認められることを要する」。(3)「不良医薬品の供給[…]から国民の健康と安全とをまもるために，[…]許可制を採用したことは，それ自体としては公共の福祉に適合する目的のための必要かつ合理的措置として肯認することができる」。(4)「適正配置規制は，主として国民の生命及び健康に対する危険の防止という消極的，警察的目的のための規制措置であ」るところ，この目的自体は重要な公共の利益であるが，そのために距離制限を行うことは，不良医薬品の供給の防止等の目的のために必要かつ合理的な規制を定めたものということができない。（最大判昭和50年4月30日民集29巻4号572頁）

判例 7-3

争点

共有林の分割を制限する森林法186条の合憲性
── 森林法共有林分割請求事件

事案

兄弟であるX，Yは，その父が所有する森林の2分の1の持分を贈与された。その後，YがXの反対を無視して，共有立木の伐採・搬出を行ったため，Xが，現物分割の方法による共有森林の分割と損害賠償を請求したところ，Yが森林法186条に基づいて抗弁したので，Xが同条は憲法29条に反すると反論した。

判旨

＜破棄差戻＞　(1)憲法29条は，「私有財産制度を保障しているのみでなく，社会的経済的活動の基礎をなす国民の個々の財産権[…]を[…]保障する。(2)「財産権に対して加えられる規制が憲法29条2項にいう公共の福祉に適合するものとして是認されるべきものであるかどうかは，規制の目的，必要性，内容，その規制によって制限される財産権の種類，性質及び制限の程度等を比較考量して決すべき」だが，裁判所は，「立法の規制目的が[…]公共の福祉に合致しないことが明らかであるか，又は規制目的が公共の福祉に合致するものであっても規制手段が右目的を達成するための手段として必要性若しくは合理性に欠けていることが明らかであって，そのため立法府の判断が合理的裁量の範囲を超えるものとなる場合に限り」違憲となる。(3)「共有物分割請求権は，[…]共有の本質的属性として，持分権の処分の自由とともに，民法において認められるに至ったものである。したがって，[…]分割請求権を共有者に否定することは，憲法上，財産権の制限に該当」する。(4)森林法186条の立法目的は，森林経営の安定，森林の保続培養，生産力の増進などであり，公共の福祉に適合しないことが明らかであるとはいえないが，だからといって，分割請求権を否定することは，その立法目的との関係で合理性と必要性のいずれも肯定することができない。（最大判昭和62年4月22日民集41巻3号408頁）

判例 7-4

争点
憲法の定める生存権の法的性質——朝日訴訟上告審

事案
Xは，生活保護法に基づく医療扶助・生活扶助を受けていたが，実兄より仕送りを受けることなったため，仕送りのうち，日用品費の月額を控除した額を医療費の一部として自己負担とする保護変更決定をうけた。Xは，日用品費の額が少なすぎるとして，不服申立てをしたが，却下されたため裁決の取消しを求める訴えを提起した。1審では請求が認容されたものの，控訴審では請求が棄却され，Xが上告した。Xが上告中に死亡したために相続人が訴訟承継を申し立てた。

判旨
＜訴訟終了＞ 最高裁は，訴訟の承継は認めなかったものの，「なお，念のため」として，生活扶助基準の適否について，次のように言及した。(1)憲法25条1項所定の健康で文化的な最低限度の生活を営む権利は，直接個々の国民に対して具体的権利を賦与したものではなく，具体的権利としては，憲法の規定の趣旨を実現するために制定された生活保護法によって，はじめて与えられ，生活保護法によれば，この権利は，厚生大臣が最低限度の生活水準を維持するにたりると認めて設定した保護基準による保護を受け得ることにある。(2)「厚生大臣の定める保護基準は，〔…〕憲法の定める健康で文化的な最低限度の生活を維持するにたりるものでなければならない」。しかし，「何が健康で文化的な最低限度の生活であるかの認定判断は，〔…〕厚生大臣の合目的的な裁量に委されており，その判断は，当不当の問題として政府の政治責任が問われることはあつても，直ちに違法の問題を生ずることはない。ただ，「現実の生活条件を無視して著しく低い基準を設定する等憲法および生活保護法の趣旨・目的に反し，法律によって与えられた裁量権の限界をこえた場合または裁量権を濫用した場合には，違法な行為として司法審査の対象となることをまぬがれない」。(3)本件の場合，「厚生大臣の認定判断は，与えられた裁量権の限界をこえまたは裁量権を濫用した違法があるものとはとうてい断定することができない」（最

大判昭和42年5月24日民集21巻5号1043頁)

判例 7-5

争点
郵便局職員の争議行為禁止規定の合憲性— 全逓東京中郵事件

事案
昭和33年の春闘に際し，全逓信労働組合の役員(8名)が東京中央郵便局で勤務時間に食い込む職場集会に参加するよう呼びかけ，組合員に職場を離脱させたとして，郵便法違反で起訴された。第1審は労働組合法を適用して被告を無罪としたが，第2審は公共企業体等の職員は争議権を否定され，その正当性いかんを論ずる余地はないとして，破棄差戻の判決を下したため，上告した。

判旨
「公務員またはこれに準ずる者については，[労働基本権は]私企業の労働者と異なる制約を内包しているにとどまると解すべきである。労働基本権を尊重確保する必要と国民生活全体の利益を維持増進する必要とを比較衡量して，[…]その制約は，合理性の認められる必要最小限にとどめなければならない。[…]労働基本権の制限は，勤労者の提供する職務または業務の性質が公共性の強いものであり，したがつてその職務または業務の停廃が国民生活全体の利益を害し，国民生活に重大な障害をもたらすおそれのあるものについて，これを避けるために必要やむを得ない場合について考慮されるべきである。[…]労働基本権の制限違反に伴う法律効果，すなわち，違反者に対して課せられる不利益については，必要な限度をこえないように，十分な配慮がなされなければならない。とくに，勤労者の争議行為等に対して刑事制裁を科することは，必要やむを得ない場合に限られるべき」である。(最大判昭和41年10月26日刑集20巻8号901頁)

判例 7-6

争点

公務員の労働基本権の制限・禁止（国家公務員法第98条2項および国家公務員法第110条1項17号）の合憲性— 全農林警職法事件

事案

昭和33年10月，労働者の団体行動を抑圧する危険性が大きい警察官職務執行法改正案が国会に提出され，全国的な反対運動が展開された。これに参加する全農林労働組合の幹部は，農林省職員に正午出勤の指令を発し，職場大会への参加を促すなどしたことから，国家公務員法違反で起訴された。第1審は，被告人らの行為が強度の違法性を帯びない限り国家公務員法違反とはならず無罪としたが，第2審では一転，本件争議行為を「政治スト」とみなし，有罪判決を下したため，上告した。

判旨

＜上告棄却＞「公務員の地位の特殊性と職務の公共性にかんがみるときは，これを根拠として公務員の労働基本権に対し必要やむをえない限度の制限を加えることは，充分合理的な理由があるというべきである。けだし，［…］公務員が争議行為に及ぶことは，その地位の特殊性および職務の公共性と相容れないばかりでなく，多かれ少なかれ公務の停廃をもたらし，その停廃は勤労者を含めた国民全体の共同利益に重大な影響を及ぼすか，またはその虞れがあるからである。［…］公務員の給与をはじめ，その他の勤務条件は，私企業の場合のごとく労使間の自由な交渉に基づく合意によって定められるものではなく，原則として，国民の代表者により構成される国会の制定した法律，予算によって定められることとなっているのである。その場合，使用者としての政府にいかなる範囲の決定権を委任するかは，まさに国会みずからが立法をもって定めるべき労働政策の問題である。［…］違法な争議行為をあおる等の行為をする者は，違法な争議行為に対する原動力を与える者として，単なる争議参加者にくらべて社会的責任が重いのであり，また争議行為の開始ないしはその遂行の原因を作るものであるから，かかるあおり等の行為者の責任を問い，かつ，違法な争議

行為の防遏を図るため，その者に対しとくに処罰の必要性を認めて罰則を設けることは，十分に合理性があるものということができる。」(最大判昭和48年4月25日刑集27巻4号547頁)

第8章

人身の自由，法定手続の保障，国務請求権

本章の狙い

日本国憲法は，自由権に属する人権として，精神的自由，経済的自由のほかに，人身の自由を保障している。本章では，人身の自由の保障が意味するところを確認した上で（Ⅰ），その保障をより確かなものとするための，法定手続の保障（Ⅱ），特に，刑事手続の保障を中心としてみてゆく（Ⅲ，Ⅳ，Ⅴ，Ⅵ）。また，本章では，これとの関係において，国務請求権についても，ここで補足的に解説する（Ⅶ）。

Ⅰ 人身の自由

　人身の自由とは，人の身体に対する自由であり，特に身柄が拘束されていない状態のことをいう。人身の自由は，自由の基礎をなしており，人は，その保障なくして，精神活動や経済活動を自由に行うことができない。歴史的には，国家は，国家権力，とりわけ捜査権・刑罰権を行使することにより，人身の自由を不当に侵害することが少なくなかった。恣意的なまたは誤りによる逮捕や処罰などは，その典型例である。こうした歴史に直面して，近代立憲主義国家では，人身の自由を，法とりわけ憲法で保障するようになった。

　日本国憲法も，人身の自由を憲法で保障することを前提として，「逮捕」「抑留」「拘禁」に対して刑事手続的保障を定めている（憲法33条，34条）が，それに加え，（1）奴隷的拘束や（2）意に反する苦役を禁止している（憲法18

条)。

（1）奴隷的拘束の禁止

「奴隷的拘束」とは，身体を拘束して，人の人格を蹂躙する状態におくことをさす。こうした扱いは，人の尊厳に反する非人道的な行為であって，国家のみでなく，私人に対しても，絶対的に禁止される（本人の同意があっても許されない。例えば，奴隷的拘束を内容とする契約は，公序良俗（民法90条）に反するものとして無効となる）。戦前の日本でも，労働者を一定の場所（いわゆる「たこ部屋」）に隔離して監禁状態に置き，劣悪な環境の下で，土木工事や鉱物の採掘のために酷使する例がみられたし，現代日本でも，こうした問題とは決して無縁ではない（現代日本において，人身売買の問題は，極めて憂慮すべき問題である）。

（2）意に反する苦役の禁止

「意に反する苦役」とは，本人の意に反して，①役務に従事させること（広義説），または②通常人からみて普通以上に苦痛を感じられる役務に従事させること（狭義説）をいう。こうした「意に反する苦役」を課することは禁止されるが，憲法は，「犯罪に因る処罰」の場合には，それを例外的に許している。したがって，懲役刑（刑法9条）に際して，刑務所で受刑者に労役を課すことは許される。

これに対して，国民に兵役義務を課し，強制的に軍事的役務に従事させることが，「意に反する苦役」であるか否か，しばしば問題とされてきた。上記の定義（①広義説）による限り，兵役を義務づけることは，「意に反する苦役」に該当することにならざるを得ない（政府は，このような論理によっている。参照，1981（昭和56）年3月10日衆議院森清議員質問主意書に対する政府答弁書）。これに対しては，外国憲法との比較や国際法（市民的及び政治的権利に関する国際規約（8条））との整合性の観点からして，兵役が「苦役」（または「強制労働」）に該当すると解するのは一般的ではないなどの批判がある。

II　法定手続の保障

　日本国憲法は，「何人も，法律の定める手続によらなければ，その生命若しくは自由を奪はれ，又はその他の刑罰を科せられない」（憲法31条）と定めている。この規定は，法定手続の保障という一般的な原則を定めるもので，アメリカ合衆国憲法5条および14条の影響を受けて成立した。そこでは，「法の適正な手続（due process of law）によらないで，生命，自由又は財産を奪われることはない」と定められ，日本国憲法31条とほとんど同じである。細かくみると，①「適正な（due）」，「財産（property）」という文言がある点，および②「その他の刑罰」という文言がない点で，日本国憲法31条と違っているに過ぎない（もっとも，こうした文言の微妙な違いがあるため，なおさら，アメリカ合衆国憲法5条および14条の解釈をそのまま参照してよいものかが問題となる）。

（1）法定手続の保障と行政手続

　法定手続を保障する憲法31条は，直接には，刑罰による，生命・自由の制限・剥奪にかかわる規定である。しかし，刑罰権の行使に対してだけではなく，行政活動に対して広く手続保障を徹底させるべきことに次第に関心が寄せられるようになると，行政上の措置として人権を制限すること（精神病患者の強制入院措置など）にも，その規定が適用または準用されるかが問題とされるようになった。

　否定説は，刑罰（または刑罰に準ずる方法）による生命・自由の制限・剥奪に対してのみ，憲法31条が適用されるものとみる。①「その他の刑罰」という文言からすれば，その前にある，「その生命若しくは自由を奪はれ」の部分も，刑罰に関することを意味しているとみるのが自然であること，②アメリカ憲法5条や14条では，「刑罰」という文言が使われていないのに対して，日本国憲法31条には「刑罰」という文言が特に定められていること，③行政上の措置についても「法律の定める手続」によるべきことは，他の条文（憲法13条）を根拠にすれば十分であること，④本条は，刑事手続を定めた一連の規定（憲法33条以下）の冒頭におかれていること，などを根拠とする。

しかし，最高裁は，こうした否定説には立っていない。むしろ，「憲法31条の定める法定手続の保障は，直接には刑事手続に関するものであるが，行政手続については，それが刑事手続ではないとの理由のみで，そのすべてが当然に同条による保障の枠外にあると判断することは相当ではない」として，憲法31条が行政手続にも適用または準用されうることを認めた。もっとも，行政手続は刑事手続と性質が違うし，行政目的に応じて多種多様であるから，行政処分の相手方に，常に事前の「告知，弁解及び防禦の機会」を与えなくてはならないわけではないとされた（最大判平成4年7月1日民集46巻5号437頁［判例8-1］を参照）。

　また，税務行政上の検査・質問の手続が問題となった川崎民商事件で，最高裁は，ある手続が刑事責任の追及を目的とするか否かという点のみでなく，その手続が，実質的にみて刑事責任追及のための資料の取得収集に直接結びつく作用を一般にもつか否か，また，手続における強制の様態やその利益の均衡という要素を総合的に勘案して，令状主義（憲法35条1項）の要請が及ぶかどうかを決するべきであるとした（最大判昭和47年11月22日刑集26巻9号554頁［判例8-2］。また，前掲最大判平成4年7月1日も参照）。このような判断は，憲法31条のみでなく，憲法35条1項の保障も，場合により，行政手続に及ぶことがあり得ることを示している。

　このように最高裁は，本来刑事手続に関わる憲法31条および35条1項が，行政手続にも適用または準用される可能性を認めるようになった。

　こうしたなか，1993（平成5）年には，行政手続を一般的に定めた行政手続法が整備され，「不利益処分」（行政手続法2条4号）の相手方には，原則として，理由を提示し（行政手続法14条），聴聞（行政手続法13条1項1号および15条以下）または弁明（行政手続法13条1項2号および29条以下）の機会を設けなくてはならないこととされた。このような法律は，行政上の措置による生命，自由さらには財産の制限・剥奪にも，広く法定手続の保障の趣旨を及ぼすものである。

（2）法定手続の保障と刑事手続

　(1)で概観したように，憲法31条は，行政手続にも適用または準用される。しかし，直接には，刑罰（または刑罰に準ずる方法）による生命・自由

の制限・剥奪にかかわる規定である点には異論はない。以下，その意味を明らかにしてゆく。

　憲法31条にいう「法律の定める手続によらなければ，[…]ならない。」とは，文言を素直に読めば，刑事手続が法律で定められていなくてはならないことのみを意味しているようにもみえる（手続法定説）。しかし，学説には，刑事手続が法律で定められているだけではなく，犯罪と刑罰の実体，すなわち，いかなる行為が犯罪となり，いかなる刑罰を科せられるかを定める規範が法律で定められていなくてはならないという原則（罪刑法定主義）をも意味しているとみる説（手続・実体法定説），刑事手続および犯罪と刑罰の実体の両方が法律で定められ，かつ，前者の内容が適正でなければならないと解する説（手続・実体法定，適正手続説），さらには，刑事手続および犯罪と刑罰の実体の両方が法律で定められ，かつ，その両方の内容が適正でなければならないと解する説（適正手続・適正実体法定説）まで諸説があり，他の説も有力ではあるが，最後に挙げた説が通説である。

　「手続」に犯罪と刑罰の実体が含まれるとみるのは，①日本国憲法制定時の審議においてすでに，「手続」という文言が，刑事手続のみでなく，犯罪と刑罰の実体を意味するものと説明されており，②刑事手続において適用される規範である点で，実体法も「手続」に含めることができないわけではないからである。

　また，その「手続」の内容が「適正」であることまでが求められるのは，①アメリカ合衆国憲法5条および14条では，「適正な（due）」という文言が使われて，法の内容の適正さも求められており，憲法31条も，アメリカ憲法と同様の意味で解釈できること，しかも，②基本的人権の保障を十全ならしめるためには，「手続」の内容の「適正」までが要請されているとみるべきであるからである。

　本書では，適正手続・適正実体法定説にしたがって，以下，Ⅲ〜Ⅵのなかで，刑事司法に関して，法定手続の保障の具体的意味を概説してゆくことにする。

	法定（法律で定めなくてはならない）	適正（内容が適正でなければならない）
犯罪と刑罰の実体	Ⅲ　刑事実体法の法定	Ⅳ　刑事実体法の適正
犯罪を捜査し刑罰を科する手続	Ⅴ　刑事手続法定主義	Ⅵ　刑事手続法の適正

Ⅲ　刑事実体法の法定 ──罪刑法定主義

　「法律なければ犯罪なし」，「法律なければ刑罰なし」という意味での罪刑法定主義とは，大陸法的な近代刑法の大原則である。この原則によれば，法律で定めた行為のみが犯罪となり，法律の定めた範囲内でのみ刑罰を科されることになる。明治憲法は，「日本臣民ハ法律ニ依ルニ非スシテ逮捕監禁審問処罰ヲ受クルコトナシ」（明治憲法23条）と定め，罪刑法定主義を明らかにしていたが，日本国憲法も罪刑法定主義の原則を採っていることについて異論がない。ただし，罪刑法定主義が憲法のどの条文を根拠とするかについては，学説では，見解の違いがみられ（憲法13条説，憲法31条説，不文の法理説など），理論的には重要であるが，余り実益は大きくない。

　罪刑法定主義の意義は，大きくみると，二つある。一つは，いかなる行為をしたら犯罪として処罰されるのかを，公示された法律をみることによって前もって予測し，人々は処罰を避けるべく自らの行為を調整することができることである。また，国家の刑罰権の行使のあり方を法律に服させることにより，恣意的な処罰を防止することもできる。こうしたことは，人々が自由に活動できるために必須の条件である（自由主義的要請）。もう一つは，犯罪と刑罰の決定に，国民代表者から構成される国会の関与を確保することである。何をしたら犯罪になり，どのような刑罰を科されるかということは，政治的に重要な決定である。罪刑法定主義は，そのような決定が国民代表者によってなされることを担保する（民主主義的要請）。

　こうした罪刑法定主義に従って，犯罪と刑罰の実体が法律によって定められている。その代表的な法律が，六法の一つである刑法である。もっとも，憲法には，法律の委任がある場合に政令で罰則を定めることが定められており（憲法73条6号但書），憲法自体が，罪刑法定主義の例外を認めて

いる。罰則の制定を命令に委ねることにメリットもあるが、それを無条件に許してしまえば、罪刑法定主義が意味を失ってしまう。こうした点に鑑みて、罰則制定の委任は、白紙委任・包括的委任であってはならないと一般に解されている。

なお、罪刑法定主義に由来する原則として、憲法には、事後法の禁止・遡及処罰の禁止（憲法39条前段）[*1]が明文化されているに止まるが、刑法を解釈する際には類推解釈をしてはならないこと（類推解釈の禁止）、絶対的不定期刑の禁止なども、そこに含まれる。

IV 刑事実体法の適正

犯罪と刑罰に関する法は、法律で定められているだけでなく、その内容が適正でなければならない。憲法は、刑法に定められているような刑事実体法の内容の適正さについて、一定の基準を置いている。

（1）刑罰法規明確性の原則

罪刑法定主義に従って法律で定めるべき刑罰法規は、明確に定められていなくてはならず、または曖昧で不明確なものであってはならない。判例によれば、通常一般人の判断能力によれば、具体的場合に、その行為が禁止されているかを判断することができるような基準がその刑罰規定から読み取ることができれば、明確性に欠けることはないとされている（最大判昭50年9月10日刑集29巻8号489頁。また参照、最大判昭和60年10月23日刑集39巻6号413頁）。

（2）罪刑均衡の原則

罪刑均衡の原則とは、犯した犯罪に対して、刑罰が釣り合っているべきであるとする原則である。最高裁は、犯罪に対していかなる刑罰を定める

[*1] **事後法の禁止・遡及処罰の禁止**：その行為がなされた当時は適法であった行為につき、新たに法律を制定し、その行為をさかのぼって犯罪とし、処罰することは許されないということ。罪刑法定主義から派生する原則である。

かについて，国会には一定の立法裁量が認められるが，犯した犯罪に対して刑罰が著しく不合理なものであってはならないと判示したことがある（最大判昭49年11月6日刑集28巻9号393頁）。

（3）残虐な刑罰の禁止

さらに，憲法は，公務員による「残虐な刑罰」を絶対に禁止している（憲法36条）。「残虐な刑罰」とは，「不必要な精神的，肉体的苦痛を内容とする人道上残酷と認められる刑罰」をいう（最大判昭和23年6月30日刑集2巻7号777頁）。

死刑が，こうした意味での「残虐な刑罰」といえるかにつき，根本的な争いがある。最高裁は，すでに1948年の判決のなかで，生命の剥奪をも予定している憲法13条および31条を根拠として，死刑制度自体が直ちに憲法に反するわけではないとした上で，その執行の方法等が，火あぶり，はりつけ，さらし首などのように，その時代と環境とにおいて人道上の見地から一般に残虐であると認められる場合はさておき，絞首刑（現在，死刑は，絞首刑の方法による（刑法11条1項））は残虐な刑罰にあたらないとしている（最大判昭和23年3月12日刑集2巻3号191頁［判例8-4］）。

V　刑事手続法の法定　──刑事手続法定主義

憲法31条は，刑事手続，すなわち犯罪を捜査し刑罰を科する手続を法律で定めることを求めている（刑事手続法定主義）。こうした規定を受けて，刑事訴訟法は，犯罪の捜査，公訴の提起（起訴），刑事裁判および裁判の執行に至るまでの一連の手続を，法律で定めている。

VI　刑事手続法の適正

刑事手続の内容が適正であることも，憲法31条により求められる。一般論としていえば，権利の制限または剥奪など不利益を受ける者に，告

知・聴聞(notice and hearing)の機会が与えられることが必要不可欠である。最高裁は，第三者所有物没収事件において，「告知，弁解，防禦の機会」という表現を使って，そのような理を明らかにしている(参照，最大判昭和37年11月28日刑集16巻11号1593頁[判例8-3])。

さらに，日本国憲法は，適正な刑事手続が備えるべき具体的内容を，諸外国の憲法にも増して詳しく定めている。ここでは，被疑者に対してもされる捜査の段階，検察官による公訴提起の後，被告人が関与する公判の段階を分けて，適正な刑事手続が備えるべき内容を説明する。

1　捜査における刑事手続法の適正

(1) 逮捕令状主義 (憲法33条)

罪を犯したと疑うに足る相当な理由がある者を，被疑者として逮捕することが必要になることがある。被疑者が逃亡し，または証拠を隠滅してしまうことを防ぐことを要するからである。そこで法律は，その必要を認め，「罪を犯したことを疑うに足りる相当な理由」があるときに被疑者を逮捕できることにした(刑事訴訟法199条1項(通常逮捕))。しかし，逮捕は，人身の自由を著しく制限するものであるから，逃亡や証拠隠滅のおそれがないなど，逮捕の必要がないことが明らかな場合には，逮捕は許されない(刑事訴訟法199条2項但書，刑事訴訟規則143条の3を参照)。

憲法は，このような逮捕の制度を前提とした上で，「何人も，[…] 権限を有する司法官憲が発し，且つ理由となつてゐる犯罪を明示する令状によらなければ，逮捕されない」(憲法33条)と定め，逮捕令状主義を明らかにした。こうした主義を採用することで，逮捕の理由と必要性が本当に備わっているか否かを，「司法官憲」に公正な視点から事前に判断させ，もって，誤認逮捕や不当逮捕を予防しようとしたのである。ここでいう「司法官憲」とは，裁判官を指し，検察官がそれに含まれないことに現在ではほぼ一致がある(刑事訴訟法199条も参照)。

もっとも，現行犯の場合には，例外的に令状がなくても逮捕することができる(憲法33条，刑事訴訟法212条1項，213条)。被疑者が罪を犯したことが明らかで，誤認逮捕のおそれが少ないからである。また，法律によれ

ば，準現行犯逮捕[*2]の場合にも，現行犯の場合と同様に逮捕令状が必要とされない他（刑事訴訟法212条2項，213条），緊急逮捕[*3]の場合には，逮捕後直ちに令状の発付を求めれば足りる（刑事訴訟法210条1項）。したがって，法律では，事前の令状なくして逮捕できる場合が，広く認められていることになる。これら逮捕の制度の合憲性がかねてより大きく問題とされてきたが，最高裁によれば，緊急逮捕は，厳格な制約の下，重大犯罪について緊急やむを得ない場合に限って許容され，しかも，事後的に逮捕令状を求めることが要請されているから，憲法33条の趣旨に反しないとした（最大判昭和30年12月14日刑集第9巻13号2760頁）。

（2）弁護人依頼権，抑留・拘禁理由の告知（憲法34条）

憲法は，一時的な人身拘束（抑留）または継続的な人身拘束（拘禁）を受ける者に，その理由を告げることを求め，また，弁護人依頼権を保障している（憲法34条前段。被疑事実の要旨および弁護人選任権の告知につき，刑事訴訟法203条1項，204条1項）。このような弁護人依頼権の保障は，被疑者が公訴提起前の捜査の段階で，抑留または拘禁を受ける際に特に意味をもつ（なお，公訴提起後には，被告人は，いかなる場合にも，資格ある弁護人を依頼できる（憲法37条3項））。弁護人依頼権は，被疑者が弁護人を依頼することを官憲が妨害してはならないことのみでなく，弁護人から援助を受ける機会を実質的に保障するものである（最大判平成11年3月24日民集53巻3号514頁）。

このような弁護人依頼権は，接見交通権[*4]をも含むものと解されるが，法律では，公訴提起前に限り，接見の日時，場所および時間を捜査機関が一方的に指定することが許されており（刑事訴訟法39条3項。その但書では，

[*2] **準現行犯逮捕**：罪を行い終わってから間がないと明らかに認められ，かつ，罪を犯した蓋然性が極めて高い者として要件が法定されている者（犯罪に使った凶器をもっている，返り血を浴びているなど）に対して，現行犯の場合と同様に，令状なくしてすることができる逮捕（刑事訴訟法212条2項）。

[*3] **緊急逮捕**：①重大犯罪（死刑または無期もしくは長期3年以上の懲役もしくは禁錮）を犯したことを，②疑うに足りる充分な理由があり，かつ，③緊急を要する場合に，④逮捕の後に令状の発付を求めることを条件に，事前の令状なくしてすることができる逮捕（刑事訴訟法210条1項）。

[*4] **接見交通権**：身体の拘束を受けている被疑者または被告人と弁護人が，立会人なしに秘密に弁護人と接見することのできる権利。刑事訴訟法39条1項で，その権利が保障されている。

「その指定は，被疑者が防禦の準備をする権利を不当に制限するようなものであつてはならない。」とされる），かかる制限が弁護人依頼権を侵害するか否かが問題となる。最高裁によれば，接見指定の規定は，接見交通権の保障と捜査権の行使の合理的調整をはかったものと位置づけられ，その規定を憲法に反しないものとした（前掲最大判平成11年3月24日）。逮捕直後の初回接見は，接見交通権の保障にとって，より重要な意味をもつことになろう（参照，最三判平成12年6月13日民集54巻5号1635頁）。

また，憲法は，「何人も，正当な理由がなければ，拘禁されず，要求があれば，その理由は，直ちに本人及びその弁護人の出席する公開の法廷で示されなければならない」と定める（憲法34条後段）。これを受けて，刑事訴訟法では，被告人等の請求があれば，勾留（拘禁の一種）の理由を，公開の法廷で開示しなくてはならず（刑事訴訟法82条以下），勾留の理由または必要がなくなった場合には，裁判所は，請求に基づいて勾留を取り消さなくてはならない（刑事訴訟法87条1項）。

ところで，これとは別に，人身保護法が制定されている。この法律は，「国民をして，現に，不当に奪われている人身の自由を，司法裁判により，迅速，且つ，容易に回復せしめること」を目的とし（1条），刑事上の拘束であるか否か，国家による拘束であるか否かも問わず，不法な拘束全般に対して人身の自由を救済する途を開いている。

（3）捜索押収令状主義（憲法35条）

人の私生活は，住居を基礎として形成され，発展してゆく。それゆえ，住居の不可侵が守られることは，私生活の根幹を確保することを意味し，広義のプライバシーの一環をなす。近代憲法は，その人権宣言のなかで，住居の不可侵を保障する規定を設けてきたし，明治憲法もこうした規定をもっていた（「日本臣民ハ法律ニ定メタル場合ヲ除ク外其ノ許諾ナクシテ住所ニ侵入セラレ及捜索セラル，コトナシ」（明治憲法25条））。

日本国憲法は，「何人も，その住居，書類及び所持品について，侵入，捜索及び押収を受けることのない権利は，第33条の場合を除いては，正当な理由に基いて発せられ，且つ捜索する場所及び押収する物を明示する令状がなければ，侵されない」（憲法35条1項）と定め，捜索または押収のた

めの令状は,「権限を有する司法官憲」が発することとした (2項)。こうした規定は,住居を中心とした私生活の領域の不可侵を保障することを前提とした上,令状主義を採用することによって,捜索および押収の理由や必要性を,「権限を有する司法官憲」に事前にチェックさせ,もって捜索押収が不当または過剰にわたらないようにするものである。

なお,捜索押収の対象が,概括的・包括的であれば,捜査権が濫用され過剰な権利制限がなされうることになるから,令状の記載の上で,捜索場所または押収物を明示し特定することが要求される。捜索押収令状が捜索場所および押収物の明示を欠く場合には,憲法35条違反となる(違憲主張が認められなかった例として,例えば,参照,最大判昭和33年7月29日刑集12巻12号2776号)。

しかし,こうした捜索押収令状主義には例外があり,「憲法33条の場合」には,令状なしに捜索差押が許される。「憲法33条の場合」の意味につき学説に対立があり,現行犯の場合を指すものとする説(現行犯説),現行犯逮捕の場合をさすものとする説(現行犯逮捕説),逮捕の場合を広く指すものと解する説(逮捕説)があった。現在の刑事訴訟法は,逮捕説の立場に立ち,逮捕(通常逮捕,現行犯逮捕および緊急逮捕)に際して必要あるときに,無令状で住居等に立ち入って被疑者を捜索し,逮捕現場において証拠物を捜索押収することを許している(刑事訴訟法220条1項)。

ところで,捜索差押令状主義に反して証拠が収集された場合には,その証拠に証拠能力を認めるべきか否かが問題となる。この論点は,違法収集証拠排除法則[*5]を承認するか否かという,より一般的な問題にかかわる。最高裁は,「証拠物の押収等の手続に,憲法35条及びこれを受けた刑訴法218条1項等の所期する令状主義の精神を没却するような重大な違法があり,これを証拠として許容することが,将来における違法な捜査の抑制の見地からして相当でないと認められる場合においては,その証拠能力は否定されるものと解すべきである」と判示し,違法収集証拠排除法則を一般論として認めた(最一判昭和53年9月7日刑集32巻6号1672頁)。もっとも,

---

[*5] **違法収集証拠排除法則**:違法に収集された証拠に刑事訴訟における証拠能力を認めないという法理。アメリカ憲法の下では,憲法上の法理として,判例法上認められている。

最高裁は，違法収集証拠排除法則を，憲法に直接根拠づけるのではなく，基本的には刑事訴訟法の解釈として導き出している。

2　裁判における刑事手続法の適正

（1）自白に関する規律

　被告人が自らの犯罪事実の全部または主要部分を認める供述は，自白といわれる。自白は，「証拠の王」と呼ばれたように，犯罪の立証にとって中心的な地位を占めてきた。しかし，有罪の認定に自白が必ず必要とされた時代には特に，そのような自白を得ようと拷問が行われがちとなり，人の尊厳が踏みにじられたことも少なくなかった。憲法36条が，「公務員による拷問」を絶対に禁止したのは，そのような歴史に鑑みてのことである。憲法は，さらに自白の憲法的規制を進め，次にみるように，①自己負罪拒否特権，②自白法則，③補強法則の定めを置いている（憲法38条1項〜3項）。

①自己負罪拒否特権

　「何人も，自己に不利益な供述を強要されない」（憲法38条1項）。この規定は，自己が刑事責任を追及されるおそれのある事項につき供述を強要されないことを意味し（最大判昭和32年2月20日刑集11巻2号802頁，刑事訴訟法146条も参照），被告人，被疑者および証人に対し，自己負罪拒否特権（priviledge against self-incrimination）を保障するものである。たとえ罪を犯した者にも供述の自由を保障することが，人格尊重のために求められるからである。さらに，法律によれば，被疑者・被告人には，自己の意思に反する供述を拒否する権利が保障されており（刑事訴訟法198条2項，311条1項），その権利は，憲法38条1項が保障する自己負罪拒否特権よりも広い。こうした法律上の権利は，「黙秘権」といわれる。

②自白法則

　「強制，拷問若しくは脅迫による自白」または「不当に長く抑留若しくは拘禁された後の自白」は，証拠とはできない（憲法38条2項）。また，刑事訴訟法では，「その他任意にされたものでない疑のある自白」―例えば，偽計による自白―も，証拠とはできないこととされている（刑事訴訟法319条1

項)。このように任意にされたのではない(疑いのある)自白には、証拠能力を認めないという原則は、自白法則といわれる。

なぜ任意性に欠ける自白には、証拠能力が認められないのであろうか。伝統的には、①強制等により得られた自白は、虚偽の内容である可能性が高いから、それを証拠として認めるべきではない(虚偽排除説)というのがその理由であった。その後、②自己負罪拒否特権をはじめとした人権の保障をより確実にすること(人権擁護説)、③強制等を用いた違法な捜査を防止すること(違法排除説)も、自白法則の根拠として有力となった。

③補強法則

憲法は、「何人も、自己に不利益な唯一の証拠が本人の自白である場合には、有罪とされ、又は刑罰を科せられない」と定めている(憲法38条3項)。本人の自白のみで犯罪を証明できることになると、強制、脅迫等によって得られた虚偽の自白のみによって犯罪事実を認定できることになり、自白強要・自白偏重による人権侵害または誤判のおそれが高まる。それゆえに、刑事裁判で犯罪事実を認定するためには、自白のみでは不十分であり、犯罪事実が真実であることを裏付ける証拠(補強証拠)が、その自白とは別に求められるのである。こうした理を、補強法則という。

ただし、判例によれば、裁判所の公判廷における被告人の自白は、身体の拘束を受けず、強制、拷問等の不当な干渉を受けずに供述されるから虚偽のおそれが低いこと、また、その供述が真実か否かを裁判所が直接吟味できることなどを理由として、補強証拠を要する「本人の自白」には含まれないと判断されている(最大判昭和23年7月29日刑集2巻9号1012頁。ただし、法律では、裁判所の公判廷における被告人の自白にも、補強法則が適用されることが定められている(刑事訴訟法319条2項))。

(2) 証人審問権・喚問権

「刑事被告人は、すべての証人に対して審問する機会を充分に与えられ」る(憲法37条2項前段)。こうして、刑事被告人には、証人審問権・反対尋問権が保障されているので、刑事訴訟では、反対尋問を経ない供述証拠である伝聞証拠には、証拠としての資格が認められない(刑事訴訟法320条1項(伝聞法則))。ただし、その例外も認められている(刑事訴訟法321条以下)。

このように証人審問権を保障することは，被告人に防禦の機会を与えるとともに，証人の供述内容が真実かどうかを慎重に吟味することを可能とする点でも，重要な意味をもっている。

また，憲法は，「刑事被告人は［…］公費で自己のために強制的手続により証人を求める権利を有する」（憲法37条2項後段）と定め，刑事被告人に喚問権を与えている。判例によれば，裁判所は，被告人が申請した証人の全てを喚問する義務を負うわけでなく，その裁判にとって必要な限りで，喚問をすれば足りる（最大判昭和23年7月29日刑集2巻9号1045頁）。

（3）弁護人依頼権

「刑事被告人は，いかなる場合にも，資格を有する弁護人を依頼することができる」（憲法37条3項1文）。被告人には，専門職のサポートを受けて有効な防禦活動ができるようにするために，いつでも，資格ある弁護人を依頼する権利が与えられる（刑事訴訟法30条1項。また，弁護人選任権の告知につき，刑事訴訟法272条1項を参照）。

また，被告人がみずから資格ある弁護人を依頼することができないときは，国がこれを附する（憲法37条3項2文）。法律によれば，貧困などの理由で弁護人を選任することができない被告人には，裁判所は，請求に基づいて国選弁護人を選任する（刑事訴訟法36条）。

（4）一事不再理（または二重の危険の禁止），二重処罰の禁止

「何人も……既に無罪とされた行為については，刑事上の責任を問はれない。又，同一の犯罪について，重ねて刑事上の責任を問はれない。」（憲法39条）。この規定は，すでに刑事責任が問われた者に対して重ねて刑事責任を追及することを禁止するものである。

学説には，この規定が，英米法流の二重の危険（double jeopardy）の禁止[*6]を意味していると解する説（A説：二重の危険説）と，大陸法流の一事不

[*6] **二重の危険の禁止**：訴追を受けたことのある事件と同じ事件につき，その者を再び訴追を受けるという危険にさらすことを禁止する原則。こうした原則を定める規定が，アメリカ合衆国憲法修正5条にある（「何人も，同一の事件について生命又は身体を二重の危険にさらされない。」）。

再理*7 を意味していると解する説（B説：一事不再理説），前段を一事不再理，後段を二重処罰の禁止と解する説（C説：一事不再理・二重処罰禁止説）がある。最高裁は，この規定の意義につき，「元来一事不再理の原則は，何人も同じ犯行について，二度以上罪の有無に関する裁判を受ける危険に曝さるべきものではない，という根本思想に基く」（最大判昭和25年9月27日刑集4巻9号1805頁）と説明し，A説とB説のいずれに立つのかを理論的に明らかにしていない。

憲法39条前段は，刑事訴訟における確定判決で無罪の判決を受けた者に対して刑事責任を追及することを禁止するのに対し，後段は，有罪判決が確定してすでに刑事上の責任が問われた者に対して，再び刑事責任を追及することを禁止するものである。後者は，特に，同一の犯罪行為につき重ねて処罰してはならないという原則（二重処罰の禁止）を意味するが，行政上の不利益処分と刑罰の両方が科されることは，二重処罰の禁止に反しない（運転免許停止処分を受けた後，刑事訴追を受けて有罪判決を言い渡された例として，最一判昭和35年3月10日刑集14巻3号326頁）。

（5）公平な裁判所の迅速な公開裁判を受ける権利

憲法は，「すべて刑事事件においては，被告人は，公平な裁判所の迅速な公開裁判を受ける権利を有する」（憲法37条1項）と定め，被告人に，①公平な裁判所による裁判，②迅速な裁判，③公開裁判を受ける権利を保障した。

①公平な裁判所による裁判

公平な裁判所とは，構成その他において偏りのない裁判所をさす（最大判昭和23年5月5日刑集2巻5号447頁）。こうした要請を満たすように，裁判所の組織や訴訟手続がつくられていなくてはならない。その意味で，裁判官の独立（憲法76条3項）は重要な原則であるが，他にも，裁判官の除斥・忌避（刑事訴訟法20条～25条），裁判機関（裁判所）と訴追機関（検察官庁）の制度的分離（裁判所法および検察庁法を参照）などが法律で予定されている

---

*7　一事不再理：有罪無罪の実体判決または免訴判決が確定した後，同一事件について再審理をすることを禁止する原則。一事不再理違反の起訴がなされたときは，裁判所は，免訴判決をいいわたすべきことになる（刑事訴訟法337条1号）。

ことも無視できない。

また，検察官による起訴状には，裁判官に予断を生じさせるおそれのある書類その他の物を添付してはならず，そのようなおそれのある事実（被告人の前科・前歴など）を記載してもならない（刑事訴訟法256条6項（起訴状一本主義））。裁判官の予断が排除されていなければ，公平な裁判所とはいえないからである。もっとも，起訴状一本主義が憲法上の要請か否かについては，見解の対立がある。

裁判員制度[*8]が採用されたことにより，裁判員の参加によって構成される裁判体による刑事裁判が，公平な裁判所による裁判といえるかが問題となった。最高裁は，裁判員裁判においても，身分保障の下での裁判官の職権行使の独立がなお確保されていること，また，公平性・中立性を確保しうるように裁判員選任手続が裁判員法で配慮されていることなどを挙げて，そのような裁判体による裁判は，憲法37条1項に反しないとしている（最大判平成23年11月16日）。

②迅速な裁判

刑事裁判が著しく遅延することになれば，被告人は，有罪無罪の決定を受けないままとなり，有形無形の不利益を被る。また，時間の経過により証拠が散逸してしまい（証人が事件当時の事実を忘れてしまう，証拠物が失われてしまうなど），被告人が証拠に基づいて有効な防御活動をすることが困難となるし，事案の真相究明も妨げられてしまう。こうした弊害を防止するために，迅速な裁判を受ける権利を被告人に保障する規定が設けられた。

この規定は，迅速な裁判を一般的に保障するために必要な法令を制定し，司法行政上の措置をとることを要請するに止まる規定（いわゆるプログ

[*8] 裁判員制度：地方裁判所で実施される刑事裁判（第1審）のうち，①死刑または無期の懲役・禁錮にあたる罪に係る事件，②法定合議事件であって故意の犯罪行為により被害者を死亡させた罪に係る事件は，裁判員裁判の対象となる（裁判員の参加する刑事裁判に関する法律2条1項）。例えば，殺人，強盗致傷，現住建造物等放火，身の代金目的誘拐および保護責任者遺棄致死などは，裁判員裁判の対象となる。裁判員裁判においては，原則として，裁判官3人と裁判員6人が，事実認定，法令の適用および量刑について，合議で決定を行う（2条2項，6条）。衆議院議員選挙の選挙権者は，原則的に裁判員に選任される資格を有する（13条）。こうした裁判員制度は，司法に対する国民の理解の増進と信頼の向上を目的とするものである（1条）。

ラム規定）と解されたこともあった。しかし，最高裁は，高田事件において，迅速な裁判を受ける権利を「憲法の保障する基本的な人権の一つ」と位置づけた上，その権利保障規定は，個々の刑事事件において，そのような権利が侵害されたと認められる異常な事態が生じた場合には，法令に具体的な根拠規定がなくても，その審理を打ち切るという非常救済手段がとられるべきことを憲法上要請するものであると判断した（最大判昭和47年12月20日刑集26巻10号631頁）。

もっとも，最高裁によれば，裁判が迅速か否かは，裁判の遅延の期間の長短によって画一的に判断されるべきではなく，訴訟遅延の原因がやむを得ないものであるか否か，遅延により侵害される諸利益の程度など諸般の事情を総合的に判断すべきであるとされた（迅速でないと裁判所が判断した事例として，前掲最大判昭和47年12月20日。逆に，迅速でないとはいえないと裁判所が判断した事例として，最一判昭和55年2月7日刑集34巻2号15頁）。

なお，2003（平成15）年には，裁判の迅速化に関する法律が制定され，民刑事事件両方につき裁判の迅速化が目標とされた。この法律では，「第一審の訴訟手続については2年以内のできるだけ短い期間内にこれを終局させ，その他の裁判所における手続についてもそれぞれの手続に応じてできるだけ短い期間内にこれを終局させること」が目標とされ（2条1項），裁判制度および運用の改善が試みられて一定の成果があった。

③公開の裁判

「公開裁判」とは，その対審および判決が公開の法廷で行われるものをいう。裁判の公開原則（憲法82条）は，民刑事裁判に共通の原則である。

VII 国務請求権

国務請求権とは，国家の作為を請求する権利であり，1．刑事補償請求権，2．国家賠償請求権，3．裁判を受ける権利がある（学説によっては，社会権および請願権も，国務請求権として整理するものもある）。

1　刑事補償請求権

　憲法は,「何人も,抑留又は拘禁された後,無罪の裁判を受けたときは,法律の定めるところにより,国にその補償を求めることができる」(憲法40条)と定めている。被告人が,結果的に,刑事裁判で無罪判決を受けたとしても,その者に対してなされた抑留・拘禁が違法となるわけでは必ずしもない。しかし,被告人は,こうした拘束によって有形無形の不利益を被ることになる。そこで,憲法は,衡平の確保のために,その不利益につき「補償」(「賠償」とは異なる)を求めることを憲法上の権利として認めた。現在,刑事補償法が,その権利の内容について具体的な定めを置いている。

2　国家賠償請求権

　明治憲法の下では,国家が不法行為をしたとしても,損害賠償責任を負うことがなかった(国家無答責の原則)。こうした原則は,第二次世界大戦以前にも,世界的にも広くみられた。しかし,日本国憲法は,「何人も,公務員の不法行為により,損害を受けたときは,法律の定めるところにより,国又は公共団体に,その賠償を求めることができる」(憲法17条)と定め,違法な国家活動,特に人権侵害に対して損害賠償請求によって救済を求めることを憲法上の権利として認めた。

　憲法17条が保障する国家賠償請求権は,抽象的な権利であり,法律の定めにより,具体的権利となる。そこで,国家の不法行為に対する損害賠償については,国家賠償法が制定されている。国家賠償請求権の具体的なあり方をどのように定めるかは,基本的に立法政策の問題であるが,憲法17条の国家賠償請求権を過剰に制限して国家の責任を制限する法律は,違憲とされる(郵便法における責任制限規定の合憲性につき,最大判平成14年9月11日民集56巻7号1439頁)。

3　裁判を受ける権利

　憲法は,「何人も,裁判所において裁判を受ける権利を奪はれない」(憲

法32条)と定め，憲法76条以下および法律が定める裁判所において裁判を受けることを，憲法上の権利として保障している。その反面として，国家には，裁判を拒絶することが許されず，その権利を実現するための裁判制度の設営および運用が要請されることになる。

　刑事事件については，公平な裁判所の迅速な公開裁判を受ける権利（憲法37条1項）が特に保障されているから，この規定は，民事事件および行政事件について裁判を受ける権利を保障する点で意味をもっている。

　裁判を受ける権利という場合の「裁判」とは，純然たる訴訟事件——当事者の主張する権利義務の存否を終局的に確定する事件——の裁判のみを意味しているとみる見解（狭義説）があるが（最大決昭和45年12月16日民集24巻13号2099頁），純然たる訴訟事件でなくても，事件・手続の内容および性質によっては，「裁判」に該当しうるものがあるとの見解も有力である（広義説）。

　ところで，現実に裁判を受けるためには，法で権利が保障されているだけでは不十分で，裁判を受ける費用（訴訟費用，経費および弁護士報酬など）を支弁できなくてはならない。また，裁判を受けるためには，裁判にアクセスするための情報も必要不可欠である。こうした必要に応ずるために，2004（平成16）年に総合法律支援法が制定された。この法律に基づいて，独立行政法人として日本司法支援センター（「法テラス」）が設置され，無料法律相談，弁護士費用の立替，情報提供などの業務を実施している。

判例 8-1

争点

行政手続に対して，憲法31条の法定手続の保障が及ぶか
—— 成田新法事件

事案

運輸大臣Yは，昭和54年以降毎年2月に，Xに対して，新東京国際空港の安全確保に関する緊急措置法（成田新法）3条1項に基づいて，空港の規制区域内にあったX所有の工作物（通称「横堀要塞」）を，1年の期間につき，暴力主義的破壊活動の用に供することを禁止する旨の処分をした。Xは，Yを被告として，昭和54年ないし58年に出された本件使用禁止命令の取消しを請求した（控訴審では，60年の処分の取消しの請求を追加した）。第一審および控訴審では，裁判所は，その請求の一部を却下，その余の部分を棄却した。Xは，成田新法3条1項1，2号，3項が，憲法31条，35条等に違反し，違憲無効であるから，それに基づく本件使用禁止命令も，違憲無効であると主張して，上告した。

判旨

「憲法31条の定める法定手続の保障は，直接には刑事手続に関するものであるが，行政手続については，それが刑事手続ではないとの理由のみで，そのすべてが当然に同条による保障の枠外にあると判断することは相当ではない」。「しかしながら，同条による保障が及ぶと解すべき場合であっても，一般に，行政手続は，刑事手続とその性質においておのずから差異があり，また，行政目的に応じて多種多様であるから，行政処分の相手方に事前の告知，弁解，防御の機会を与えるかどうかは，行政処分により制限を受ける権利利益の内容，性質，制限の程度，行政処分により達成しようとする公益の内容，程度，緊急性等を総合較量して決定されるべきものであって，常に必ずそのような機会を与えることを必要とするものではないと解するのが相当である」。

「本法3条1項に基づく工作物使用禁止命令により制限される権利利益の内容，性質」は，暴力主義的破壊活動の集合等の用益であるのに対して，

「右命令により達成しようとする公益の内容，程度，緊急性等は，前記のとおり，新空港の設置，管理等の安全という国家的，社会経済的，公益的，人道的見地からその確保が極めて強く要請されているものであって，高度かつ緊急の必要性を有するものであることなどを総合較量すれば，右命令をするに当たり，その相手方に対し事前に告知，弁解，防御の機会を与える旨の規定がなくても，本法3条1項が憲法31条の法意に反するものということはできない」（最大判平成4年7月1日民集46巻5号437頁）

判例 8-2

争点

税務行政上の検査・質問に対して，憲法35条1項および憲法38条1項の保障が及ぶか―川崎民商事件

事案

川崎民主商工会会員で食肉販売業者であったYは，自宅店舗において川崎税務署収税官吏AがYに対し所得税確定申告調査のため帳簿書類等の検査をしようとするに際して，大声をあげ，Aの上膊部を引っ張る等して，その検査を拒んだとして，旧所得税法63条，70条第10号（検査拒否に対する罰則）に違反するとして起訴された。第一審および控訴審では，有罪判決。被告人側は，旧所得税法63条，70条第10号および12号の規定が，裁判所の令状なく強制的に検査をすることを認め，刑事訴追を受けるおそれのある事項について供述を強要していることは，憲法35条1項および38条1項に反すると主張して上告した。

判旨

旧所得税法63条が定める収税官吏の検査は，「もっぱら，所得税の公平確実な賦課徴収のために必要な資料を収集することを目的とする手続であって，その性質上，刑事責任の追及を目的とする手続ではない」。また，

この検査は,「実質上,刑事責任追及のための資料の取得収集に直接結びつく作用を一般的に有するもの」と認めることもできない。さらに,旧所得税法70条所定の刑罰による強制は,「それが検査の相手方の自由な意思をいちじるしく拘束して,実質上,直接的物理的な強制と同視すべき程度にまで達しているものとは,いまだ認めがたいところ」であり,検査の実効性を担保するという,所得税の公平確実な賦課徴収上の必要性との対比において,かかる強制は,「あながち不均衡,不合理なものとはいえない」。

「憲法35条1項の規定は,本来,主として刑事責任追及の手続における強制について,それが司法権による事前の抑制の下におかれるべきことを保障した趣旨であるが,当該手続が刑事責任追及を目的とするものではないとの理由のみで,その手続における一切の強制が当然に右規定による保障の枠外にあると判断することは相当ではない」が,旧所得税法63条および70条10号に定める検査が上記のようなものである以上,それが憲法35条1項に反するものとはいえない。

また,憲法38条1項による保障は,「純然たる刑事においてばかりではなく,それ以外の手続においても,実質上,刑事責任追及のための資料の取得収集に直接結びつく作用を一般的に有する手続には,ひとしく及ぶものと解するのを相当とする」。しかし,旧所得税法63条および70条12号に規定する質問も,上記の検査と同様の性質を有するから,それが憲法38条1項にいう「自己に不利益な供述」を強要するものとはいえない。(最大判昭47年11月22日刑集26巻9号554頁)

判例 8-3

争点

被告人に対する附加刑としての第三者所有物の没収に,憲法31条の法定手続の保障のいかなる要請がおよぶか一 第三者所有物没収事件

事案

　Y1・Y2は，共謀して外国向けに貨物を密輸出して未遂に終った。第一審および控訴審では，被告人Y1・Y2は，関税法101条2項1項に違反するとして有罪とされ，かつ，本件貨物も，被告人に対する附加刑として，関税法118条1項に基づいて没収された。ところで，その貨物は，被告人以外の第三者Aの所有物であったが，没収に際して，Aに対する告知，弁解，防禦の機会は与えられていなかった。被告側は，貨物所有者であるAに対する防禦の機会を与えることなく，本件貨物を没収したことは，憲法29条1項に違反すると主張して上告した。

判旨

　「第三者の所有物を没収する場合において，その没収に関して当該所有者に対し，何ら告知，弁解，防禦の機会を与えることなく，その所有権を奪うことは，著しく不合理であつて，憲法の容認しないところであるといわなければならない。けだし，憲法29条1項は，財産権は，これを侵してはならないと規定し，また同31条は，何人も，法律の定める手続によらなければ，その生命若しくは自由を奪われ，又はその他の刑罰を科せられないと規定しているが，前記第三者の所有物の没収は，被告人に対する附加刑として言い渡され，その刑事処分の効果が第三者に及ぶものであるから，所有物を没収せられる第三者についても，告知，弁護(ママ)，防禦の機会を与えることが必要であって，これなくして第三者の所有物を没収することは，適正な法律手続によらないで，財産権を侵害する制裁を科するに外ならないからである」。関税法118条1項による，本件の没収は，告知，弁解，防禦の機会を，没収物を所有する第三者に与えるものではなかったから，憲法29条および31条に違反する。

　「そして，かかる没収の言渡を受けた被告人は，たとえ第三者の所有物に関する場合であっても，被告人に対する附加刑である以上，没収の裁判の違憲を理由として上告をなしうることは，当然である。」（最大判昭和37年11月28日刑集16巻11号1593頁）

判例 8-4

争点

死刑は,「残虐な刑罰」(憲法36条)に該当するか
― 尊属殺人死体遺棄被告事件

事案

Yは,貧しい生家で母と妹と暮らしていた。日頃より邪魔者扱いされていたことに不満を抱いていたことに加え,「仕事もせずに遊んでいる者は飯を食べなくてもよい」と放言されたことに憤慨して殺意を抱き,二人を殺害し,死体を遺棄した。Yは,母殺害につき,尊属殺人罪(刑法200条。なお,現在は削除されている),妹殺害につき,殺人罪(刑法199条)の罪責を負うものとして起訴された。控訴審では,被告人Yは,有罪とされ,死刑とされた。被告人側は,刑法199条および200条で定める死刑は,憲法36条にいう「残虐な刑罰」にあたり,違憲無効であるから,死刑判決は違法であるとして上告した。

判旨

憲法13条及び31条が「生命」に対する制限を予定している以上,「憲法は,現代多数の文化国家におけると同様に,刑罰として死刑の存置を想定し,これを是認したものと解すべきである。」

「生命は尊貴である。一人の生命は,全地球より重い」。死刑は,「尊厳な人間存在の根元である生命そのものを永遠に奪い去るもの」である点で,「窮極の刑罰であり,また冷厳な刑罰ではあるが,刑罰としての死刑そのものが,一般に直ちに同条にいわゆる残虐な刑罰に該当するとは考えられない。ただ死刑といえども,他の刑罰の場合におけると同様に,その執行の方法等がその時代と環境とにおいて人道上の見地から一般に残虐性を有するものと認められる場合には,勿論これを残虐な刑罰といわねばならぬから,将来若し死刑について火あぶり,はりつけ,さらし首,釜ゆでの刑のごとき残虐な執行方法を定める法律が制定されたとするならば,その法律こそは,まさに憲法第36条に違反するというべきである。」(最大判昭和23年3月12日刑集2巻3号191頁)

第9章 参政権と選挙制度

本章の狙い

本章では，国民の政治的意思決定への参加に関する諸問題を扱う。日本国憲法下では，我々の社会秩序に関して，国民自らの自律的決定によって切り拓くことが求められている。それゆえ，国民は，統治の始原的な意思決定機関として，国政上の重要な機能を担うことが期待されると同時に，国政への関与は，権利として保障される。そして，このような国民の自律的決定のためには，それを可能にする制度が用意されている必要がある。そのような制度の代表例である選挙をはじめとして，本章ではこれらの制度を概観する。

I 政治的意見表明

1 世論の形成にかかる諸問題

国民が意思決定を行うためには，その前提として国政にかかる情報の十分な知悉およびそれに基づく自由な討議を欠くことができない（公開討論の場の確保の要請）。日本国憲法が，両議院の会議の公開を求め（56条），国の財政状況の報告を要求している（91条）ことや，表現の自由や集会・結社の自由などを保障している趣旨のひとつも，この点に求められる。

2　請願権

　加えて，憲法は16条で請願権を保障する。請願権は，君主政時代から，民衆が為政者に意思を伝達する重要な手段として発達したものであって，多くの国の憲法典が明文でこれを保障する。我が国でも，明治憲法以来すでに保障されていたが（30条），今日では請願の重要性が減少しつつあることも指摘される。

　請願の手続きは，請願法によって定められている。そこでは，請願の方式や請願書の提出先について定めるとともに，請願の「誠実処理義務」が規定されている（5条）。ここにいう誠実処理については，請願の内容に応じた具体的措置を講ずる義務は含まれないけれども，実際の処理の状況に鑑みると，受理された請願がどのように処理されたのかなどの情報公開のあり方も含めて改善すべき点も多い。また，請願を受けた官公署が，署名活動や請願内容を批判する文書を送付し，あるいは，署名者に署名の意図や経緯を問いただす聞き取り調査を行うなど，請願を委縮させるような行為は，請願権保障の趣旨に反するという指摘もある（なお，関ヶ原町署名簿事件［岐阜地判平成22年11月10日判時2100号119頁］など参照）。

3　外国人や法人の政治参加

　ここでみたような政治参加については，権利の性質からして，外国人や法人にも広く保障されると解される（マクリーン事件［判例4-1］，八幡製鉄事件［判例4-2］）。

II　代表民主制と公民団

1　代表民主制

　国民主権原理およびそこから帰結される民主制原理は，具体的な政治的意思の決定が，終局的に主権者としての国民の意思によって正統化されることを要求する。他方で，近代国家では，具体的な政治的意思決定は，基

本的には，議会を通じてなされる。ここに，主権者とされる国民と議会とをどのように組織し，それらの間にどのような権限関係を設定するかという問題が発生する。直接民主制や間接（代表）民主制といった民主制の類型は，この点にかかわる。

このうち，直接民主制は，原理的には，政治的意思決定をすべて国民の直接的決定に委ねようとするもので，議会制の採用が当然視される近代国家においては，およそ意味を持たない。

他方，間接（代表）民主制は，基本的には，国民によって選出された代表者の議会における自由な討論を通じて政治的意思決定がなされるべきことを前提として，国民の政治参加の権能を議員選出権に限定する考え方である。もっとも，間接民主制には，普通選挙制が成立した後では，もっと国民の直接的意思決定に委ねるべき点があるのではないか，とか，議会の出す結論と国民の意志とがかけ離れているのではないか，といった批判が寄せられる。

2 公民団の権能

(1) 公民団の権能の多様性

そこで，多くの国々では，代表民主制の論理を修正しつつ，直接民主制的な制度を一部採用する憲法がみられる（半直接民主制）。そのような憲法においては，国民に，①国政担当者の任免にかかる権能のほかに，②より直接的に個別の国家意思形成にかかわる権能があることが知られる。このうち，①の国政担当者の任免にかかる権能としては，（ア）国政担当者の任命にかかるもの（選挙）と（イ）国政担当者の罷免にかかるもの（リコール）があり，②の個別の国家意思形成にかかる制度については，（ア）国民発案（イニシアティヴ）と（イ）国民表決（レファレンダム）がある。

日本国憲法についても，選挙（15条，44条，92条）や最高裁判所裁判官の国民審査（79条2項）といった国政担当者の任免にかかわる権能のほか，憲法改正の国民投票（96条）や地方特別法の住民投票（95条）といった直接的意思決定にかかわる権能も明文で規定されている。このことは，日本国憲法が前提とする民主制観が，単純な間接民主制ではなく，半直接民主制に近

いものであることを示唆する。ただし，通常の法律に関する国民投票など，憲法上明文で規定のない制度を導入できるかについては，憲法のその他の規定との関連も含めて，慎重に考慮する必要がある。

(2) 参政権の保障とその内容

　国民が国政へと参加する以上の権能は，多くの憲法で，国民の「権利」として保障されている。日本国憲法においては，公務員の選定罷免権についての言明しかないものの（15条1項），憲法改正の国民投票権，地方自治特別法に関する住民投票権のいずれについても，それへの参加は，憲法上の権利として把握されるべきものである。

　なお，おもに選挙権をめぐって，その法的性質を，①国民の基本的権利であると同時に公務でもあるとみる説（二元説）と②国民の主権的権利としての性格しかないとする説（権利説）とが対立している。これらの対立は，選挙権の制限の合憲性，選挙成年のあり方，投票の義務付けなどについて異なる結論を帰結するとされる。基本的には，選挙権をはじめとして，権利としての性格は否定されるべきものではない。加えて，これらの権利が主権的な権利である以上，その重要性に鑑みて，制約される場合は，やむを得ない場合に限られるべきであろう。他方で，その保障のあり方は，具体的な制度との関連で検討されるべきものでもあって，しかもその制度構築については，大部分で立法に委任されており，一定の立法裁量も認めざるをえない。もっとも，この立法裁量についてもおよそ無制約のものではなく，とくに選挙の場合には，①公正かつ効果的な代表を実現するものであるか，②選挙の自由と公正を担保するものであるか，③国民の政治参加を可能な限り充実する方向に向けられているかなどの観点から限界があるとされる。

　また，参政権の中に，被選挙権（立候補の自由）や公務員になる権利を含めるか，含めるとすれば，その根拠条文をどのように解するかが問題となる（公職就任権の問題）。立候補の自由については，一般に，憲法15条1項で保障されるとするのが判例の立場である（三井美唄事件［最大判昭和43年12月4日刑集22巻13号1425頁］）。これに関連して，立候補の際に相当額の供託が必要とされる点が問題とされる。

公職就任権についても，15条1項にその根拠を求める立場が有力であるが，職業選択の自由(22条1項)や幸福追求権(13条)，平等原則(14条1項)で保障されるとする説も主張されている(なお，東京都管理職選考受験事件［最大判平成17年1月26日民集59巻1号128頁］参照)。

3　公民団の要件

(1) 国籍

　国籍とは，特定の国家の構成員として認められる法的資格を言い，公民団たる資格についても，国籍を有することが基礎となる。

　この点に関して，いわゆる外国人参政権の問題が議論される。公職選挙法は，国政選挙，地方選挙のいずれについても外国籍の人に選挙権・被選挙権を認めていない (9条，10条)。判例は，これまで一貫してこれを合憲としている(ヒッグス・アラン事件［最二判平成5年2月26日判時1452号37頁］，定住外国人地方選挙権事件（最三判平成7年2月28日民集49巻2号639頁［判例9-1］)など参照)。もっとも，最高裁は，前掲定住外国人地方選挙権事件において，傍論においてではあるが，地方議会選挙に関して，一定の定住外国人に選挙権を付与することも許容されると述べたことがある。

(2) 年齢と欠格事由

　国籍以外の要件については，歴史上，性別や身分，収入や納税額などが挙げられたこともあった (制限選挙)。しかしながら，立憲民主制の発達とともに，今日では，国民の平等な選挙参加の理念が広くいきわたり，年齢以外の要件は排除されることとなった。日本国憲法が15条で，「公務員の選挙については，成年者による普通選挙を保障する」として，普通選挙の原則を定めるのも，これに由来する。

　ここにいう成年(選挙成年)は，現在のところ，公職選挙法によって，民法などと同じく，満20歳とされている(9条1項，なお最高裁判所裁判官の国民審査に関する法律4条も参照)。けれども，選挙成年は，民法上の成年(民事成年)とは別個に観念されるべきものであって，必ずしも同一にしなければならないわけではない。そこで，選挙成年を満18歳にすべきである

との有力な主張もなされている（なお，憲法改正手続法3条および同附則3条参照）。

　一方，法定の事由に基づいて，例外的に公民団から除外される人もいる。そのような例としては，①成年被後見人，②禁錮以上の刑に処された者，③選挙犯罪者等がある（公民権停止制度。公選法11条，252条参照。なお，②と③は，憲法改正国民投票の際について，同様の制度が用意されていない）。

　成年被後見人が，選挙権および被選挙権を有しないとされている（公職選挙法11条1項1号，憲法改正手続法4条など）ことについては，批判も多い。

（3）居住要件

　これまでみた要件を満たす国民は，基本的には有権者としての権能を行使できるが，選挙や投票の際には，各国民が上の要件を満たしていることを公証する制度が必要となる。我が国では，そのため文書として，市町村選挙管理委員会によって選挙人名簿が調製・保管されることになっている（公職選挙法19条以下）。

　選挙人名簿へは，毎年3月，6月，9月，12月に行われる定時登録と選挙の際に行われる選挙時登録によって登録される。選挙人名簿への登録は，①当該市町村の区域内に住所を有する満20歳以上の国民で，②その者にかかる登録市町村等の住民票が作成された日から引き続き3か月以上登録市町村等の住民基本台帳に記録されている者について行われる。よって，当該市町村に住民登録していない者，登録しても3か月以上経過していない者については，当該市町村における投票ができない。

　この点に関連して，平成10(1998)年以前は，外国に居住する日本国民は選挙に参加することができなかった。平成10年の公職選挙法の改正により，衆参の比例選挙への投票はできることになったが，衆議院の小選挙区選挙，参議院の選挙区選挙は，「当分の間」，投票することができないままであった。この点が争われた在外国民選挙権訴訟（最大判平成17年9月14日民集59巻7号2087頁［判例9-2］）で，最高裁は，選挙権が憲法上の重要な権利であって，その制約は原則として許されず，そのような制限を行う場合には，やむを得ない事由がなければならないとして，これを憲法違反としている。

また，投票日に何らかの業務に従事している人や，心身の故障から，投票所に事実上行くことができない人，自署によって投票できない人たちについては，そのままでは，投票の機会が確保されないことになる。そこで，代理投票制度や期日前投票制度，在宅投票制度などが採用されている（公職選挙法47条以下）。選挙の公正を確保しつつ，できる限り投票の機会を保障する措置が必要である（なお，在宅投票制度廃止事件［最一判昭和60年11月21日民集39巻7号1512頁］を参照）。

III 政党

1 民主制における政党の位置づけ

国民は，公民団として，様々な方法により，国家の政治的意思決定に参加する。しかしながら，今日では，公民団が単独でそのような権能を全うできるわけでない。そこで重要な機能を果たすのが政党である。現代の民主制において，政党は，国民の中の意見や利益を集約し国政に媒介する役割をはじめとして，国政から国民へと情報の伝達を行い，国民を統合する役割や，政策の形成や政治的リーダーの育成・選抜といった様々な機能を有している。政党が，「議会制民主主義を支える不可欠の要素」であって，「国民の政治意思を形成する最も有力な媒体」だとされるのは，このためである（八幡製鉄事件［判例4-2］参照）。

もっとも，このような政党の重要性は，当初から認められてきたわけではなく，歴史的には，その位置づけについて，①敵視，②無視，③法制化，④憲法編入の四段階があるといわれる（トリーペルの四段階発展説）。この図式によれば，我が国は，（ア）ドイツのような憲法上の政党条項を欠いていること（政党の結成などは結社の自由の問題とされている），（イ）衆参両議院の比例代表選挙において政党投票制が認められていることなど「政党本位の選挙制度」が採用されていることをはじめとして，政治資金規正法，政党助成法など政党支援に関する法律が用意されていることなどから，③の法制化の段階にあると指摘される。

2 政党法制とその諸問題

(1) 政党の自律性

　日本国憲法においては，政党は，基本的には，一般の結社と同様の存在であると考えられている。その結果，通常の結社に認められるような高度の自律性が認められるとされている（共産党袴田事件［最三判昭和63年12月20日判時1307号113頁］および日本新党事件［最一判平成7年5月25日民集49巻5号1279頁］など参照）。

　もっとも，政党は，すでにみたように，現代の民主制にとって欠くべからざる存在なのであって，その意味では，通常の結社とは異なる特別の保護や制約がありうる。多くの国々で，政党が，憲法による規律の対象とされているのは，この表れである（ドイツ基本法21条，フランス憲法4条，イタリア憲法49条など）。また，包括的な政党法を制定して対処している例もある。

(2) 政党法制

　我が国でも，憲法制定直後に包括的な政党法を制定しようとする動きがあったが，結局実現せず，政治資金規正法，公職選挙法，政党助成法，政党交付金の交付を受ける政党等に対する法人格の付与に関する法律といった個別の立法によって対処されている。

　これらの政党法制は，政党の政治活動の健全な発達の促進という観点から政党に特別の保護を及ぼすとともに，その公明と公正の確保を図り，民主政治の健全な発展に寄与するとの企図の下で，一定の規制を施すものといえるが（政党助成法1条参照），そうであるからこそ，①保護と規制が十分かという問題とともに，②一定の政治的結社が政党保護の対象から外され，いわば過少保護を受けることにならないか，③政党とされた結社が過剰な規制の対象とはならないか，といった問題が指摘される。そして，この点に関連して，従来から，違憲政党への対処の問題，政党助成の対象となる「政党」の範囲，「政党本位の選挙」を目指す選挙制度とその下での選挙運動のあり方（この点について最大判平成19年6月13日民集61巻4号1617頁参照），党内民主主義と政党の自律性との関係（前掲日本新党事件参照）などが

議論されている。

IV 選挙制度

1 選挙事項法定主義

　国民が政治的決定に参加する制度のうち，最も基本的なものは，やはり，選挙であろう。比較法的にみると，選挙に関して詳細な規定を憲法典に置くものもみられるが，日本国憲法は，国会両議院の選挙について，基本原則（憲法15条，44条但書）および議員の任期を定める（45条，46条）ほかは，基本的に法律に委任している（選挙事項法定主義：43条2項，44条，47条）。

　選挙の方法については，選挙区の投票者の多数派から議員を選出する多数代表制，選挙区の少数派からも議員の選出を可能にする少数代表制，各政党の得票数に比例して議席を配分する比例代表制など，多様なものがありうる。

　憲法が選挙事項法定主義を採用するということは，これらの具体的な選挙制度の決定について，国会に広い立法裁量が認められることを意味する（衆議院議員小選挙区比例代表並立制選挙無効訴訟［最大判平成11年11月10日民集53巻8号1577頁］）。

2 選挙制度の基本原則

（1）選挙の基本原則

　このように，選挙制度の決定は，国会の広い裁量に委ねられている。しかしながら，だからといって選挙制度の決定を無制約に行いうるのではなく，「国民の利害や意見が公正かつ効果的」に代表されるべきこと（衆議院中選挙区制議員定数不均衡訴訟［判例9-3]）や，選挙が公正に行われるべきこと（最大判昭和44年4月13日刑集23巻4号235頁）などが要請される。また，普通選挙，平等選挙，自由選挙，直接選挙といった選挙の基本原則に反す

る制度は，違憲と判断される。以下では，これらの原則に関する問題点を見ておこう。このうち，憲法15条3項および44条但書が定める普通選挙原則は，すでにみたので，他の点を検討する。

（2）平等選挙

この原則は，かつては，有権者を財産や社会的身分などによって複数の等級に分け，等級ごとに選挙を行う制度（等級選挙）や複数投票制を否定する意味を持っていた（一人一票の原則）。今日では，これに加え選挙人間の投票価値の平等を等しくしなければならないという原則をも含むとされる。

この原則の条文上の根拠については，①14条1項に見出す説，②15条3項に見出す説，③14条1項のほか，15条3項，44条をも根拠とする説に分かれている。判例は③の立場であるようにもみえるが［判例9-3］，①が通説である。

この原則を巡って，衆議院選挙，参議院選挙，地方選挙のそれぞれのレベルで議員定数の不均衡が問題とされてきた。この点については後述する。

（3）秘密投票

憲法は，15条4項で投票の秘密を定めている。投票の秘密が保障されるのは，有権者の自由な意思に基づく投票（投票の自由）を確保する趣旨からである。公職選挙法は，これを受けて，無記名投票（46条4項），投票の秘密保持（52条），投票の秘密侵害罪（227条）などの規定を設けている。ここには，誰に投票したかを調べることの禁止（投票検索の禁止）も含まれる（なお，詐偽投票罪事件［最二判平成9年3月28日判時1602号71頁］参照）。

（4）自由投票

上述の秘密投票の原則は，投票の自由を前提とするが，これに加えて，選挙運動の自由が自由投票の原則として挙げられることがある。選挙運動については，公職選挙法による広汎かつ詳細な規制が行われている。たとえば，選挙運動と政治活動とを区別し，前者について，候補者の立候補届

出日から投票日前日までに限り，事前の選挙運動を禁止していることや（事前選挙運動の禁止：公選法129条），戸別訪問の禁止（138条1項），文書図画の利用制限（142条の2以下）がそれである。最高裁は，これらの規制についていずれも合憲と判断しているが，表現の自由の問題でもあって，批判も強い。

（5）直接選挙

直接選挙とは，有権者が選んだ選挙委員が公務員を選定する間接選挙と異なり，有権者が直接自ら公務員を選定することをいう。この直接選挙の原則が，明文でそれを定めた地方選挙についてはともかく（93条2項），国政選挙についても妥当するかは，憲法上の根拠も含めて問題がある。学説は，①衆参両院議員選挙について直接選挙の原則が妥当するとする説と，②二院制においては，通常，上院の組織法は多様な選択肢があるのであって，参議院議員選挙に関しては，間接選挙の導入も可能であるとする説が対立している。

なお，この点について，比例代表選挙が直接選挙の原則に反するとして争われたことがあるが，比例代表選挙は直接選挙の一方式である（最大判平成11年11月10日民集53巻8号1577頁）。

3　我が国の選挙制度

公職選挙法は，選挙人，立候補制度，選挙方法と選挙区割，選挙運動，選挙犯罪などについて規定しているが，ここでは，選挙方法に絞って概観する。

（1）衆議院議員の選挙制度

まず，衆議院議員の選挙制度は，かつては中選挙区制が採用されていた。その後，平成6（1994）年に公職選挙法が改正され，小選挙区比例代表並立制が導入された。このうち比例代表選挙については，全国を11のブロックに分け，それぞれに人口数に応じて配分された議席を，各政党の獲得票数に応じて，ドント式によって比例配分し，政党届出の名簿の順位に

従って当選者を決定する方式が採用されている（ブロック型拘束名簿方式）。

（2）参議院議員の選挙制度

　参議院議員選挙については，かつて，全国を1つの選挙区とする全国区選挙と地方区選挙によって行われていたが，昭和57(1982)年に選挙区選挙と全国区型拘束名簿方式の比例代表選挙との並立制に変更され，平成12(2000)年には比例代表選挙が非拘束名簿方式に改められた。

（3）選挙区割と議員定数不均衡

　このように衆参ともに，選挙区を前提とする選挙方式が採用されているが，このことは，一票の価値の平等の問題を惹起することはすでに指摘したとおりである。もっとも，人口の変動などがあることをふまえれば，厳格な人口比例はありえない。そこで，どこまでの較差が許容されるかが問題となる。学説上は，①人格価値平等の観点から，原則として，2倍以上の較差は違憲だとする説，②1対1を基本として，そこからの乖離については合理的な理由が必要であるとする説，③衆議院については，①ないし②の説を支持するものの，参議院については一票の価値の平等の原則は妥当しないとする説などがある。もっとも，多くの判例を通じて形成された最高裁判例は，これらのどの学説からも距離を見せ，しかも，具体的な選挙制度のあり方との関連で，微妙に判断枠組みを変えている。

①衆議院中選挙区制

　この点についてまず，最高裁は，中選挙区制下で最大格差が約1対4.99倍となっていた昭和47(1972)年の衆議院議員選挙に関し，投票価値の平等もまた憲法上の要請であると指摘したうえで，①選挙区割りや定数配分については国会の立法裁量が大きいこと，②それゆえ，投票価値の平等が完全に1対1になることまでは要求できず，③投票価値の不平等が国会で考慮できる諸般の事情を考慮してもなお，一般的に合理性を有するものと認められない場合であって，④このような不平等を正当化すべき特段の理由が示されない限り，当該選挙区割が違憲状態と判断されること，さらに，⑤そのような違憲状態が合理的期間内に是正されなければ憲法違反と判断されることを示して，当該選挙が違法だったことを宣言した［判例9-3］。

その後，最高裁は，この判断枠組みを維持しつつ，おおよそ1対3を超える格差については，合憲と判断してきた。

②**衆議院小選挙区制**

平成6（1994）年の公職選挙法改正に伴って，小選挙区制が導入され，選挙区当たりの議員定数の問題は無くなった。しかし，各都道府県における選挙区の数が，完全な人口比例になったわけではなく，新たに，47都道府県にまず1枠を配当し，残りの議席を各選挙区の人口が2倍以上とならないことを基本としつつ人口比例で各都道府県に配分し，それに基づいて各都道府県の選挙区割を画定する方式（一人別枠方式）が採用されたため，この制度の合理性と選挙区間の一票の価値の平等が問題となった。

最高裁は，従来，この点についても，中選挙区下と同様の判断枠組みを採用し，過疎地対策として一人別枠方式を採用したこと，それによって2倍を超える格差が生じていることについても合憲と判断していた（最大判平成11年11月10日民集53巻8号1441頁，最大判平成19年6月13日民集61巻4号1617頁）。しかし，最近になって，一人別枠方式は，過疎地対策としての合理性はなく，わずかに激変緩和措置としての合理性のみが認められること，その合理性もすでに相当の期間が経過したことをもって失われていることを理由に違憲状態にあると判断している（最大判平成23年3月23日民集65巻2号755頁）。

③**参議院地方選挙区**

参議院地方選挙について，最高裁は，衆議院中選挙区類似の判断枠組みを採用している。けれども，国会が，事実上，都道府県代表的要素を入れて選挙制度を構築することも，裁量の範囲内とされ，その結果，人口比例原則をさらに後退させることも容認している（最大判昭和58年4月27日民集37巻3号345頁［判例9-4］）。もっとも，そこにも一定の限界があることが示されている（最大判平成8年9月11日民集50巻8号2283頁，最大判平成21年9月30日民集63巻7号1520頁）。

判例 9-1

争点

地方議会議員選挙の選挙権は定住外国人に保障されるか
——定住外国人地方選挙権事件

事案

永住者の地位を有する在日韓国人Xらが、選挙管理委員会に選挙人名簿登録を求める異議申立てをしたものの、却下されたため、同決定の取消を求める訴えを裁判所に起こした。一審、控訴審ともに請求が棄却されたため、Xが上告した。

判旨

〈上告棄却〉「憲法第8章は、93条2項において、地方公共団体の長、その議会の議員及び法律の定めるその他の吏員は、その地方公共団体の住民が直接これを選挙するものと規定しているのであるが、[…]国民主権の原理及びこれに基づく憲法15条1項の規定の趣旨に鑑み、地方公共団体が我が国の統治機構の不可欠の要素を成すものであることをも併せ考えると、憲法93条2項にいう『住民』とは、地方公共団体の区域内に住所を有する日本国民を意味するものと解するのが相当であり、右規定は、我が国に在留する外国人に対して、地方公共団体の長、その議会の議員等の選挙の権利を保障したものということはできない」。もっとも、「憲法第8章の地方自治に関する規定は、民主主義社会における地方自治の重要性に鑑み、住民の日常生活に密接な関連を有する公共的事務は、その地方の住民の意思に基づきその区域の地方公共団体が処理するという政治形態を憲法上の制度として保障しようとする趣旨に出たものと解されるから、我が国に在留する外国人のうちでも永住者等であってその居住する区域の地方公共団体と特段に緊密な関係を持つに至ったと認められるものについて、その意思を日常生活に密接な関連を有する地方公共団体の公共的事務の処理に反映させるべく、法律をもって、地方公共団体の長、その議会の議員等に対する選挙権を付与する措置を講ずることは、憲法上禁止されているものではないと解するのが相当である。しかしながら、右のような措置を講ずる

か否かは，専ら国の立法政策にかかわる事柄であって，このような措置を講じないからといって違憲の問題を生ずるものではない。」(最三判平成7年2月28日民集49巻2号639頁)

判例 9-2

争点

外国に居住する国民が国政選挙で選挙権を行使できないことは違憲か
── 在外国民選挙権事件

事案

平成10年の公職選挙法の改正により，衆参の比例選挙への投票はできることになったが，衆議院の小選挙区選挙，参議院の選挙区選挙は，「当分の間」，投票することができないままであった。原告Xらは，これが憲法15条などに反するとして，公職選挙法の違法確認，平成8年の衆議院議員選挙で投票できなかったことに対する国家賠償，今後の衆議院小選挙区選挙と参議院選挙区選挙における選挙権行使に関する地位確認を求めて提訴した。一審は，確認の訴えは不適法として却下，国家賠償については棄却したため，控訴したが，控訴も棄却されたため，Xらが上告した。

判旨

〈破棄自判〉「国民の選挙権又はその行使を制限することは原則として許されず，国民の選挙権又はその行使を制限するためには，そのような制限をすることがやむを得ないと認められる事由がなければならない」。「選挙の公正を確保しつつ選挙権の行使を認めることが事実上不能ないし著しく困難であると認められる場合でない限り，上記のやむを得ない事由があるとはいえ」ない。平成10年改正前の公職選挙法については，「世界各地に散在する多数の在外国民に選挙権の行使を認めるに当たり，公正な選挙の実施や候補者に関する情報の適正な伝達等に関して解決されるべき問題があったとしても，既に昭和59年の時点で，選挙の執行について責任を

負う内閣がその解決が可能であることを前提に[…]法律案を国会に提出していることを考慮すると，[…]やむを得ない事由があったとは到底いうことができない」。本件改正後の公職選挙法についても「本件改正後に在外選挙が繰り返し実施されてきていること，通信手段が地球規模で目覚ましい発達を遂げていることなどによれば，在外国民に候補者個人に関する情報を適正に伝達することが著しく困難であるとはいえなくなったものというべきである」。また，参議院比例代表選出議員の選挙制度を非拘束名簿式に改めることなどを内容とする公職選挙法の改正が行われた後は，自署方式を採用する参議院比例代表選出議員の選挙の投票について，「既に平成13年及び同16年に，在外国民についてもこの制度に基づく選挙権の行使がされていることなども併せて考えると，遅くとも，本判決言渡し後に初めて行われる衆議院議員の総選挙又は参議院議員の通常選挙の時点においては，衆議院小選挙区選出議員の選挙及び参議院選挙区選出議員の選挙について在外国民に投票をすることを認めないことについて，やむを得ない事由があるということはでき」ない。「立法の内容又は立法不作為が国民に憲法上保障されている権利を違法に侵害するものであることが明白な場合や，国民に憲法上保障されている権利行使の機会を確保するために所要の立法措置を執ることが必要不可欠であり，それが明白であるにもかかわらず，国会が正当な理由なく長期にわたってこれを怠る場合などには，例外的に，国会議員の立法行為又は立法不作為は，[…]違法の評価を受けるものというべきである。」（最大判平成17年9月14日民集59巻7号2087頁）

判例 9-3

争点

衆議院中選挙区制における1対4.99に及ぶ一票の価値の較差は違憲か
—— 衆議院中選挙区制議員定数不均衡訴訟

事案

昭和47（1972）年12月10日に行われた衆議院議員選挙は、各選挙区間の議員1人あたりの有権者分布差比率は最大4.99対1に及んでいた。そこで、千葉県第1区の選挙人であったXは、右選挙区の選挙に関して、公選法204条に基づき、同選挙を無効とする判決を求めて東京高裁に提訴した。原審は、棄却したので、Xが上告した。

判旨

〈破棄自判〉「憲法14条1項に定める法の下の平等は、選挙権に関しては、国民はすべて政治的価値において平等であるべきであるとする徹底した平等化を志向するものであり、［…］選挙権の内容、すなわち各選挙人の投票の価値の平等もまた、憲法の要求するところである」。投票価値の平等は、常にその絶対的な形における実現を必要とするものではないが、具体的な選挙制度において不平等が存する場合は、「国会が正当に考慮することのできる重要な政策的目的ないしは理由に基づく結果として合理的に是認することができる」ものでなければならない。「衆議院議員の選挙における選挙区割と議員定数の配分の決定には、極めて多種多様で、複雑微妙な政策的および技術的考慮要素が含まれており、「結局は、国会の具体的に決定したところがその裁量権の合理的な行使として是認されるかどうかによって決するほかはない」。しかしながら、「具体的に決定された選挙区割と議員定数の配分の下における選挙人の投票価値の不平等が、国会において通常考慮しうる諸般の要素をしんしゃくしてもなお、一般的に合理性を有するものとはとうてい考えられない程度に達しているときは、［…］このような不平等を正当化すべき特段の理由が示されない限り、憲法違反と判断するほかはない」。「本件議員定数配分規定の下における各選挙区の議員定数と人口数との比率の偏差は、［…］憲法の選挙権の平等の要求に反する程度になっていた」が、「これによって直ちに当該議員定数配分規定を憲法違反とすべきものではなく、人口の変動の状態をも考慮して合理的期間内における是正が憲法上要求されていると考えられるのにそれが行われない場合に始めて憲法違反と断ぜられるべきものと解する」（最大判昭和51年4月14日民集30巻3号223頁）。

判例 9-4

争点

参議院地方選挙区における1対5.26の投票価値の較差は合憲か
　　　　　　　　　　　— 参議院議員定数不均衡訴訟

事案

昭和52年7月10日施行の参議院議員選挙当時，地方選出議員の各選挙区には最大1対5.26の較差があり，また，いくつかの選挙区間にはいわゆる逆転現象もみられた。大阪府選挙区の選挙人であったXらが，このような投票価値の不平等は憲法14条1項等に反するとして，選挙無効の訴えを提起した。原審（大阪高裁）は請求を棄却したので，Xらが上告した。

判旨

〈上告棄却〉判例9-3の前半と同旨を述べたうえで，「公職選挙法が参議院議員の選挙の仕組みについて右のような定めをした趣旨，目的については，結局，憲法が国会の構成について衆議院と参議院の二院制を採用し，各議院の権限及び議員の任期等に差異を設けているところから，ひとしく全国民を代表する議員であるという枠の中にあっても，参議院議員については，衆議院議員とはその選出方法を異ならせることによってその代表の実質的内容ないし機能に独特の要素を持たせようとする意図の下に，［…］参議院議員を全国選出議員と地方選出議員とに分かち，前者については，全国を一選挙区として選挙させ特別の職能的知識経験を有する者の選出を容易にすることによって，事実上ある程度職能代表的な色彩が反映されることを図り，また，後者については，都道府県が歴史的にも政治的，経済的，社会的にも独自の意義と実体を有し一つの政治的まとまりを有する単位としてとらえうることに照らし，これを構成する住民の意思を集約的に反映させるという意義ないし機能を加味しようとしたものであると解することができる」と指摘し，このような選挙制度を採用することも，「国会に委ねられた裁量権の合理的行使として是認しうるものである」から，「その結果として，各選挙区に配分された議員定数とそれぞれの選挙区の選挙人数又は人口との比率に較差が生じ，そのために選挙区間における選挙人の

投票の価値の平等がそれだけ損なわれることとなったとしても，［…］これをもつて直ちに右の議員定数の配分の定めが憲法14条1項等の規定に違反して選挙権の平等を侵害したものとすることはできないといわなければならない。すなわち，右のような選挙制度の仕組みの下では，投票価値の平等の要求は，人口比例主義を基本とする選挙制度の場合と比較して一定の譲歩，後退を免れないと解せざるをえない」とした。（最大判昭和58年4月27日民集37巻3号345頁）

第10章 国会

本章の狙い

国会は，主権者である国民が直接に選挙する国会議員から構成される国家機関として，憲法上重要な地位を認められ，また，その地位に伴って重要な権能を付与されている。本章では，まず，憲法が国会に付与している地位について検討し，その上で，憲法により定められている国会の構成や権能についてみていくことにする。

I 国会の地位

1 国民代表機関

憲法は，「日本国民は，正当に選挙された国会における代表者を通じて行動」し，「権力は国民の代表者がこれを行使する」（前文）こと，および，両議院が「全国民を代表する選挙された議員」（43条1項）で構成されることを定めており，国会を国民代表機関として位置付けている。

この「国民代表」をめぐっては国民と国会・国会議員との関係が問題となる。

まず，ここでいう「代表」は，民法の代表観念とは異なるので，国会（代表者）の行為が国民（被代表者）の行為とみなされるわけではない。

次に，国会議員は，特定の選挙区・選挙母体の代表ではなく，全国民の代表である。したがって，議員は，選挙民の指令を受けず，むしろ，全国

民の利益を代表して行動することが求められる。このことを前提として，議員は，議会内での発言や表決についての自由が保障されている（51条）。判例も，選挙公約違反事件（名古屋地判平成12年8月7日判時1736号106頁および名古屋高判平成13年1月25日判例集未登載）において，議員が選挙後，選挙の際に選挙民に示した公約と異なる活動をしたとしても，選挙民との関係において法的責任は生じないとしている。

2　国権の最高機関

　41条前段は，国会を「国権の最高機関」であるとしている。この「最高機関」の意味については，これに法的意味をもたせない見解ともたせる見解とが対立している。

　前者が通説であり，①「最高機関」を単なる政治的な美称にすぎないと捉えるので，政治的美称説と呼ばれる。すなわち，この見解は，「最高機関」の意味を，国会が主権者である国民により直接選挙された国会議員によって構成され，かつ，立法権などの重要な権能を憲法上付与されていることから，国政の中心的立場にあることを政治的に強調する趣旨にすぎないと解するのである。

　これに対して，後者に関しては，従来，②国会は国政全般を統括する機関，すなわち，内閣・裁判所の上位に位置し，これらの活動を監視・批判する機関であると説く統括機関説が唱えられてきた。また，近年では，③国会は内閣・裁判所とは同位に位置しながらも，国政全般がうまく機能するように絶えず配慮する立場にあり，国政全般について最高の責任を負うと説く最高責任地位説も有力に主張されるようになってきた。

　②説および③説では，憲法に明示されていない帰属不明の権限は国会に帰属するという推定が働くことになる。その意味でこれらは権限推定説とも呼ばれる。反対に，①説では，このような権限推定が働かない。

3　唯一の立法機関

　41条後段は，国会が「国の唯一の立法機関」であると規定し，立法権を

国会に独占させている。

（1）「立法」の意味

「立法」には、国法の一形式としての「法律」（形式的意味の法律）を定立する形式的意味の立法と、特定の内容をもつ法規範（実質的意味の法律）を定立する実質的意味の立法とがあるが、41条後段でいう「立法」とは実質的意味の立法を指す。

実質的意味の法律の内容について、①国民の権利義務を規律する法規範と捉える見解と、②一般的抽象的法規範と捉える見解とが対立しているが、②説が通説である。両者の対立は、行政組織に関する規定が実質的意味の法律に含まれるかどうかという点に現れる。つまり、②説によれば、それは実質的意味の法律に含まれ法律事項であるが、①説によれば、それは実質的意味の法律には含まれず法律事項ではない。一般に、行政組織の規定は法律による規律が必要である（行政組織法定主義）とされるが、この点、①説からは、これを導くことができないので、例えば、官吏に関する事務について法律の基準を要求している73条4号などから説明される。

（2）「唯一の」の意味

国会が「唯一の」立法機関であるとは、①実質的意味の立法は国会によってのみ行われ、他の機関は実質的意味の立法を行うことができないこと（国会中心立法の原則）、②実質的意味の立法には国会以外の機関が関与できないこと（国会単独立法の原則）を指す。

①国会中心立法の原則

この原則は、明治憲法下にみられた、法律と同じ効力をもつ行政機関による立法である緊急勅令や独立命令（明治憲法8条、9条）は認められないことを意味する。したがって、行政機関の定める命令は、法律を執行するためのもの（執行命令）か、法律の具体的な委任に基づくもの（委任命令）でなければならない。

まず、憲法は「憲法及び法律の規定を実施するため」（73条6号）に制定される命令の存在を予定しており、憲法上執行命令は認められている。ただし、憲法の規定を直接実施するための執行命令は認められないと一般に解

されている。

次に、憲法は、委任命令の存在を明示的には認めていないが、73条6号但書は「政令には、特にその法律の委任がある場合を除いては、罰則を設けることができない」としており、委任命令の存在を暗示的に認めている。とはいえ、委任命令は、本来国会が法律で定めるべき事項を行政権が定めるものであり、実質的意味の立法を行政権が行うことになるので、国会中心立法の原則の例外といえる。したがって、法律の委任は、無限定・包括的な白紙委任であってはならず、個別的・具体的な委任であることが要求される。前掲・猿払事件［判例4-4］では、公務員の政治的行為を制限する国家公務員法102条1項が「人事院規則で定める政治的行為をしてはならない」と定め、禁止される政治的行為を人事院規則に委任しており、これが白紙委任ではないかと争われたが、最高裁は、「憲法の許容する委任の限度を超えることになるものではない」としている。

また、委任命令は、法律の委任の範囲を逸脱してはならず、これを逸脱すればその命令は違法・無効となる。委任命令が委任の範囲を逸脱して違法・無効とされた判例として、農地法施行令事件（最大判昭和46年1月20日民集25巻1号1頁）、監獄法施行規則事件（最三判平成3年7月9日民集45巻6号1049頁）、児童扶養手当法施行令事件（最一判平成14年1月31日民集56巻1号246頁）がある。

なお、この原則の憲法上の明示的な例外として、両議院が定める議院規則（58条2項）、最高裁判所が定める最高裁判所規則（77条1項）、地方公共団体が定める条例（94条）がある。

②国会単独立法の原則

この原則は、明治憲法下で天皇に認められていた法律裁可権（明治憲法6条）はもはや認められないことを意味する。実際、59条1項は「法律案は、この憲法に特別の定のある場合を除いては、両議院で可決したとき法律となる」と定めていて、この趣旨を明確にしている。

この原則との関係では、内閣に法律案提出権が憲法上認められるか否かが問題点となる。この点、①法律案提出を立法の一部とみて内閣の法案提出権を否定する見解もみられる。これに対して、通説は、②法律案提出は立法そのものではなく、立法の準備行為であり、国会が独占しなければな

らないものではないとして，内閣の法律案提出権を肯定する。現行法も，内閣法5条が「内閣総理大臣は，内閣を代表して内閣提出の法律案［…］を国会に提出」すると定め，内閣に法律案提出権を付与している。①説によれば，この規定は当然違憲ということになるが，②説によれば，この規定は憲法上の権限を確認する規定ということになる。

　なお，この原則にも憲法上の明示的な例外がある。それは，国会の議決だけでは成立せず，その団体の住民投票による同意を必要とする「一の地方公共団体のみに適用される特別法」(95条)である。

II　国会の構成

1　両院制

　両院制とは，立法部が2つの議院で構成されることをいう。第一院（下院）は，通常，国民によって直接選挙される。これに対して，第二院(上院)は，①貴族院型，②連邦型，③民主的第二次院型に大別される。

　42条は「国会は，衆議院及び参議院の両議院でこれを構成する」と定め，両院制を採用している。また，43条1項は，「両議院は，全国民を代表する選挙された議員でこれを組織する」と定めており，③型の参議院を置いている。その理由として，衆議院の多数派による専制を防止できることや，国民の多様な意見を反映させることができることなどが挙げられる。

（1）同時活動の原則と独立活動の原則

　まず，両議院は，同時に召集され，開会・閉会される。これを同時活動の原則という。この原則の根拠は，憲法が「衆議院が解散されたときは，参議院は，同時に閉会となる」(54条2項)と定めている点だけでなく，両院制を採用している点に求められる。ただし，例外として，後述する参議院の緊急集会がある。

　次に，両議院は，独立して審議を行い，議決する。これを独立活動の原則という。したがって，国会の意思は，両議院の議決が一致したときに成

立する。ただし，両議院の議決が一致しないときは，独立活動の原則の例外として，「両議院の協議会」[*1]が開かれる。この点，法律案の議決が一致しないときは，その開催は任意であるが（59条3項），予算の議決，条約の承認および内閣総理大臣の指名が一致しないときは，これを必ず開かなければならない（60条2項，61条，67条2項）。

（2）衆議院の優越

　憲法は多くの事項について衆議院の優越を認めて，国会の意思形成を容易にしている。

　まず，衆議院のみに認められる権能として，内閣不信任決議権（69条）および予算先議権（60条1項）が挙げられる。

　次に，議決の効力面に関しても，衆議院の優越が認められている。法律案の議決については，衆議院で可決し，参議院でこれと異なった議決をした法律案は，衆議院で出席議員の3分の2以上の多数で再び可決をしたときは法律となる（59条2項）。そして，参議院が衆議院の可決した法律を受け取った後，国会休会中の期間を除いて60日以内に議決しないときは，衆議院は参議院がその法律案を否決したものとみなすことができる（同条4項）。予算の議決については，参議院が異なった議決をした場合に，両議院の協議会を開いても意見が一致しないとき，または参議院が衆議院の可決した予算を受け取った後，国会休会中の期間を除いて30日以内に議決しないときは，衆議院の議決をもって国会の議決とされる（60条2項）。条約の承認については，60条2項の規定が準用される（61条）。内閣総理大臣の指名については，参議院が異なった指名の議決をした場合，両議院の協議会を開いても意見が一致しないとき，または衆議院が指名の議決をした後，国会休会中の期間を除いて10日以内に参議院が指名の議決をしないときは，衆議院の議決をもって国会の議決とされる（67条2項）。

　なお，憲法が衆議院の優越を認めるこれらの事項を除いては，両院は対等である。例えば，憲法改正の発議（96条1項）や皇室財産授受の議決（8条）

[*1] **両議院の協議会**：国会法では，「両院協議会」とされている。両院協議会は，各議院で選挙された各10人の委員によって組織される（国会法89条）。両院協議会で得られた成案は修正することができない（同93条）。

では，両院は対等である。

（3）議院の組織

58条1項は，「両議院は，各々その議長その他の役員を選任する」と規定している。憲法は「役員」の範囲を明らかにしていないが，国会法16条は，議長，副議長，仮議長，常任委員長，事務総長を役員としている。議長は，議決に際し可否同数のとき決裁権をもつ（56条2項）。

2　国会議員

（1）議員の身分の得喪

議員は，選挙に当選することによってその身分を取得する（43条1項）。

衆議院議員については4年の任期満了により，または解散の場合はその任期満了前に（45条），参議院議員については6年の任期満了により（46条），それぞれ議員の身分を失う。さらに，議員は，①他の議院の議員となったとき（48条，国会法108条），②資格争訟の裁判で資格がないとされたとき（55条，国会法111条以下），③懲罰により除名されたとき（58条2項，国会法122条），④辞職したとき（国会法107条），⑤被選挙資格を失ったとき（同109条），⑥選挙訴訟または当選訴訟の判決によって選挙または当選が無効とされたとき（公職選挙法204条以下），その身分を失う。

（2）議員の特権

①不逮捕特権

50条は，「両議院の議員は，法律の定める場合を除いては，国会の会期中逮捕されず，会期前に逮捕された議員は，その議院の要求があれば，会期中これを釈放しなければならない」と定め，不逮捕特権を保障している。不逮捕特権の目的については，(i)行政府の不当逮捕から議員の身体の自由を守り，議員の職務遂行が妨げられないようにするためと捉える見解と，(ii)議院の正常な活動を確保するためと捉える見解とがあるが，(i)説が通説である。

例外として逮捕が認められる「法律の定める場合」として，国会法33条

は「院外における現行犯の場合」を挙げている。現行犯逮捕については，不当逮捕の可能性が少ないからである。

　また，同条は，「その院の許諾」のある場合には逮捕は認められるとしている。この点，(i)説からすれば，議院は，逮捕の理由が不当であれば許諾を拒否でき，正当であれば許諾しなければならないが，(ii)説からすれば，議院は，逮捕請求を受けた議員が議院の活動にとって特に必要か否かによって許諾の可否を決することになる。また，逮捕請求を許諾するにあたって，議院が一定の条件や期限を付することができるかについては，学説では肯定説と否定説とで見解が分かれるが，判例（東京地決昭和29年3月6日判時22号3頁）は否定説を採用している。

②免責特権

　51条は，「両議院の議員は，議院で行つた演説，討論又は表決について，院外で責任を問はれない」と定め，免責特権を保障している。免責特権の目的は，議院における議員の発言・表決の自由を保障することにある。この点，議員が国務大臣として行った発言については免責されないとされる。

　まず，免責の対象となるのは，「議院で行つた演説，討論又は表決」であるが，これを(i)限定的に列挙しているとみる説と，(ii)例示的に列挙しているとみる説とが対立している。(ii)説が通説であり，判例も，第一次国会乱闘事件（東京地判昭和37年1月22日判時297頁7頁）において，免責特権は「議員の国会における意見の表明とみられる行為にまで拡大され［…］議員の職務遂行に附随した行為にも」及ぶとし，また，第二次国会乱闘事件（東京高判昭和44年12月17日高刑集22巻6号924頁）においても，「少なくとも議員がその職務上行った言論活動に附随して一体不可分に行われた行為」に及ぶとしている。ただし，いずれの判例も，議員の職務行為に附随して行われた犯罪については，免責されないとしている。

　次に，「院外で責任を問はれない」とは，一般国民ならば負うべき法的責任（例えば，名誉毀損などの民刑事上の責任），および議員が公務員を兼職する場合（国会法39条）の懲戒責任などを問われないことを意味する。ただし，当然，議員の行為は院内における懲罰の対象とはなりうる。

　なお，免責特権の保障が相対的か絶対的か，すなわち，国の賠償責任が生ずる場合があるか否かについては争いがある。(i)相対説は，一般国民の

名誉を毀損するような発言は、公務員が「違法に他人に損害を加えた」（国家賠償法1条1項）ものとして、少なくとも国の賠償責任が生ずる場合があるとする。これに対して、(ⅱ)絶対説は、いかなる場合にも国家賠償請求を認めないとする。この点、判例は、病院長自殺事件［判例10-1］において、国家賠償が認められる要件を示したものの、その要件を非常に厳しいものとしている。

③歳費受領権

49条は、「両議院の議員は、法律の定めるところにより、国庫から相当額の歳費を受ける」と定め、歳費受領権を保障している。この規定を受けて、国会法35条は、「議員は、一般職の国家公務員の最高の給与額［…］より少なくない歳費を受ける」と定めている。

（3）議員の権能

議員の権能としては、国会召集要求権（53条）、議案発議権（国会法56条1項）、動議提出権（同57条・57条の2・68条の4・121条3項）、質問権・質疑権[*2]（同74条、76条、衆議院規則118条、参議院規則108条）、討論権・表決権（51条）などがある。

III 国会の活動

1 会期制

国会は、一定の限られた期間（会期）においてのみ、憲法上の権能を行使する。これを会期制というが、憲法は会期制を採用することを明記していない。しかし、常会(52条)および臨時会(53条)を設け、また、「会期前」「会期中」という言葉を用いている（50条）ことから、憲法は会期制を前提としていると解されている。

[*2] **質問権・質疑権**：「質問」とは、議員が議題と関係なく、国政一般について内閣に対し事実の説明を求め、または所見をただす行為をいう。これに対して、「質疑」とは、議員が議題について疑義をただす行為をいう。

(1) 会期の種類

憲法は、常会、臨時会および特別会の3つの会期を認めている。

常会は、通常国会とも呼ばれ、「毎年1回これを召集する」(52条)。「常会は、毎年1月に召集するのを常例と」(国会法2条)し、「会期は、150日間とする」(同10条)。

臨時会は、臨時国会とも呼ばれ、必要に応じて臨時に召集される。53条は、「内閣は、国会の臨時会の召集を決定することができる。いづれかの議院の総議員の4分の1以上の要求があれば、内閣は、その召集を決定しなければならない」と定めている。

特別会は、特別国会とも呼ばれる。54条1項は、「衆議院が解散されたときは、解散の日から40日以内に、衆議院議員の総選挙を行ひ、その選挙の日から30日以内に、国会を召集しなければならない」と定めており、この規定に基づいて召集される国会が特別会である。

(2) 会期不継続の原則と一時不再議の原則

会期制と関連して、会期不継続の原則と一時不再議の原則がある。

まず、会期不継続の原則とは、国会は会期ごとに独立して活動し、会期中に議決されなかった案件は後会に継続しないことを指す。この原則は、憲法上の原則ではなく、国会法上の原則である(国会法68条本文)。ただし、常任委員会および特別委員会が議院の議決により付託され「閉会中審査した議案及び懲罰事犯の件は、後会に継続する」(同条但書)。

次に、一時不再議の原則とは、一度否決された案件を同一会期中再び審議しないことを指す。この原則は明治憲法39条に明記されていたが、日本国憲法はこれを明記していない。のみならず、国会法および議院規則も沈黙している。しかし、この原則は日本国憲法下においても妥当すると解されている。

2 会議の原則

(1) 定足数

定足数とは、会議体が会議を開き、審議し、議決をなすための必要最小

限度の出席者数をいう。56条1項は、「両議院は、各々その総議員の3分の1以上の出席がなければ、議事を開き議決をすることができない」と定め、議事および議決の定足数をそれぞれ「総議員」の「3分の1以上」としている。「総議員」の意味については、①法定議員の総数とする説と、②死亡・辞職等による欠員を差し引いた現在の議員数とする説とがあるが、両議院の先例は①説に従っている。

（2）表決数

　表決数とは、会議体が意思決定を行うために必要な賛成の数をいう。56条2項は、「両議院の議事は、この憲法に特別の定のある場合を除いては、出席議員の過半数でこれを決し、可否同数のときは、議長の決するところによる」と定めている。「憲法に特別に定のある場合」としては、憲法改正の発議（96条1項）の場合に「総議員」の3分の2以上の多数が要求されるほかに、資格争訟裁判での議席の喪失（55条但書）、秘密会の開催（57条1項但書）、議員の除名（58条2項但書）、法律案の再議決（59条2項）の場合に、それぞれ「出席議員」の3分の2以上の多数が要求される。

　「出席議員」の意味については、棄権者、白票および無効票を含めるかどうかについて争いがある。①含まれるとする積極説は、これらをすべて反対の表決をした者と同じに扱うことになる。また、②含まれないとする消極説は、出席して議事に参加した者を欠席者や退席者と同じに扱うことになる。このように、いずれの説にも問題点があるが、通説および両議院の先例は、①説に立っている。

（3）会議の公開

　57条1項本文は、「両議院の会議は、公開とする」と定めている。ここでいう「公開」とは、傍聴の自由のみならず、報道の自由が認められることを意味する。ただし、「出席議員の3分の2以上の多数で議決したときは、秘密会を開くことができる」（同項但書）。なお、委員会は非公開とされ、傍聴および報道には委員長の許可が必要であるとされている（国会法52条1項）。

3　委員会制度と委員会中心主義

各議院には常任委員会と特別委員会が置かれており（国会法40条），委員会制度が採用されているが，これは憲法上の要請ではない。

明治憲法下では，議案審議の中心を本会議に置く本会議中心主義が採用され，委員会は本会議の準備作業をするものとされていた。しかし，日本国憲法下では，議案審議について委員会を中心とする委員会中心主義が採用されている。

4　参議院の緊急集会

54条2項は，「衆議院が解散されたときは，参議院は，同時に閉会となる。但し，内閣は国に緊急の必要があるときは，参議院の緊急集会を求めることができる」と定める。衆議院が解散されると，国会は総選挙後に特別会が召集されるまで停止するが，この間に法律の制定・改廃や予算の改定その他国会の開会を要する緊急の事態が生じたときに，参議院の緊急集会がこれに対処する。緊急集会は国会を代行するものであるので，その権能は，憲法改正の発議および内閣総理大臣の指名を除いて，国会の権能に属する事項すべてに及ぶ。

ただし，「緊急集会において採られた措置は，臨時のものであつて，次の国会開会の後10日以内に，衆議院の同意がない場合には，その効力を失ふ」ものとされる（54条3項）。

Ⅳ　国会の権能

1　憲法改正発議権

96条1項前段は，「各議院の総議員の3分の2以上の賛成で，国会が，これを発議し，国民に提案してその承認を経なければならない」と定めている。憲法改正の最終決定権は主権者である国民にあるので，憲法は国民代

表機関である国会に憲法改正発議権を付与しているのである。ここでいう「発議」とは，国民に提案される憲法改正案を国会が決定することをいう。改正案の原案を提出するには，衆議院において議員100人以上，参議院において議員50人以上の賛成を要する（国会法68条の2）。

2 立法権

　41条は，「国会は［…］国の唯一の立法機関である」と定め，また，59条1項は，「法律案は［…］両議院で可決したとき法律となる」と定め，国会に立法権を付与している。

　法律の制定過程では，まず，法律案が発議（提出）される。議員が法律案提出権を有するのは憲法上当然であると解されているが，国会法56条1項によれば，議員が法律案を発議するには，衆議院については議員20人以上，参議院については議員10人以上の賛成を要し，予算を伴う法律案については，衆議院においては議員50人以上，参議院については議員20人以上の賛成を要する。また，各議院の委員会も法律案を提出できる（国会法50条の2）。なお，内閣に法律案提出権が認められるかどうかについては，すでに述べたとおり，肯定説が通説である。

　法律案がどちらかの議院に提出されると，次に，議長は委員会に審査を付託する。すでに述べたとおり，委員会中心主義が採られているので，委員会での審査が中心となる。ただし，「特に緊急を要するものは，発議者又は提出者の要求に基き，議院の議決で委員会の審査を省略することができる」（同56条2項但書）。

　委員会での審査が終わると，法律案は，本会議で審議・議決され，そこで可決されると，もう一方の議院に送付される。送付された法律案は，先議院と同様の手続に付され，本会議で可決されると法律となる。国会で可決された法律は，「すべて主任の国務大臣が署名し，内閣総理大臣が連署する」（74条）。そして，天皇が内閣の助言と承認に基づいて法律を公布する（7条1号）。

3　予算議決権

　73条5号によれば，内閣は，予算を作成し，国会に提出する。これを受けて，国会は予算議決権をもつ。予算制度については，第13章を参照。

4　条約締結承認権

　73条3号は，条約の締結を内閣の権限としつつ，「事前に，時宜によっては事後に，国会の承認を経ることを必要とする」と定めている。この条約締結承認権は，内閣による条約締結に対して民主的統制を及ぼすための手段である。

（1）事後不承認の場合の条約の効力

　まず，国会の事前承認が得られなかった場合には，内閣は条約を締結することはできず，条約は成立しない。これに対して，国会の事後承認が得られなかった場合の条約の効力については争いがある。すなわち，①国会の承認は条約成立の効力要件であり，事後承認が得られない場合には条約の署名または批准は効力を失うとする無効説と，②条約の効力は署名または批准によって確定するのであって，事後承認が得られなくても条約の効力に影響はないとする有効説とが対立している。①説が通説ではあるが，実際に事後承認を得られなかった実例はこれまでない。

（2）条約修正権

　また，条約の承認にあたって，国会が条約の内容を修正できるかについても争いがある。通説は，①条約の内容は相手国との交渉によって決定されるので，国会はその内容を一方的に確保できるものではないとして，国会の修正権を否定する。これに対し，少数説は，②国会による民主的統制は重視されるべきであり，また，国会は不承認とすることもできる以上，不承認よりも拒否の程度の弱い修正付き承認をすることは当然できるとして，国会の修正権を肯定する。ただし，実際に条約内容が国会により修正されたことはない。

5　内閣総理大臣指名権

　67条1項前段は、「内閣総理大臣は、国会議員の中から国会の議決で、これを指名する」と定め、国会に内閣総理大臣指名権を付与している。そして、同項後段は、「この指名は、他のすべての案件に先だつて、これを行ふ」と定めている。

6　弾劾裁判所設置権

　78条前段は、「裁判官は、裁判により、心身の故障のために職務を執ることができないと決定された場合を除いては、公の弾劾によらなければ罷免されない」として、司法権の独立維持のため、裁判官の身分保障を定める（裁判官の身分保障について⇒第12章Ⅴ3）。この身分保障に対して、権力分立制に基づく民主的統制として、罷免の訴追を受けた裁判官を裁判するため、国会各院から7名、合計14名の議員により構成される弾劾裁判所が設置される（憲法64条1項、裁判官弾劾法16条1項）。弾劾裁判は、通常の裁判制度における検察にあたる訴追委員会の訴追に基づいて行われる。訴追委員会は、各院10名、合計20名の議員から構成される（国会法126条、裁判官弾劾法5条1項）。

7　その他の権能

　国会に憲法上認められている他の権能として、財政監督権（83条）、皇室財産授受の議決権（8条）がある。

Ⅴ　議院の権能

1　議院自律権

　議院自律権とは、各議院の組織・運営等の内部事項に関して、各議院が

他の国家機関および他院による干渉を排して自主的に決定する権能をいう。

(1) 組織自律権

①役員選任権

58条1項は,「両議院は,各々その議長その他の役員を選任する」と規定し,各議院に役員選任権を付与している。

②議員の資格に関する争訟の裁判権

55条は,「両議院は,各々その議員の資格に関する争訟を裁判する。但し,議員の資格を失はせるには,出席議員の3分の2以上の多数による議決を必要とする」と定め,各議院に議員の資格に関する争訟の裁判権を付与している。

この争訟の「裁判」は,76条1項の「司法権」の例外であって,司法裁判所の管轄外である。したがって,議院の裁判に不服があっても,司法裁判所に救済を求めることはできない。

③議員の逮捕許諾権および釈放要求権

50条は,「両議院の議員は,法律の定める場合を除いては,国会の会期中逮捕されず,会期前に逮捕された議員は,その議院の要求があれば,会期中これを釈放しなければならない」と定め,また,これを受けて国会法33条は,「各議院の議員は,院外における現行犯罪の場合を除いては,会期中その院の許諾がなければ逮捕されない」と定めており,各議院に議員の逮捕許諾権および釈放要求権を付与している。

(2) 運営自律権

①規則制定権

58条2項本文前段は,「両議院は,各々その会議その他の手続及び内部の規律に関する事項を定め」るとして,各議院に規則制定権を付与している。これは,議院が,その会議等の手続と内部規律を自主的に制定しうる権能であり,この権能に基づいて定められたものが議院規則である。各議院において,衆議院規則と参議院規則とがそれぞれ定められている。議院規則は,国民一般を規律するものではないが,議員や国務大臣のほかに,公述人や傍聴人をも規律するので,実質的意味の法律である。

ところで，わが国では，憲法と議院規則との間に国会法が介在している。この国会法は，両議院と政府等外部との関係や両議院相互の関係に関する事項のみならず，議院内部の運営事項を定めている。そこで，国会法と議院規則とが矛盾・抵触した場合の効力の優劣が問題となる。従来，①国会法の制定・改正には両議院の議決を必要とするのに対して，議院規則の制定・改正には一院の議決のみで足りることを理由に，国会法の効力が議院規則に優位すると説く法律優位説が通説であった。しかし，近年，②議院の内部事項は議院規則の専属的所管事項であり，国会法は両議院の紳士協定にすぎないとして，議院規則の効力が国会法に優位すると説く規則優位説が有力に主張されるようになってきている。

②議員懲罰権

58条2項本文後段は，両議院は，「院内の秩序をみだした議員を懲罰することができる」と定め，各議院に議員懲罰権を付与している。これは，議院が独自の権能に基づいて院内の秩序を維持し，議員の行動を規律することを認めたものである。懲罰事由に当たる行為は，国会法（116条，119条，120条，124条）および議院規則（衆議院規則238条，244条，245条，参議院規則235条，236条，244条，245条）に定められているが，これらは例示に過ぎず，院内の秩序を乱す行為はすべて懲罰の対象となりうる。懲罰の種類には，戒告，陳謝，登院停止および除名の4つがある（国会法122条）が，議員の身分を失わせる除名には，出席議員の3分の2以上の特別多数による議決が必要とされる（58条2項但書）。

③議会の内部運営に対する司法審査

議院の議事手続に対する司法審査の可否については，通説は，①議院の自律権を尊重して，司法審査を認めない否定説を採っている。これに対して，②裁判所は法律の内容を審査する権限（実質的審査権）を付与されている以上，法律の制定手続を審査する権限（形式的審査権）も付与されているとして議事手続に対する司法審査を認める肯定説や，③明白な憲法違反のある場合に限って司法審査を認める例外的肯定説も主張されている。この点，判例は，警察法改正無効事件［判例10-2］において，①説の立場を採っている。

また，議院が行う懲罰についても，議院の自律性のほかに，議員の免責

特権の保障に対応して議院に議員懲罰権が与えられていることを考慮して，司法審査は及ばないとするのが通説である。

（3）財務自律権

財務自律権とは，議院の組織・運営に必要な経費を確保することのできる権能をいう。憲法は財務自律権についての規定を有していないが，国会法32条1項は，「両議院の経費は，独立して，国の予算にこれを計上しなければならない」と定めている。この規定により，両議院の所要経費は，他の国家機関のそれとは別に計上・議決される。

2　国政調査権

62条は，「両議院は，各々国政に関する調査を行ひ，これに関して，証人の出頭及び証言並びに記録の提出を要求することができる」と定め，各議院に国政調査権を付与している。これは，国会の地位と活動を強化するために認められた権能である。

（1）国政調査権の法的性質

国政調査権の法的性質については，学説上見解が対立している。①独立権能説は，41条前段の「国権の最高機関」に法的意味を認めることを前提に，国政調査権は国会が他の国家機関の活動を監督・批判するための独立の権能であると説く。これに対して，②補助的権能説は，「国権の最高機関」は政治的美称であるとの前提のもとに，国政調査権は国会や議院に認められた諸権能を実効的に行使するための補助的な権能であると説く。浦和事件[*3]以降，②説が通説となっている。判例も，日商岩井事件（東京地判昭和55年7月24日判時982号3頁）において，②説を採っている。

[*3]　浦和事件：1949年無理心中で子供を殺して自首した母親の浦和充子に対して，浦和地裁（現さいたま地裁）が懲役3年・執行猶予3年の判決を下したところ，参議院法務委員会は独立権能説を援用して，これを調査し，量刑が不当である（軽すぎる）という決議を行った。最高裁は，補助的権能説に依拠して，法務委員会による国政調査権の濫用を批判した。

（2）国政調査権の範囲と限界

　独立権能説に立てば，国政調査権の範囲は広範に認められる。また，補助的権能説に立つとしても，国会や議院に認められた権能は広範であるので，国政調査の範囲は，国政のほぼ全般にわたることになる。判例も，前掲・日商岩井事件において，国政調査権の範囲を広く認めている。しかし，いずれの説に立っても，国政調査権には他の国家機関との関係において限界がある。

①司法権との関係

　裁判に関する調査は，司法権の独立（76条3項）との関係で，事件を担当している裁判官に事実上の影響を及ぼすことないように十分に配慮して行われなければならないとされる。すなわち，裁判所に係属中の事件について，裁判所とは異なった目的から並行的に調査することは許されるが，裁判官の訴訟指揮の当否の調査および裁判内容の当否の調査は許されず，また，確定判決に対する批判的調査も許されない。

②検察権との関係

　検察事務も行政作用であるので，原則として国政調査の対象となる。しかし，検察作用は裁判と密接に関連する準司法的作用であるので，司法権に類似した取り扱いがなされる。前掲・日商岩井事件によれば，検察権との並行調査は原則として許されるが，「起訴，不起訴についての検察権の行使に政治的圧力を加えることが目的と考えられるような調査」，「起訴事件に直接関連ある捜査及び公訴追行の内容を対象とする調査」，「捜査の続行に重大な支障を来たすような方法をもって行われる調査」は許されない。

③一般行政権との関係

　一般行政権に対しては，調査権は広範に及び，議院は行政事務全般にわたって調査することができる。しかし，公務員の職務上の秘密に関する事項には及ばない（議院証言法5条）。ただし，職務上の秘密については，国会による行政監督を十分に行わせるという見地から，その範囲を限定して考えることになる。

④私人との関係

　私人に対する国政調査については，基本的人権を侵害するような手段・方法がとられるようなものは許されない。特に，証人の思想の自由やプラ

イバシーを侵害してはならない。そのような調査に対しては，証人は，38条の黙秘権および議院証言法7条の「正当な理由」を根拠に，証言を拒否できる。また，判例（札幌高判昭和30年8月23日高刑集8巻6号845頁）によれば，国政調査権の性質からして，住居侵入，捜索，押収および逮捕のような刑事上の強制力を伴う調査は認められない。

判例 10-1

争点

議員の職務上の行為が国家賠償法の賠償責任の対象となるか
―― 病院長自殺事件

事案

衆議院社会労働委員会における医療法改正の審議において，衆議院議員であったY1が，ある病院の院長Aの患者に対する破廉恥行為や精神安定剤の服用などを指摘したところ，その翌日，Aは自殺した。これに対してAの妻であるXは，Y1の発言によりAの名誉が毀損され，Aが自殺に追い込まれたとして，Y1に対しては民法709条・710条に基づき，Y2（国）に対しては国家賠償法1条1項に基づき，それぞれ損害賠償請求を行った。第1審（札幌地判平成5年7月16日判時1484号115頁）および控訴審（札幌高判平成6年3月15日民集51巻8号3881頁）でいずれも請求を棄却されたので，Xが上告。

判旨

〈上告棄却〉「本件発言は，国会議員であるY1によって，国会議員としての職務を行うにつきされたものであることが明らかである」。「Y2が賠償責任を負うことがあるのは格別，公務員であるY1個人は，Xに対してその責任を負わない」。「質疑等においてどのような問題を取り上げ，どのような形でこれを行うかは，国会議員の政治的判断を含む広範な裁量にゆだねられている事柄とみるべきであって，たとえ質疑等によって結果的に個別の国民の権利等が侵害されることになったとしても，直ちに当該国会議員がその職務上の法的義務に違背したとはいえない」。「［Y2の国家賠償法1条1項の］責任が肯定されるためには，当該国会議員が，その職務とはかかわりなく違法又は不当な目的をもって事実を摘示し，あるいは，虚偽であることを知りながらあえてその事実を摘示するなど，国会議員がその付与された権限の趣旨に明らかに背いてこれを行使したものと認め得るような特別の事情があることを必要とする」（最三判平成9年9月9日民集51巻8号3850頁）

判例 10-2

争点

議院の議事手続は司法審査の対象となるか― 警察法改正無効事件

事案

第19回国会で，市町村警察の制度を廃止し都道府県警察に組織変更する新警察法案が衆議院で可決された。しかし，同法案が参議院で可決されないまま会期が終了したため，両議院での会期延長の議決が求められた。衆議院での会期延長の議決に際して野党がこれに抵抗したため，議場は混乱した。議場に入れなかった議長は入口に入ったところで2本の指を挙げ，これによって議長は会期延長が議決されたとした。そして，この会期延長の議決を無効として野党は参議院での同法案の審議・議決に欠席したが，同法案は参議院で可決された。大阪府議会は，新警察法に伴う警察費を計上した予算を可決したが，住民Xは，衆議院での会期延長の議決は無効であることなどを理由に，新警察法は無効であるとして，地方自治法243条の2第4項（現242条の2第1項）に基づいて，大阪府知事Yに対する警察費の支出禁止を求めて出訴した。第1審（大阪地判昭和30年2月15日判時47号9頁）および第2審（大阪高判昭和30年8月9日民集16巻3号472頁）はXの請求を退けたので，Xは上告。

判旨

〈上告棄却〉「同法は両院において議決を経たものとされ適法な手続によって公布されている以上，裁判所は両院の自主性を尊重すべく同法制定の議事手続に関する所論のような事実を審理してその有効無効を判断すべきでない。従って所論のような理由によって同法を無効とすることはできない」（最大判昭和37年3月7日民集16巻3号445頁）

第11章 内閣

本章の狙い

日本国憲法においては，政府は，天皇および内閣によって構成されている。天皇については第2章ですでにみたので，本章では内閣についてみていくことにしよう。内閣は，国会と深く関わり合っており，また，三権分立でいう「立法権，行政権，司法権」のうち，行政権を担う重要な機関である。まず，このような内閣の地位を検討し，その上で，内閣の構成，権能および活動方法についてみていく。また，内閣の下には行政機関が存在しており，これについても概観しよう。

I 内閣の地位

1 議院内閣制

(1) 議会と政府との関係

議会と政府との関係は，3つに大別することができる。

① 大統領制

大統領制では，議会と政府の長たる大統領は，それぞれ国民によって選出され，相互に独立して立法権と行政権を行使する。大統領は議会解散権をもたず，議会も大統領に対する不信任決議権をもたない。アメリカがこの代表例である。

②議院内閣制

　議院内閣制では，政府の長たる君主または大統領は儀礼的な行為のみを行い，内閣が議会（両院制の場合には特に下院）と密接な関係を持ちつつその政治的権能を行使する。内閣の首長は，議会の意向を受けて君主または大統領によって議員の中から任命される。議会は内閣不信任決議権をもち，内閣（場合によっては君主または大統領）も議会解散権をもつ。

　内閣が議会に対してのみ責任を負うものを「一元型議院内閣制」，議会に対してだけでなく君主または大統領に対しても責任を負うものを「二元型議院内閣制」という。前者の代表例がイギリス，ドイツであり，後者の代表例がフランスである。

③議会支配制

　議会支配制では，政府は議会の一委員会にすぎず，政府は議会に一方的に従属する。当然，政府は議会の解散権をもたず，議会は政府に対する監督を行う。スイスの総裁政府制がこの代表例である。

（２）日本国憲法における議院内閣制

　日本国憲法が定める議会と政府との関係は，「一元型議院内閣制」である。まず，天皇は国政に関する権能を有さず（4条1項），内閣が政治的権能を行使する。次に，内閣総理大臣は国会の議決で指名され（67条1項前段），天皇により任命される（6条1項）。また，内閣総理大臣および他の国務大臣の過半数は国会議員の中から選ばれなければならない（67条1項前段，68条1項但書）。さらに，内閣は国会に対して連帯して責任を負い（66条3項），衆議院は内閣不信任決議権を有し（69条），内閣は衆議院解散権を有している。

（３）衆議院解散権の根拠と限界

　内閣の衆議院解散権の根拠については，学説上争いがある。

　そもそも，衆議院の解散は，天皇の国事行為とされており（7条3号），形式上，解散を行うのは天皇であるが，その実質的決定権者は内閣であるとされる。したがって，内閣が憲法上いかなる根拠に基づいて衆議院解散権を行使できるのかが問題となるのである。

まず、①69条説は、「内閣は、衆議院で不信任の決議案を可決し、又は信任の決議案を否決したときは、10日以内に衆議院が解散されない限り、総辞職をしなければならない」と定める69条にその根拠を求める。すなわち、憲法は、解散権についての一般的規定を有しておらず、解散が行われる場合について69条でしか言及していないので、69条を根拠に解散権を行使できると説く。この説によれば、内閣が衆議院を解散できるのは当然69条の場合に限定されるので、その意味で、この説は69条限定説とも呼ばれる。しかし、この説に対しては、解散による民意を問う機会を限定することになってしまうという批判がなされている。

　これに対して、69条非限定説は、内閣が衆議院を解散できるのは69条の場合に限定されないとして、内閣に自由な解散権を認めるが、その根拠を何に求めるかについては3つの考え方がある。まず、②65条説は、「行政権は、内閣に属する」とする65条をその根拠とする。この説は、65条の「行政権」概念について控除説（後述）に立った上で、解散は立法作用でも司法作用でもないので「行政」に属するということを理由に挙げる。しかし、控除説自体が批判されており、この説は控除説を採らない場合には通用しないという問題点がある。次に、③制度説は、憲法の特定の条文ではなく、議院内閣制を採用している憲法全体の趣旨にその根拠を求める。この説に対しては、議院内閣制が必ずしも自由な解散権を認めているとは限らないのに、その議院内閣制から自由な解散権を導き出すことはできないのではないかという批判がある。最後に、④7条説は、7条3号の衆議院の解散という国事行為に対する内閣の「助言と承認」をその根拠とする。すなわち、天皇が国事行為を行いうるのは、「助言と承認」によって内閣がその実質的決定権を有するからであり、衆議院の解散についても国事行為とされていることから、内閣が「助言と承認」によって解散の実質的決定権を有し、したがって、自由な解散権が認められると説くのである。通説は④説である。

　次に、解散が69条の場合に限定されないとしても、解散権の行使に限界がないわけではない。すなわち、内閣が衆議院を解散できるのは、(i)衆議院で内閣の重要案件が否決され、または審議未了になった場合、(ii)政界再編等により内閣の性格が基本的に変わった場合、(iii)総選挙の争点

でなかった新しい重大な政治的課題に対処する場合，(iv) 内閣が基本政策を根本的に変更する場合などに限られるとされている。

2　行政権の帰属

　65条は，「行政権は，内閣に帰属する」と規定しているが，ここにいう「行政権」概念をどのように理解するかについては，学説上争いがある。

（1）従来の学説

　まず，通説は，①「行政」とはすべての国家作用のうちから立法作用と司法作用を除いた残りの作用であるとする控除説を採用している。①説は，多様な行政活動を包括的に捉えることができるだけでなく，君主による絶対的支配権から，立法権・司法権が分化してきたという歴史的沿革にも適合しているという利点を有している。しかし，①説に対しては，「行政権」の積極的な定義をすることができていないという批判がなされてきた。

　これに対して，「行政権」を積極的に捉えようとする見解が提示されてきた。例えば，伝統的には，②「行政」とは「法の下に法の規制を受けながら，国家目的の積極的な実現をめざして行われる全体として統一性をもった積極的な形成的活動」であるとする見解が主張されてきた。しかし，このような伝統的な積極説に対しては，必ずしも多様な行政活動のすべてを捉えきれていないという批判がある。

（2）近年の学説

　近年においても「行政権」を積極的に定義しようとする試みが続けられ，2つの学説が対立している。すなわち，③国家作用を対人民作用に限定し，「行政権」とは国会の制定した法律の執行作用であると説く法律執行説と，④国家作用を対人民作用に限定せず，「行政権」とは国政に関する基本方針や重要事項を策定するとともに，行政各部を指揮することであると説く執政権説とが対立している。③説によれば，狭義の内閣と行政各部とを区別することなく，両者を合わせた広義の内閣に「行政権」が帰属することになる。反対に，④説によれば，内閣と行政各部は区別され，行政各部が法律を執行することになり，内閣が「行政権」，すなわち，執政権を通じて，行

政各部による法律の執行をコントロールすることになる。いずれの説も有力に主張されているが，通説たる地位を占めるには至っていない。

II　内閣の構成

66条1項は，「内閣は，法律の定めるところにより，その首長たる内閣総理大臣およびその他の国務大臣でこれを組織する」と定める。

1　内閣の成立

内閣は，天皇が内閣総理大臣を任命し，その内閣総理大臣がその他の国務大臣を任命することよって成立する。

（1）内閣の構成員

内閣総理大臣は，国会の指名に基づいて，天皇により任命される（6条1項）。内閣総理大臣の指名にあたって，67条1項は，「国会議員の中から」指名すべきものとしている。したがって，内閣総理大臣は，衆議院議員でなく，参議院議員でもよい。ただし，これまで，内閣総理大臣はすべて衆議院議員から選ばれている。また，国会議員であることは，内閣総理大臣の指名要件だけでなく，在任要件でもあると解するのが通説である。

国務大臣は，内閣総理大臣によって任命されるが，その過半数は国会議員の中から選ばなければならない（68条1項）。国務大臣の数は，14人以内であるが，特別に必要がある場合においては，17人以内とすることができる（内閣法2条2項）。

（2）文民条項

66条2項は，「内閣総理大臣その他の国務大臣は，文民でなければならない」として，内閣の構成員の要件として「文民」であることを要求している。「文民」の意味については，当初は，①職業軍人でない者，②職業軍人の経歴を有しない者，③職業軍人の経歴を有しておらず，かつ，軍国主義

的思想に深く染まっていない者という3つの説が唱えられていたが、今日では、④国の武力組織に職業上の地位を有しない者、と解するのが通説である。通説によれば、自衛官の職にある者は「文民」ではないので、大臣就任資格を有しない。したがって、この文民条項は、軍としての性格を有していると解されている自衛隊に文民統制[*1]を適用することに意義がある。ただし、通説によっても、過去に自衛官の職にあった者は、「文民」とされ、大臣就任資格を有する。

2 内閣総理大臣

(1) 内閣総理大臣の地位

明治憲法下では、内閣総理大臣は他の国務大臣と対等であり、同輩中の首席にすぎなかったが、日本国憲法は、内閣総理大臣に内閣の首長としての地位を与えている(66条1項)。

(2) 内閣総理大臣の権能

①国務大臣の任免権

内閣総理大臣は、国務大臣を任命し(68条1項本文)、任意に国務大臣を罷免することができる(68条2項)。これにより、内閣総理大臣は、統一的な内閣を組織・運営することができる。

②国務大臣の訴追の同意権

75条本文は、「国務大臣は、その在任中、内閣総理大臣の同意がなければ、訴追されない」と規定し、内閣総理大臣に国務大臣の訴追の同意権を付与している。この趣旨は、検察権による内閣の職務遂行への不当な圧力・干渉を排除し、内閣の統一性を保つことにある。ここでいう「訴追」とは、公訴の提起以外にも、逮捕・勾留などの身体の拘束も含むと解するのが通説である。これに対して、判例(東京高判昭和34年12月26日判時213号46頁)は、「訴追」には逮捕・勾留は含まれないとしている。

[*1] **文民統制**：軍による政治への介入を阻止するために、軍の組織や活動を政治部門の統制の下に置くこと。シビリアン・コントロールともいう。

なお、75条但書は、「これがため、訴追の権利は、害されない」と規定しており、国務大臣の在任中、内閣総理大臣の同意がなくて訴追できない場合であっても、その期間は公訴時効の進行が停止すると解されている。

③**内閣の代表**

72条は、「内閣総理大臣は、内閣を代表して議案を国会に提出し、一般国務及び外交関係について国会に提出し、並びに行政各部を指揮監督する」と定め、内閣総理大臣が内閣の代表として行うべき3つの事項を挙げている。

このうち特に重要なのが、72条後段の行政各部に対する指揮監督権である。72条後段の規定を受けて、内閣法6条は、「内閣総理大臣は、閣議にかけて決定した方針に基づいて、行政各部を指揮監督する」と定めている。したがって、内閣総理大臣が指揮監督を行うためには、事前に内閣の意思決定が存在することが必要であるとも読み取れるが、この点について、判例は、ロッキード事件［判例11-1］において、閣議にかけて決定した方針が存在しない場合であっても、内閣総理大臣には内閣の明示の意思に反しない限り、行政各部に対し指示を与える権限があることを認めた。

④**その他の権能**

その他に、法律および政令に連署すること(74条)、閣議を主宰すること(内閣法4条2項前段)、閣議で内閣の重要政策に関する基本的な方針その他の案件を発議すること(同4条2項後段)、行政各部の処分または命令を中止せしめ、内閣の処理を待つこと(同8条)、内閣府の長として「主任の大臣」になること(内閣府設置法6条)などがある。

3　国務大臣

(1) 国務大臣の地位

国務大臣は、内閣の構成員として内閣の権能行使に関与する地位と、「主任の大臣」(内閣法3条1項)として行政事務を分担管理する地位とを併せもっている。ただし、「特定の行政事務を分担管理しない」(同条2項)、いわゆる無任所大臣が置かれることもある。

（2）国務大臣の権能

　一般に，国務大臣は，内閣の構成員として，閣議請議権を有し（同4条3項），閣議に列席し，内閣の意思形成に参加する（同条1項）。また，「何時でも議案について発言するため議院に出席することができる」(63条)。

　主任の大臣としての国務大臣は，所管する法律・命令に署名する(74条)。

4　内閣の総辞職

　総辞職とは，内閣の構成員全員が同時に辞職することをいう。

　内閣は，その存続が適当でないと考えるときは，いつでも総辞職することができる。しかし，①衆議院が不信任の決議案を可決しまたは信任の決議案を否決したとき，10日以内に衆議院が解散されない場合(69条)，②内閣総理大臣が欠けた場合(70条前段)，③衆議院議員総選挙の後に初めて国会の召集があった場合(70条後段)は，内閣は必ず総辞職しなければならない。②の「内閣総理大臣が欠けたとき」とは，(ⅰ)死亡した場合，(ⅱ)除名(58条2項但書)，資格争訟(55条)，選挙訴訟・当選訴訟(公選法204条，208条)の結果国会議員たる地位を失い，内閣総理大臣となる資格を失ってその地位を離れた場合を指す。(ⅲ)辞職した場合についても，学説上争いはあるものの，「欠けたときに」に含まれるとされる。ただし，病気または生死不明の場合は，「事故のあるとき」（内閣法9条）として，予め指定された国務大臣が，内閣総理大臣臨時代理として職務を代行する。

　内閣が総辞職すると，新内閣の形成が必要となるが，「内閣は，あらたに内閣総理大臣が任命されるまで引き続きその職務を行ふ」(71条)ものとされる。なお，②の場合は，内閣総理大臣臨時代理が，新たに内閣総理大臣が任命されるまでの間，内閣総理大臣の職務を代行する(内閣法9条)。

III 内閣の権能と責任

1 憲法73条により認められる権能

73条は,「内閣は,他の一般行政事務の外,左の事務を行ふ」と規定し,内閣が行うべき重要な事務を列挙している。

(1) 一般行政事務

73条柱書は,内閣の権能として,「他の一般行政事務」を挙げている。すなわち,以下の73条1号から7号で列挙された事務は例示であり,内閣の権能はこれらに限られないのである。

(2) 法律の誠実な執行と国務の総理

①法律の誠実な執行

最も重要な権能として,内閣は「法律を誠実に執行」する(1号)。ただし,「行政権」概念について執政権説を採れば,この規定は,内閣が行政各部に法律を誠実に執行させることを意味する。

「誠実に執行」するとは,内閣が国会の制定した法律を違憲であると判断した場合(ただし,そもそも内閣に法律の違憲性を判断する権能が認められるかどうかについては議論がある)であっても,内閣はその法律を執行する義務を負う,ということであると解されている。すなわち,国会が合憲であることを前提にして制定した法律である以上,内閣はそのような法律の執行を拒否することはできないのである。これに対して,最高裁判所が違憲と判断した法律については,第12章でみるとおり,通説は法令違憲判決の効力について個別的効力説を採っており,内閣はその法律の執行を控えるべきであると解されている。

②国務の総理

また,内閣は「国務を総理する」(1号)。「国務の総理」の意味については,2つの説が対立している。①行政事務統轄説は,「国務」とは行政事務を指し,「国務の総理」とは,最高の行政機関として,行政事務を統轄し,行政各部を指揮監督することであると説く。これに対して,②国務総合調整説

は，「国務」とは行政事務のみならず，立法作用・司法作用も含む国政全般を指し，「国務の総理」とは，国政全般について適当な方向をとって進むよう配慮し，調整することであると説く。ただし，①説に立っても，「行政権」概念を控除説のように捉えれば，立法や司法に対する内閣の配慮も行政事務に含まれることになる。したがって，その場合には，両者に結論上の差異はなく，その対立にはさほど意味がないことになる。

(3) 外交関係の処理

内閣は「外交関係を処理する」(2号)。外交は，行政に属する事務の典型である。条約の締結については3号により内閣の権限とされるが，それ以外の外交事務も本号により内閣の権限である。例えば，外交交渉，外交使節の任免，外交文書の作成などである。

(4) 条約の締結

内閣は「条約を締結する」(3号)。ここにいう「条約」とは，その名称(条約・協約・協定等)にかかわらず，当事国に一定の権利義務関係を設定することを目的とした，国家間の文書による約束を指す。条約の締結も，外交関係の処理の1つであるが，その重要性に鑑みて別に規定されている。

条約の締結は，「事前に，時宜によつては事後に，国会の承認を経ることを必要とする」(同号但書)。ただし，既存の条約を執行するための細部の取極は，行政協定と呼ばれ，本号の条約にはあたらず，内閣が2号によりこれを処理することができる。したがって，行政協定の締結には国会の承認は必要とされない。

(5) 官吏に関する事務の掌理

内閣は「法律の定める基準に従ひ，官吏に関する事務を掌理する」(4号)。

官吏に関する事項については，明治憲法下においては，天皇大権に属するとされていたが(明治憲法10条)，日本国憲法は，「法律に定める基準」に従い，内閣が掌理するものとした。この基準を定めた法律が国家公務員法である(国家公務員法1条2項)。

この点，地方公共団体の公務員は，地方公共団体独自の地位に鑑みて，

ここにいう「官吏」には含まれない。また、裁判官、裁判所職員、国会職員などの国家公務員についても、学説上争いがあるものの、ここにいう「官吏」には含まれないとするのが通説である。実際、国家公務員法も、これらの公務員を特別職とし、その適用を排除している（国家公務員法2条3項、5項）。したがって、「官吏」とは、もっぱら国家公務員法2条1項にいう一般職の国家公務員を指す。

(6) 予算の作成・国会への提出

内閣は「予算を作成して国会に提出する」(5号)。この事務は、86条に「内閣は、毎回会計年度の予算を作成し、国会に提出して、その審議を受け議決を経なければならない」とあることに対応するものである。詳しくは、第13章を参照。

(7) 政令の制定

内閣は「この憲法及び法律の規定を実施するために、政令を制定する。但し、政令には、特にその法律の委任がある場合を除いては、罰則を設けることができない」(6号)。すでに述べたとおり、この規定により、執行命令と委任命令が認められる。

(8) 恩赦の決定

内閣は恩赦を決定する (7号)。恩赦とは、行政権が犯罪者の赦免を行うことをいうが、本号は、この恩赦の種類として、「大赦、特赦、減刑、刑の執行の免除及び復権」を定めている。本号は、明治憲法が天皇の大権事項としていた恩赦（明治憲法16条）を内閣の権限としており、天皇は単にそれを認証するにとどまる(7条6号)。

2　憲法73条以外により認められる権能

(1) 天皇の国事行為に対する助言と承認

天皇の国事行為は、内閣の助言と承認に基づき行われる(3条、7条)。

①国事行為の法的性質と内閣の「助言と承認」の意味

国事行為とは、政治に関係のない形式的・儀礼的行為をいう。この国事行為の法的性質についてどう捉えるかについては争いがある。すなわち、(i)国事行為は本来すべて形式的・儀礼的行為であるとする見解と、(ii)国事行為は、もともと形式的・儀礼的なものではなく国政に関する行為であるが、内閣の「助言と承認」に基づいて行われることから、結果的に形式的・儀礼的なものとなるとする見解とが対立している。

　(i)説によれば、内閣の「助言と承認」は、国事行為の実質的決定権を含むものではなく、国事行為を天皇に行うよう指示するだけの形式的行為にすぎないということになる。これに対して、(ii)説によれば、国事行為は、内閣の「助言と承認」によってこそ形式的・儀礼的な行為となるので、当然、内閣の「助言と承認」は国事行為の実質的決定権を含むことになる。

　(ii)説が通説であるが、内閣総理大臣の任命（6条1項）については、実質的決定権は国会にあり（67条1項）、したがって、この場合の内閣の「助言と承認」は、実質的決定権を含むものではなく、形式的行為と考えられる、という批判がなされている。しかしながら、実質的決定権が他の条文に規定されている場合には内閣の「助言と承認」には実質的決定権は含まれない、という理解をしても、(ii)説の整合性を保つことができる。

②**国事行為の具体的内容**

　天皇の国事行為の具体的内容については、第2章を参照。

（2）国会との関係における権能

　国会との関係では、内閣は、①国会の召集の決定権、②衆議院の解散権、③参議院の緊急集会の要求権をもつ。①については、憲法は、国会の召集を天皇の国事行為とし（7条2号）、国会の会期として、常会（52条）、臨時会（53条）および特別会（54条1項）の3つを区別している。臨時会の召集については、53条が内閣に召集の決定権を付与している。これに対して常会および特別会については、召集の決定権の主体は明示されていないが、内閣が召集の決定権を有するとされる。ただし、その根拠については学説上争いがあり、(i)7条柱書の「助言と承認」に求める説と、(ii)53条を類推する説とがある。②については、すでに述べたとおり、その根拠をめぐって学説上争いがある。③については、54条2項但書に明示されている。

（3）裁判所との関係における権能

裁判所との関係では、内閣は、①最高裁判所長官の指名権（6条2項）、②最高裁判所および下級裁判所の裁判官の任命権（79条1項、80条1項）をもつ。これについては第12章でみることにする。

3　内閣の責任

（1）国会との関係

66条3項は、「内閣は、行政権の行使について、国会に対し連帯して責任を負ふ」と規定している。まず、ここでいう「行政権」とは、65条にいう「行政権」、すなわち、実質的意味の行政権ではなく、形式的意味の行政権、すなわち、あらゆる内閣の権能を指す。次に、内閣が責任を負う相手方は「国会」であるが、各議院が個別的に内閣の責任を追及することができ、内閣は各議院に対して責任を負う。そして、内閣は「連帯して」責任を負うとされるが、このことは、特定の国務大臣が個人的理由に基づきまたはその所管事項に関して個別責任を負い、各議院が国務大臣の個別責任を追及することを排除しない。最後に、「責任」とは、法的責任ではなく、政治的責任をいう。衆議院の不信任決議（69条）については、法的責任としての性質を有しているが、内閣の政治姿勢を理由にして不信任決議を行うことも可能であるので、政治的責任としての性質をも併せ持っている。

（2）天皇との関係

天皇のすべての国事行為に対して内閣の助言と承認が必要とされることから、その行為の結果については内閣が自ら責任を負う（3条）。したがって、天皇は自身の国事行為について無答責とされることになる。また、国事行為への助言と承認の行為が66条3項の「行政権の行使」に含まれると解されるので、内閣が責任を負う相手方は国会である。

Ⅳ　内閣の活動

1　内閣の活動方法

　憲法は，内閣がその権能を行使する場合の方法について何ら定めを設けていない。この点，内閣法4条1項は，「内閣がその職権を行うのは，閣議によるものとする」と定めている。閣議とは，合議体としての内閣が意思決定を行う会議体をいう。すでに述べたとおり，内閣総理大臣は，閣議を「主宰」し，そこで「内閣の重要政策に関する基本的な方針その他の案件を発議する」ことができ（4条2項），また，各大臣は，「案件の如何を問わず，内閣総理大臣に提出して，閣議を求める」ことができる（4条3項）。そして，各省大臣および内閣府の長としての内閣総理大臣は，「主任の行政事務について，法律若しくは政令の制定，改正又は廃止を必要と認めるときは，案をそなえて」閣議を求めなくてはならない（国家行政組織法11条，内閣府設置法7条2項）。

　閣議の形態としては，①定例閣議，②臨時閣議，③持回り閣議とがある。①は，内閣総理大臣およびその他すべての国務大臣が会同して行う参集閣議で，その開催日が決まっている（毎週火曜日と金曜日）閣議であり，②は，参集閣議であるが，開催日が不特定の閣議である。これに対して，③は，各大臣が実際に会同することなく，回覧される閣議書に押印をする形で行われる閣議である。

2　閣議の運営方法

　憲法は，内閣の活動方法を定めていないのであるから，当然，閣議の運営方法についても定めていない。したがって，閣議の運営方法は，内閣の運営自律権に基づいた慣行に委ねられている。すなわち，定足数・議決方法について，全員一致制が採られている。また，秘密制が採られ，この秘密制を確保するために議事録もとられていない。

　この点，閣議の議決方法については，学説上争いがある。すなわち，①憲法66条3項の要求する内閣の「連帯責任」により，大臣はすべて一体とし

て統一的行動をとる必要があるとして、閣議の決定は全員一致によらなければならないとする全員一致説と、②内閣の「連帯責任」からは全員一致が当然に導かれるわけでなく、多数決により決定した方針に基づいて対外的に統一的行動をとることは可能であるとして、閣議の決定は多数決であれば足りるとする多数決説とがある。通説は①説である。

なお、閣議の議決方法を含め、およそ閣議の運営方法について司法審査が及ぶかどうかという問題がある。これについて、多くの学説は、内閣の運営自律権を理由に否定している。

V 行政機関

1 一般行政機関

72条は「行政各部」という語を用いており、内閣の統轄の下で行政事務を行う一般行政機関の存在を予定している。現行法では、内閣府設置法と国家行政組織法が、このような一般行政機関の設置について規定している。

まず、内閣府設置法は、「内閣に、内閣府を置く」（2条）としている。そして、経済財政、科学技術、防災といった、「内閣の重要政策に関する事務を助けること」を主な任務としている（3条1項）。このように内閣府は、重要政策に関して内閣の補佐を行うが、任務はこれだけに限られない。すなわち、内閣府は、内閣府設置法3条2項で掲げられた行政事務も行う。

次に、国家行政組織法は、内閣府以外の行政機関を「内閣の統轄の下に」置き（1条）、「省は、内閣の統轄の下に行政事務をつかさどる機関として置かれるものとし、委員会および庁は、省に、その外局として置かれるものとする」としている（3条3項）。省、委員会および庁は、それぞれの設置法で定められた行政事務を行う。

2 独立行政委員会

このように、行政機関は内閣の統轄の下で行政事務を行うのが原則であ

るが，内閣から独立して特定の行政事務を行う，複数の委員からなる合議機関が存在する。これを独立行政委員会という。独立行政委員会は，人事・警察などのような政治的中立性が高度に要求される行政作用を行うほか，規則の制定という準立法的作用および裁決・審決という準司法的作用をも行う。独立行政委員会の例としては，人事院，公正取引委員会，国家公安委員会，公害等調整委員会，公安審査委員会，中央労働委員会などがある。

　これらの独立行政委員会は，内閣または内閣総理大臣の「所轄」の下にあるとされながら，その任務を行うにあたっては内閣から独立して活動しているので，「行政権は，内閣に属する」と規定する65条に違反しないかが問題となる。学説は独立行政委員会を合憲とみているが，その理由は2つに分かれる。

　1つの説は，①65条はすべての「行政権」を内閣のコントロールの下に置くものであるという解釈を前提に，内閣は独立行政委員会の人事権や予算権を有しているので，内閣のコントロールの下に置かれているとして合憲とする。他方で，もう1つの説は，②65条は必ずしもすべての「行政権」を内閣のコントロールの下に置くものではないという解釈に立って，独立行政委員会の行う非政治的な行政は65条にいう「行政権」に含まれないとして合憲とする。②説が通説であり，判例も，人事院違憲訴訟［判例11-2］において，この見解に立っていると解されている。

判例 11-1

争点

事前の内閣の意思決定がない場合にも，内閣総理大臣の行政各部に対する指揮監督権は認められるか──ロッキード事件

事案

ロッキード社の日本での販売代理店であった丸紅の社長Y1が，当時の内閣総理大臣Y2（田中角栄）に対して，①ロッキード社の航空機L1011型機の購入を全日空に勧奨する行政指導をするよう運輸大臣に働きかけること，②同機購入をY2が直接自ら全日空に働きかけることを依頼し，その成功報酬として5億円を供与することを約束した。全日空による購入決定後に，Y1はY2に5億円を供与したとして，Y1は贈賄罪により，Y2は受託収賄罪により起訴された。第1審（東京地判昭和58年10月12日判時1103号3頁）および第2審（東京高判昭和62年7月29日高刑集40巻2号77頁）は，①についてはY2の職務権限に属し，②についてもY2の準職務行為であるとして，Y1およびY2を有罪としたので，Y1およびY2は上告。ただし，最高裁での審理中にY2は死亡したので，Y1の贈賄罪についてのみ判決が下された。

判旨

〈上告棄却〉「賄賂罪は，公務員の職務の公正とこれに対する社会一般の信頼を保護法益とするものであるから，賄賂罪と対価関係に立つ行為は，法令上公務員の一般的職務権限に属する行為であれば足り」る。①について。「Y2が内閣総理大臣として運輸大臣に対し全日空にL1011型機の選定購入を勧奨するよう働き掛ける行為が，Y2の内閣総理大臣としての職務権限に属する行為であるというためには［…］(1) 運輸大臣が全日空にL1011型機の選定購入を勧奨する行為が運輸大臣の職務権限に属し，かつ，(2) 内閣総理大臣が運輸大臣に対し右勧奨をするように働き掛けることが内閣総理大臣の職務権限に属することが必要である」。「一般に，行政機関は，その任務ないし所掌事務の範囲内において，一定の行政目的を実現するため，特定の者に一定の作為又は不作為を求める指導，勧告，助言等を

することができ，このような行政指導は公務員の職務権限に基づく職務行為である」。「運輸大臣の職務権限からすれば，航空会社が新機種の航空機を就航させようとする場合［…］運輸大臣は，行政指導として民間航空会社に対し特定機種の選定購入を勧奨することも許される」。「本件において，運輸大臣が全日空に対しL1011型機の選定購入を勧奨する行政指導をするについて必要な行政目的があったかどうか，それを適法に行うことができたかどうかにかかわりなく，右のような勧奨は，運輸大臣の職務権限に属する」。「内閣総理大臣は，憲法上，行政権を行使する首長として(66条)，国務大臣の任免権(68条)，内閣を代表して行政各部を指揮監督する職務権限(72条)を有するなど，内閣を統率し，行政各部を統轄調整する地位にあるものである。そして，内閣法は，閣議は内閣総理大臣が主宰するものと定め(4条)，内閣総理大臣は，閣議にかけて決定した方針に基づいて行政各部を指揮監督し(6条)，行政各部の処分又は命令を中止させることができるものとしている(8条)。このように，内閣総理大臣が行政各部に対し指揮監督権を行使するためには，閣議にかけて決定した方針が存在することを要するが，閣議にかけて決定した方針が存在しない場合においても，内閣総理大臣の右のような地位及び権限に照らすと，流動的で多様な行政需要に遅滞なく対応するため，内閣総理大臣は，少なくとも，内閣の明示の意思に反しない限り，行政各部に対し，随時，その所掌事務について一定の方向で処理するよう指導，助言等の指示を与える権限を有する」。「したがって，内閣総理大臣の運輸大臣に対する前記働き掛けは，一般的には，内閣総理大臣の指示として，その職務権限に属することは否定できない」。それゆえ，Y2が内閣総理大臣として運輸大臣に前記働き掛けをすることが，賄賂罪における職務行為に当たるとした原判決は，結論において是認することができる」。②について。「以上のとおり，Y1につき贈賄罪の成立を肯定した原判決の結論を是認できるから［…］判断は示さないこととする」(最大判平成7年2月22日刑集49巻2号1頁)

判例 11-2

争点

独立行政委員会である人事院は憲法65条に違反しないか
—— 人事院違憲訴訟

事案

建設省近畿地方建設局敦賀工事事務所の非常勤職員であったXは，全建設省労働組合第1回臨時大会に同組合中央副執行委員長として参加して内閣打倒の発言をし，また，組合機関誌で内閣の政策を批判した。そこで，敦賀工事事務所長であるYは，Xが政治的行為を行い，国家公務員法102条1項および人事院規則14-7第6項10号・13号に違反したとして，Xを解職処分にした。これに対し，Xは，人事院は内閣から独立しており憲法65条に違反するので，国家公務員法3条以下の人事院関係法規および人事院規則は憲法に違反し無効であるとしてその無効確認を求めて，また，そのような違憲の人事院規則に基づいてなされた本件処分は違法であるとして，本件処分の取消しを求めて提訴した。

判旨

国家公務員法3条以下の人事院関係法規および人事院規則の無効確認請求については，法律上の争訟に該当しないという理由により，不適法として却下。取消しの訴えの請求については棄却。「憲法第65条は……同法第41条，第76条の規定と相まって憲法が所謂三権分立の原則を採用したことを明示しているものであることは疑を容れないところである。しかしながらこの原則に対しては憲法自体が既に数個の例外を設けているのみならず，同法第41条が，国会は国の唯一の立法機関である旨規定し，同法第76条が，すべて司法権は裁判所に属する旨規定するに対し，同法第65条が単に行政権は，内閣に属すると規定して，立法権や司法権の場合のように限定的な定め方をしていないことに徴すれば，行政権については憲法自身の規定によらなくても法律の定めるところにより内閣以外の機関にこれを行わせることを憲法が認容しているものと解せられ，今日のような国家行政の複雑さに鑑みるときは，斯く解することが正当である。しかしなが

ら内閣以外の独立の行政機関の存在を，憲法が認容しているとはいいながら，それは飽く迄例外的なもので，或行政を内閣以外の国家機関に委ねることが憲法の根本原則に反せず，且つ国家目的から考えて必要とする場合にのみ許されることはいう迄もない。而して〔国家〕公務員法が人事院を設置し，之に国家公務員に対する行政を委ねた所以のものは，国家公務員が全体の奉仕者であって一部の奉仕者でなく，国家公務員が国民の一部に対し奉仕するようになった場合，国家がその存立を危くすることは各国歴史上明らかなことであること，吾が国においては議院内閣制を採用している結果，内閣は，当然政党の影響を受けること，これ等のことから，国家公務員が政党の影響を受けて一部の奉仕者となることを極力避ける為には，内閣と国家公務員との間に独立の国家機関である人事院を設け国家公務員に対する或種の行政を担当させるべきであるところに存在すると考える」。「従って人事院を目して憲法第65条に違反した国家機関であると解することはできない」(福井地判昭和27年9月6日行集3巻9号1823頁)

第12章 裁判所

本章の狙い

裁判所は，権力分立原理の下で国家作用の一分野である司法権を担当している。本章では，まず，司法権概念とはいかなるものかを検討することによって，裁判所の憲法上の地位を明らかにする。次に，裁判所の構成，権能および活動方法について触れる。さらに，司法権の独立や司法権の限界，違憲審査制といった憲法上の重要な事柄についてみていくことにする。

I 裁判所の地位

76条1項は「すべて司法権は，最高裁判所及び法律の定めるところにより設置する下級裁判所に属する」と定めている。

1 司法権の概念

(1) 司法権の意味

76条1項の「司法」とは，具体的な争訟について，法を適用し，宣言することによって，これを裁定する国家の作用である。ここでいう「具体的な争訟」とは，裁判所法3条1項の「一切の法律上の争訟」と同じ意味と解されている。

（2）法律上の争訟

　通説および判例（最三判昭和28年11月17日行集4巻11号2760頁）は，「法律上の争訟」の意味について，①当事者間の具体的な権利義務ないし法律関係の存否に関する紛争であって，かつ，②それが法令の適用により終局的に解決することができるものと解している。①の要件を具体的事件性・争訟性の要件という。

　まず，具体的な権利侵害もないのに，抽象的に法令の解釈または効力について争うことは，①の要件を欠くので，法律上の争訟ではない。後掲・警察予備隊違憲訴訟［判例12-4］では，警察予備隊令とそれに基づいて設置された警察予備隊の違憲性が争われたが，①の要件を欠くとして訴えは却下された。

　次に，単なる事実の存否，個人の主観的意見の当否，学問上・技術上の論争などに関する争いは，②の要件を欠くので，法律上の争訟にあたらない。技術士国家試験に不合格となった者が不合格処分の取消しを求めた，技術士国家試験事件（最三判昭和41年2月8日民集2号196頁）では，国家試験の合否判定も学問または技術上の知識，能力，意見等の優劣，当否の判断を内容とする行為であるので，②の要件を欠き，法律上の争訟にはあたらないとされた。

　さらに，純然たる信仰の対象の価値または宗教上の教義に関する判断自体を求める訴えは，②の要件を欠くので，法律上の争訟ではない。板まんだら事件［判例12-1］は，信仰の対象の価値または宗教上の教義に関する判断が前提問題となっている具体的な権利義務ないし法律関係に関する紛争は，②の要件を欠くので法律上の争訟ではないとしている。

（3）客観訴訟

　裁判所法3条1項は，裁判所に，「一切の法律上の争訟」を裁判する権限のほかに，「法律において特に定める権限」を付与している。後者は，客観訴訟に対する裁判権であると解されている。個人の権利保護を目的とする訴訟を主観訴訟というのに対して，客観訴訟とは，法規の客観的適正さを確保するための訴訟をいう。行政事件訴訟法は，客観訴訟として，民衆訴訟（5条）および機関訴訟（6条）を定め，「民衆訴訟及び機関訴訟は，法律に

定める場合において，法律に定める者に限り，提訴することができる」（42条）と定める。これを受けて，民衆訴訟として，選挙無効訴訟（公職選挙法203条，204条），当選無効訴訟（同207条，208条），住民訴訟（地方自治法242条の2）などが定められ，また，機関訴訟として，普通地方公共団体の長と議会との紛争（同176条7項），普通地方公共団体に対する国または都道府県の関与に関する訴訟（同251条の5，252条）などが定められている。

客観訴訟は，具体的権利義務に関する紛争ではないので，「法律上の争訟」の①の要件を満たしておらず，「法律上の争訟」ではない。したがって，通説によれば，客観訴訟は，76条1項にいう「司法」，すなわち，本来的司法には含まれず，立法政策上，例外的に裁判所の権限として認められたものと解されるのである。

これに対して，近年では，本来的司法には含まれない権限を立法により付与することには憲法上の限界があるとする見解が有力に主張されている。すなわち，具体的事件性・争訟性を擬制するだけの実質を備えた具体的処分や行為があり，裁判所による決定になじみやすい紛争の形態を備えるものに限って，立法によって裁判所はこれを裁判する権限を付与されることができると説かれる。したがって，この要件を満たさない紛争を裁判する権限は裁判所に付与することはできない。ただし，この見解に立ったとしても，現行の客観訴訟はこの要件を満たすものであるとされている。

2　司法権の帰属

76条1項により，司法権は最高裁判所およびその系列の下にある下級裁判所に一元的に帰属する。同条2項は，特別裁判所の設置の禁止と行政機関による終審裁判の禁止を規定しており，1項の趣旨を徹底している。

(1) 特別裁判所の設置の禁止

76条2項前段は，「特別裁判所は，これを設置することができない」と定めている。「特別裁判所」とは，特定の人間または事件について裁判するために，最高裁判所の系列から独立して裁判権を行使する裁判所をいう。したがって，特定の人間または事件だけを扱う裁判所であっても，それが最

高裁判所の系列の下にあるのであれば特別裁判所には当たらない。

　家庭裁判所は，家事事件や少年事件などの特定の事件だけを扱う裁判所であるが（裁判所法31条の3），これが特別裁判所に当たるかどうか争われたことがある。この点，判例（最大判昭和31年5月30日刑集10巻5号756頁）は，最高裁判所の系列に属する下級裁判所であるので特別裁判所には当たらないとしている。また，2004年に知的財産事件を専門に扱う知的財産高等裁判所が東京高等裁判所の支部として設置された（知的財産高等裁判所設置法2条）が，これも最高裁判所の系列に属するので特別裁判所には当たらないとされる。

（2）行政機関による終審裁判の禁止

　76条2項後段は，「行政機関は，終審として裁判を行ふことができない」と定めている。この規定の反対解釈から，行政機関が前審として裁判を行うことは認められるのであって，裁判所法3条2項もこれを確認している。その例として，行政不服審査法に基づく行政機関の裁決の制度，独占禁止法に基づく公正取引委員会の審決，国家公務員法に基づく人事院の裁定などが挙げられる。

　ただし，独占禁止法80条1項は，公正取引委員会の審決に不服があるとして提起された訴訟において，「公正取引委員会の認定した事実は，これを立証する実質的な証拠があるときには，裁判所を拘束する」と定めており，このように行政機関の事実認定が裁判所を拘束することが76条1項に違反しないか問題となる。この点，通説および判例（東京高判昭和28年8月29日行集4巻8号1898頁）は，行政機関のなした事実認定が絶対的に裁判所を拘束し，裁判所が全く事実認定を行えないのであれば76条1項に違反するが，行政機関が行った事実認定に実質的証拠があるかどうかを裁判所が独自に判断することができれば76条1項には違反しないと解している。実際，独占禁止法80条2項も，「実質的な証拠の有無は，裁判所がこれを判断する」と規定している。

II　裁判所の構成

司法権を行使する裁判所は，最高裁判所と法律の定める下級裁判所から構成される。

1　最高裁判所

（1）構成員

最高裁判所は「その長たる裁判官及び法律の定める員数のその他の裁判官」で構成される（79条1項）。長たる裁判官以外の裁判官の員数は14人である（裁判所法5条3項）。

最高裁判所の審理および裁判は，事件の種類に応じて，大法廷または小法廷で行われる（裁判所法9条1項）。大法廷は，15名全員の裁判官の合議体であり（同条2項），その定足数は9名である（最高裁判所事務処理規則7条）。小法廷は，3つの小法廷から構成される（同1条）。小法廷は，5名の裁判官の合議体であり，その定足数は各3名である（同2条）。

まず小法廷で審理するのが原則であるが（同9条1項），①法令の憲法適合性を最高裁として初めて判断するとき，②法令が憲法に違反すると判断するとき，③最高裁の判例を変更するときには，大法廷で審理しなければならない（裁判所法10条）。

（2）裁判官の任命

長たる裁判官（最高裁判所長官）は，内閣の指名に基づいて，天皇が任命する（6条2項，裁判所法39条1項）。その他の裁判官は，内閣が任命し（79条1項，裁判所法39条2項），天皇がこれを認証する（裁判所法39条3項）。最高裁判所の裁判官は，識見の高い，法律の素養のある年齢40歳以上の者の中から任命され，そのうち少なくとも10人は，一定期間を超える法律専門家としての経歴が必要である（同41条）。

（3）国民審査

最高裁判所の裁判官は，下級裁判所の裁判官とは異なり，国民審査に服する。79条は「最高裁判所の裁判官の任命は，その任命後初めて行はれる

衆議院議員総選挙の際国民の審査に付し，その後10年を経過した後初めて行はれる衆議院議員総選挙の際更に審査に付し，その後も同様とする」(2項),「前項の場合において，投票者の多数が裁判官の罷免を可とするときは，その裁判官は，罷免される」(3項),「審査に関する事項は，法律でこれを定める」(4項)と定めている。

①法的性質

国民審査は，内閣による裁判官の選任に対して民主的統制を及ぼすことを目的としているが，その法的性質の理解については学説上争いがある。すなわち，①最高裁判所裁判官に対する一種の解職制度であると捉える説，②内閣または天皇のなした裁判官の任命を審査してその任命行為を確定するものであると捉える説，③両者の性質を併有していると捉える説とがある。

通説は①説であり，判例も，国民審査投票方法違憲訴訟〔最大判昭和27年2月20日民集6巻2号122頁〕において，同様の立場を採っている。

②国民審査の方法

79条4項は，国民審査の方法を法律に委ねており，これを受けて最高裁判所裁判官国民審査法が制定されている。

この法律によれば，国民審査は，審査の対象となる裁判官の氏名を記載した投票用紙について，投票者が罷免をしたい裁判官の欄に×印をつけるという方法で行われ，×印の投票が過半数を超える場合にのみ罷免が成立する(同法14条2項，15条1項，32条本文)。

白票は積極的な罷免の意思のない票として罷免を可としない票とされる(同15条1項)が，判例は，前掲・国民審査投票方法違憲訴訟において，これは解職制度の趣旨に適合すると判示している。

2　下級裁判所

(1) 種類と構成員

裁判所法2条は，下級裁判所として，高等裁判所，地方裁判所，家庭裁判所，簡易裁判所の4種類を定めている。

まず，高等裁判所は，高等裁判所長官および相応な員数の判事によって

構成される（裁判所法15条）。高等裁判所は，裁判官の合議体で事件を取り扱うものとされ，その員数は，内乱罪の場合には5人，その他の場合には3人である（同18条）。

次に，地方裁判所は，相応な員数の判事および判事補によって構成される（同23条）。地方裁判所は，特定の場合に3人の裁判官の合議体で事件を取り扱うが（同26条2項），原則として1人の裁判官で事件を取り扱う（同26条1項）。

また，家庭裁判所も，相応な員数の判事および判事補によって構成される（同31条の2）。家庭裁判所は，審判または裁判を行うときは，合議体で審判または裁判をする旨の決定が合議体でなされた場合および法律で合議体ですべきものと定められている場合には3人の裁判官の合議体で事件を取り扱うが，原則として1人の裁判官で事件を取り扱う（同31条の4）。

最後に，簡易裁判所は，相応な員数の簡易裁判所判事によって構成される（同32条）。簡易裁判所は，1人の裁判官で事件を取り扱う（同35条）。

（2）裁判官の任命

80条1項本文は，「下級裁判所の裁判官は，最高裁判所の指名した者の名簿によつて，内閣でこれを任命する。その裁判官は，任期を10年とし，再任されることができる」と定めている。

裁判官の任命は，最高裁判所の指名に基づいて内閣によって行われる。そして，裁判官の指名は最高裁判所の裁量に委ねられている。しかし，指名は，客観的・合理的な基準によるべきであり，性別や思想・信条による差別があってはならないと解されている。

一方，裁判官の再任については学説上争いがある。まず，①自由裁量説は，裁判官は10年を経過すれば当然に退官し，再任は新たな任命であって，それは任命権を有する内閣および指名権を有する最高裁判所の自由な判断によって決定されると説く。

これに対して，②羈束裁量説は，裁判官は任命の日から10年を経過すればその身分は消滅するが，それは特段の事由のある不適格者を排除する趣旨であって，そのような事由のない者は再任されるのが原則であると説く。

通説は②説を採っているが，最高裁自身は①説に立っており，宮本裁判官再任拒否事件[*1]で学説から批判がなされた。

III 裁判所の権能

1 最高裁判所の権能

　最高裁判所は，最上級かつ最終の裁判所であり，「上告」および「訴訟法における特に定める抗告」についての裁判権を有する（裁判所法7条）ほか，違憲審査権，規則制定権，下級裁判所裁判官の指名権および司法行政権を有する。下級裁判所裁判官の指名権についてはすでに述べたとおりであり，また，違憲審査権についてはⅦで詳しく述べることにするので，ここでは，規則制定権と司法行政権についてみておこう。

（1）規則制定権

　77条1項は，「最高裁判所は，訴訟に関する手続，弁護士，裁判所の内部規律及び司法事務処理に関する事項について，規則を定める権限を有する」と定め，最高裁判所に規則制定権を付与している。続いて，同条は，「検察官は，最高裁判所の定める規則に従はなければならない」（2項）こと，「最高裁判所は，下級裁判所に関する規則を定める権限を，下級裁判所に委任することができる」（3項）ことを定めている。

　規則制定権の意義は，権力分立の見地から裁判所の自主性を確保すること，および，実務に通じた裁判所の専門的な判断を尊重することにある。最高裁判所規則は，訴訟当事者や弁護人，証人などを規律するので，実質的意味の法律である。

①規則事項と法律事項

　まず，77条1項が定める4つの事項を法律によって定めることができる

[*1] **宮本裁判官再任拒否事件**：1971年，10年の任期を終えた宮本康昭判事補が再任を希望したところ，最高裁は再任を拒否した。最高裁は，再任指名は自由裁量行為であるとした上で，再任拒否の理由は人事の秘密に属するので公開できないとした。

のか否かについては学説上争いがある。すなわち、これらの事項は、①最高裁判所規則の専属的所管事項であり、法律によって定めることはできないとする専属事項説、②法律でも定めることができるとする競合事項説、③内部規律と司法事務処理に関する事項については、最高裁判所規則の専属的所管事項であり、法律によっては定めることはできないとする一部専属事項説とがある。②説が通説であるが、近年では③説が有力になりつつある。判例は、刑事訴訟法違憲訴訟（最二判昭和30年4月22日刑集9巻5号911頁）において、法律で刑事訴訟手続を規定することを認めたので、②説に立っていると言われている。

②規則と法律との効力関係

次に、競合事項説あるいは一部専属事項説に立つと、法律と最高裁判所規則とが矛盾抵触した場合にどちらが優先するか、その効力関係が問題となる。学説は、4つに大別される。まず、①規則優位説は、矛盾する限度で法律の効力が否定されると説く。次に、②同位説は、両者の効力は同等であるから、矛盾抵触した場合には、「特別法が一般法に優先し、後法が前法に優先する」という法の一般原則により処理されると説く。そして、③法律優位説は、矛盾する限度で規則の効力が否定されると説く。最後に、④一部規則優位説は、一部専属事項説に立つことを前提に、裁判所の内部規律および司法事務処理に関する事項については当然規則が優位し、刑事手続の基本原理・構造など国民の権利・義務に直接関わる事項については法律が優位し、その他の事項では両者は同位すると説く。③説が通説である。この点、ある下級審判決（大阪高判平成元年2月28日判タ703号235頁）は41条を根拠に③説を採っているが、最高裁は、前掲・刑事訴訟法違憲訴訟において、その立場を明確にしていない。

（2）司法行政権

憲法上の明文の規定はないが、77条1項および第6章の趣旨から、最高裁判所は、司法行政権を有すると解されている。実際、裁判所法も、「最高裁判所は、最高裁判所の職員並びに下級裁判所及びその職員を監督する」(80条1号)と定め、最高裁判所に司法行政権を付与している。

司法行政権の行使は、裁判官会議の議によって行われ、最高裁判所長官

がこれを統括する（裁判所法12条）。もっとも，後述する裁判官の職権の独立との関係から，司法行政権は「裁判官の裁判権に影響を及ぼし，又はこれを制限することはできない」（同81条）とされている。

2 下級裁判所の権能

高等裁判所，地方裁判所，家庭裁判所および簡易裁判所は，それぞれ，所定の裁判権を有する（裁判所法16条，24条1号，31条の3第2号，33条）。家庭裁判所は，審判および調停も行う（同31条の3第1号，3号）。

各下級裁判所は，それぞれ，最高裁判所に委任された場合に規則制定権を有する（77条3項）ほか，司法行政権も有する（裁判所法20条，29条，31条の5，37条，80条2号ないし5号）。また，法律で定められた権限を行使する（同17条，25条，31条の3第2項，34条）。

IV 裁判所の活動方法

1 裁判公開原則

裁判所の具体的な活動方法について，82条1項は，「裁判の対審及び判決は，公開法廷でこれを行ふ」と定めている。この規定の趣旨は，裁判を受ける権利（32条）および刑事被告人の公平・迅速な公開裁判を受ける権利（37条1項）の保障とともに，公正な裁判を実現し，裁判に対する国民の監視を確保することにある。

まず，「対審」とは，訴訟当事者が裁判官の面前で口頭でそれぞれの主張を闘わせることをいい，民事訴訟における「口頭弁論」および刑事訴訟における「公判手続」がこれにあたる。

次に，「判決」とは，裁判所の行う判断のうち，訴訟当事者の申立ての本質に関わる判断をいう。

そして，「公開」とは，訴訟関係人に審理に立ち会う権利を付与する当事者公開ではなく，国民に公開される一般公開をいう。通説は，①裁判の

公開は制度として保障されたものであり、傍聴の自由およびメモの自由はこの制度の反射的利益にすぎず人権として認められないとする制度的保障説を採っている。これに対して、有力説は、②裁判の公開は傍聴の自由およびメモの自由を保障するものであるとする人権説を主張している。この点、レペタ法廷メモ事件（最大判平成元年3月8日民集43巻2号89頁）で法廷でメモを取る行為が憲法上保障されるのかどうかが争われたが、最高裁は、裁判の公開を制度的保障とし、「各人が裁判所に対して傍聴することを権利として要求できることまでを認めたものではないことはもとより、傍聴人に対して法廷においてメモを取ることを権利として保障しているものではない」としつつも、「傍聴人のメモを取る行為が公正かつ円滑な訴訟の運営を妨げるに至ることは、通常あり得ないのであって、特段の事情のない限り、これを傍聴人の自由に任せるべきであり、それが憲法21条1項の規定の精神に合致する」と判示している。

最後に、82条1項にいう「裁判」とは、一般に、具体的な権利義務を確定する訴訟事件についての裁判のみを指し、国家が後見的な立場から、私的関係を助成・監督し法律関係を形成していく非訟事件はこれに含まれないとされる。判例（最大決昭和45年6月24日民集24巻6号610頁）も、同様の立場を示している。

2　例外と絶対公開事由

82条2項本文は、「裁判所が、裁判官の全員一意で、公の秩序又は善良の風俗を害する虞があると決した場合には、対審は、公開しないでこれを行ふことができる」と定め、裁判公開原則の例外を認めている。これを受けて、例えば、人事訴訟法22条1項は、当事者等の私生活上の重大な秘密についての尋問を行うときは、裁判官完全一致の決定により、その尋問を公開しないで行うことができるとしている。また、特許法105条の4ないし105条の7および不正競争防止法10条ないし13条は、営業秘密に関する事項について、公開原則を制約している。

このように憲法は対審の公開停止を認めているが、82条2項但書は、「政治犯罪、出版に関する犯罪又はこの憲法第3章で保障する国民の権利

が問題となつてゐる事件の対審は，常にこれを公開しなければならない」と定め，対審の絶対公開事由を挙げている。

V　司法権の独立

裁判が公正に行われるためには，裁判に対する外部からの圧力・干渉を排除し，公正な立場を確保することが必要である。この司法権の独立には，司法部の独立と裁判官の職権の独立とがある。

1　司法部の独立

司法部の独立とは，裁判制度を他の権力（立法権・行政権）から分離・独立させ，裁判所の内部事項は裁判所自身で自主的に決定させることをいう。司法部の独立性を確保するための制度として，行政機関による裁判官の懲戒の禁止（後述）や，すでに述べた，下級裁判所裁判官の指名権，規則制定権，司法行政権がある。

2　裁判官の職権の独立

76条3項は，「すべて裁判官は，その良心に従ひ独立してその職権を行ひ，この憲法及び法律にのみ拘束される」と規定し，裁判官の職権の独立の原則を定めている。

(1)「良心」の意味

ここにいう「良心」とは，①19条の良心と同じ意味であり，裁判官個人の主観的良心を指すとする主観的良心説と，②裁判官としての客観的良心または職業的良心を指すとする客観的良心説とが対立しているが，②説が通説である。通説によれば，裁判官の主観的良心と法の規定とが矛盾した場合には，後者に従うことになる。

この点，判例（最大判昭和23年11月17日刑集2巻12号1565頁）は，「裁判官が有形無形の外部の圧力乃至誘惑に屈しないで自己内心の良識と道徳観に

従うの意味である」と述べるだけであり，どちらの説に立っているかは明確ではない。

（2）職権の独立の意味

「独立してその職権を行ひ」とは，裁判官が，立法権・行政権だけでなく，司法内部からも指示・命令を受けることなく，自らの判断に基づいて裁判を行うことをいう。

①外部からの干渉

裁判官の職権の独立に対する外部からの干渉として，両議院の国政調査権（62条）の問題がある。すでに述べたとおり，国政調査権には裁判に関する調査権も含まれるが，裁判官の裁判活動に事実上影響を及ぼすような調査は許されないと解されている。

また，マス・メディアや国民による裁判批判も問題となる。しかし，マス・メディアや国民による裁判批判は，表現の自由（21条1項）の行使の一環をなすので，排除されてはならない。

②司法内部からの侵害

最高裁判所の司法行政権による干渉（吹田黙祷事件[*2]）や裁判所長による干渉（平賀書簡事件[*3]）などが，裁判官の職権の独立に対する司法内部からの侵害として問題となったことがあるが，このような内部からの侵害も許されてはならない。

3　裁判官の身分保障

78条は，裁判官は職務の不能と公の弾劾以外には罷免されず，また，

[*2] **吹田黙祷事件**：1953年，いわゆる吹田事件の裁判にあたり，担当裁判官が，法廷内で朝鮮戦争戦死者への黙祷を被告人らに許可した。国会の裁判官訴追委員会は訴訟指揮の当否に関する調査を行うことを決定したが，最高裁判所も「法廷の威信について」という通達を全国の裁判官宛に出して，この訴訟指揮を間接的に批判した。

[*3] **平賀書簡事件**：1969年，長沼訴訟に関連して，平賀健太郎札幌地方裁判所所長が，事件担当の福島重雄裁判長に対して，自衛隊の違憲判断は避けるべきであるとする「書簡」を私信として送った。しかし，福島裁判長は，これを不当な干渉として，この書簡を公表した。その結果，札幌地方裁判官会議は平賀所長を厳重注意処分に付し，また，最高裁判所は平賀所長を注意処分に付し，東京高等裁判所判事に転任させた。

行政機関による懲戒処分は禁止されることを定めており、裁判官の身分を保障している。これは、裁判官の職権の独立を確保するための規定である。

(1) 職務の不能による罷免

裁判官は、「裁判により、心身の故障のために職務を執ることができないと決定された場合」(78条前段)には、罷免される。この規定により、職務の不能の決定は、裁判所の裁判によって行われる。この裁判と後述する懲戒処分を行うための裁判とを合わせて、分限裁判というが、これらの詳細は裁判官分限法に定められている。

裁判官分限法1条1項は、「回復の困難な心身の故障のために職務を執ることができないと裁判された場合」と定めており、「心身の故障」という憲法上の罷免事由に限定を付している。

(2) 公の弾劾による罷免

裁判官は、「公の弾劾」(78条前段)により、罷免される。公の弾劾は、国会内に設けられた弾劾裁判所の裁判によって行われる(64条1項)。弾劾裁判所は、国会内に設けられている訴追委員会の訴追を待って、裁判官の罷免の可否を決定する(国会法125条以下および裁判官弾劾法)。罷免事由は、「職務上の義務に著しく違反し、又は職務を甚だしく怠つたとき」、または、「職務の内外を問わず、裁判官としての威信を著しく失う非行があつたとき」(裁判官弾劾法2条)とされている。

(3) 裁判による懲戒処分

78条後段は、「裁判官の懲戒処分は、行政機関がこれを行ふことはできない」と定めている。この規定により、行政機関による懲戒処分が禁止されるが、立法機関による懲戒処分も、権力分立に反するので許されないとされている。したがって、裁判所自身が分限裁判により懲戒処分を行うのであって、これにより、裁判官の身分保障が図られている。

懲戒事由は、弾劾事由に準ずる厳しい事由に限定されている(裁判所法49条)。また、懲戒による罷免は許されず、懲戒の内容は戒告または1万

円以下の過料に限られる(裁判官分限法2条)。

（4）経済的身分保障

裁判官は「すべて定期に相当額の報酬を受け」,「報酬は,在任中,これを減額することができない」とされる(79条6項,80条2項)。これは,裁判官の地位に相応しい十分な報酬を与えることによってその身分を保障し,報酬を減額するという方法により個別の裁判官に対して圧力をかけることを禁止するものである。

VI 司法権の限界

1 憲法の明文上の限界

憲法は,いくつかの司法作用を明文で他の国家機関に委ねている。国会の各議院が行う議員の資格争訟の裁判(55条)および国会による裁判官の弾劾裁判(64条)がこれに当たる。憲法が他の国家機関に決定を委ねたことの趣旨からして,他の国家機関の決定に対してさらに裁判所に出訴することはできない。

2 国際法上の限界

国際慣習法上,外交特権の1つとして治外法権が認められるため,外交使節には司法権は及ばない。また,条約によって裁判権が制限されることもある。例えば,日米安全保障条約に基づく行政協定により駐留軍の構成員等に対しては,一定の場合には刑事裁判権が制限される。

3 解釈上の限界

（1）自律権

他の国家機関の自律権に属する事項には,司法権は及ばないとされる。

すでに述べたとおり，国会や各議院および内閣は，それぞれの組織・運営などの内部事項について自主的に決定する自律権を有するので，これらの事項には司法審査は及ばないのである。判例も同様の立場を採っている（前掲・警察法改正無効事件）。

（2）自由裁量行為

自由裁量行為とは，行政府および立法府の自由裁量に委ねられていると解される行為を指す。自由裁量論とは，このような自由裁量行為については，当不当が問題となるだけで，裁量権の逸脱や濫用がない限り，司法権は及ばないとする理論であり，これは学説上一般的に肯定されている。

まず，各国家機関の最終的な判断に委ねられている場合，それは自由裁量行為となる。例えば，内閣総理大臣による国務大臣の任免行為である。

次に，行政法規がいつ，いかなる行為をなすべきかについて一義的に行政庁を拘束していない場合，行政府の自由裁量（行政裁量）が認められる。

最後に，立法するか否か，いつ，いかなる内容の立法をするかについて，立法府の自由裁量（立法裁量）が認められる。

（3）統治行為

統治行為とは，直接国家統治の基本に関する高度に政治性のある国家行為を指す。統治行為論とは，このような統治行為について司法審査は及ばないとする理論である。

統治行為論をめぐっては，学説上肯定説と否定説とが対立しているが，通説は肯定説である。判例は，日米安全保障条約の合憲性が争われた砂川事件［判例12-2］では，自由裁量論を加味した統治行為論を採用したが，衆議院解散の効力が争われた苫米地事件［判例12-3］では，純粋な統治行為論を採用した。

統治行為論を認める論拠については，学説上争いがある。すなわち，①統治行為に対して司法審査を行うことによる混乱を回避するために裁判所が自制すべきであるとする自制説，②国民によって選挙されておらず直接責任を負っていない裁判所は統治行為について審査することはできず，その判断は国会・内閣の判断に委ねられているとする内在的制約説とが対立

している。通説は②説であるが，近年では，③自制説と内在的制約説の両者の要素を考慮して，事件に応じて個別具体的にどちらの論拠が適切かを考えていくという折衷説が主張されている。判例は，前掲・苫米地事件において，②説を採用している。

統治行為の範囲については，広義説と狭義説が対立している。広義説は，(i)政治部門の組織・運営に関する基本事項，(ii)政治部門の自由裁量に委ねられた事項，(iii)国家全体の運命に関する重要事項を含むとする。これに対して，狭義説は，(i)は自律権，(ii)は自由裁量行為で説明できるので，これらを除いた(iii)だけに統治行為を限定する。通説は狭義説を採っているが，判例は，前掲・苫米地事件において，広義説を採っていると言われる。

(4) 部分社会の法理

判例で形成された理論として，部分社会の法理がある。これは，自律的な法規範をもつ団体内部での紛争については，原則として団体の自治的措置に任せ，司法審査は及ばないが，一般市民法秩序と直接関係する場合や重大な権利の制限が問題となっている場合には司法審査は及ぶ，とする理論である。

部分社会の法理を示した判例として，地方議会の議員の懲罰決議が争われた地方議会議員懲罰事件（最大判昭和35年10月19日民集14巻12号2633頁），国立大学での単位取得の認定が争われた富山大学単位不認定事件（最三判昭和52年3月15日民集31巻2号234頁），政党の内部処分が争われた共産党袴田事件（最三判昭和63年12月20日判時1307号113頁）が挙げられる。

このような部分社会の法理に対しては，およそ団体一般に対して部分社会の法理を適用するのは妥当ではなく，それぞれの団体の性質や目的，紛争の性格，権利の性格などに応じて個別具体的に判断すべきとの批判が学説からはなされている。

VII 違憲審査制

81条は，「最高裁判所は，一切の法律，命令，規則又は処分が憲法に適

合するかしないかを決定する権限を有する終審裁判所である」と規定し，違憲審査制を採用している。

1 違憲審査制の性格

(1) 付随的違憲審査制

　違憲審査制は，2つの方式に大別される。

　まず，通常の裁判所が，訴訟事件を審理判断する前提として，適用法令の合憲性を審査する方式である付随的違憲審査制（具体的違憲審査制）がある。これを採用している国の代表例はアメリカである。付随的違憲審査制は，個人の権利保護を目的とする通常の司法審査の枠内で違憲審査権を行使するので，私権保障型と言われる。

　次に，特別に設置された憲法裁判所が，行政府や立法府あるいは国民の提訴に基づき，具体的事件とかかわりなく合憲性を審査する抽象的違憲審査制（独立違憲審査制）がある。これを採用している国の代表例はドイツである。抽象的違憲審査制は，憲法秩序の維持に重点を置くので，憲法保障型と言われる。

　81条が付随的違憲審査制と抽象的違憲審査制のどちらを採用しているかについては，学説上3つの考え方に大別される。すなわち，①最高裁判所は，具体的な訴訟を前提としてその解決に必要な限りでのみ違憲審査を行うことができるとする付随的違憲審査制説，②最高裁判所は憲法裁判所的性格を有しており，抽象的違憲審査権を行使できるとする抽象的違憲審査制説，③憲法は最高裁判所の憲法裁判所的性格について肯定も否定もしておらず，法律によって最高裁判所に抽象的違憲審査権を付与することができるとする法律委任説とがある。①説が通説であるが，近年では，③説が有力になりつつある。判例も，警察予備隊違憲訴訟［判例12-4］において，①説を採っている。

(2) 憲法判断回避原則

　わが国では具体的事件の解決に付随して違憲審査権が行使される付随的違憲審査制が採用されている以上，違憲審査権の行使にあたっては，事件

の解決にとって不必要な憲法判断は回避すべきであるとされる。これを憲法判断回避原則という。判例も，前掲・恵庭事件において，この憲法判断回避原則を用いている。

ただし，この原則も絶対的なものではなく，学説は，一般的に，事件の重要性，違憲状態の程度，権利の性質などを総合的に考慮して，場合によっては憲法判断を行うことができるとしている。最高裁判所も，憲法判断回避原則を厳格に守っているわけではなく，事件の解決に必要とは言えない憲法判断を行うこともある（例えば，皇居外苑使用不許可事件［最大判昭和28年12月23日民集7巻13号1561頁］）。

2　違憲審査の主体

81条の規定からは，最高裁判所が違憲審査権を有することは明らかであるが，下級裁判所も違憲審査権を有するかどうか必ずしも明らかではない。

この点，通説はこれを肯定している。判例も，同様の立場を採っており，食糧管理法違反事件（最大判昭和25年2月1日刑集4巻2号73頁）において，「憲法81条は，最高裁判所が違憲審査権を有する終審裁判所であることを明らかにした規定であって，下級裁判所が違憲審査権を有することを否定する趣旨をもっているものではない」と判示している。

3　違憲審査の対象

（1）総説

81条は，違憲審査の対象として，「一切の法律，命令，規則又は処分」を挙げている。

まず，「法律」とは，国会により制定された法律を指すが，それだけでなく，地方公共団体の議会の制定する条例も含まれるとされる。

次に，「命令」とは，行政機関によって制定される法規を指す。外局や独立行政委員会の定める規則や，地方公共団体の長が定める規則も，その名称にかかわらず，この「命令」に含まれる。

次に、「規則」とは、議院規則（58条2項）、最高裁判所またはその委任を受けた下級裁判所が制定する裁判所規則（77条1項・3項）を指す。

　最後に、ここにいう「処分」とは、個別具体的な国家行為を指す。その典型例は、行政事件訴訟法3条等にいう「処分」であるが、立法機関の行為や司法機関の行為も81条の「処分」に含まれる。ただし、裁判所の「裁判」が81条の「処分」に含まれるかは争いがあるが、通説および判例（最大判昭和23年7月8日刑集2巻8号801頁）は、これを肯定している。

　このように、一切の国家行為が違憲審査の対象となると解されているが、条約、立法不作為および国の私法行為が違憲審査の対象となるかについては議論がある。

（2）条約

　条約は、81条の列挙から除かれているので、違憲審査の対象となるか問題となる。そもそも、この問題は、条約の国内法的効力について憲法優位説に立つことを前提にして生じる。というのも、条約優位説に立てば、条約の違憲審査というのはありえないからである。通説および判例（前掲・砂川事件）は、憲法優位説に立っているが、条約が違憲審査の対象となるかどうかについては、学説は否定説と肯定説とに分かれている。

　まず、①否定説は、条約が81条の列挙から除外されていること、条約は国家間の合意という特質をもつので、一国の意思だけで効力を失わせることはできないこと、さらに、条約は極めて政治的な内容をもつことから、条約は違憲審査の対象とはならないと説く。これに対して、②肯定説は、確かに条約は国家間の合意ではあるが、国内においては国内法として通用するのであるから、条約の国内法的効力については違憲審査の対象となると説く。通説は②説である。

　この点、判例は、日米安全保障条約の合憲性が争われた前掲・砂川事件において、当該条約は高度の政治性を有し、統治行為であるということを理由に違憲審査を行わなかったが、これについては、条約のうち高度に政治性のあるものは統治行為として違憲審査の対象とはならないが、それ以外の条約については違憲審査の対象となりうると解される。

（3）立法不作為

　立法不作為とは，国会がなすべき立法をしないことをいう。立法が不備であって，憲法の要求を満たしていない場合も立法不作為に含まれる。

　立法不作為の違憲性を争う訴訟としては，立法義務付け訴訟，立法不作為の違憲確認訴訟，立法不作為に対する国家賠償請求訴訟が考えられる。

　立法義務付け訴訟については，国会を唯一の立法機関とする41条に抵触し，権力分立の趣旨に反するとして認められないとされる。立法不作為違憲確認訴訟についても，付随的違憲審査制との関係で問題があり，また，たとえ違憲判決がなされたとしても，それによって国会は特定の立法を義務付けられるわけではなく，立法不作為による権利侵害は実質的に救済されないため，確認の利益に乏しいとして認められないとされる。

　これに対して，立法不作為に対する国家賠償請求訴訟については，立法不作為を含む立法行為は，国家賠償法1条1項のいう「公権力の行使」にあたり，また，立法不作為を含む立法行為についての同項のいう「故意又は過失」は合議機関としての国会の統一的な意思により認定されるとして，認められるとされている。

　しかし，いかなる場合に同項のいう「違法」と評価されるかが問題となる。判例は，当初は，前掲・在宅投票制事件において，「国会議員の立法行為は，立法の内容が憲法の一義的な文言に違反しているにもかかわらず国会があえて当該立法を行うというごとき，容易に想定し難いような例外的な場合でない限り，国家賠償法1条1項の規定の適用上，違法の評価を受けない」と判示し，厳格な要件を示した。これにより，立法不作為の違憲性を国家賠償請求訴訟で争う道はほぼ閉ざされたと言われた。しかし，その後，在外国民選挙権事件［判例9-2］は，「立法の内容又は立法不作為が国民に憲法上保障されている権利を違法に侵害するものであることが明白な場合や，国民に憲法上保障されている権利行使の機会を確保するために所要の立法措置を執ることが必要不可欠であり，それが明白であるにもかかわらず，国会が正当な理由なく長期にわたってこれを怠る場合などには，例外的に，国会議員の立法行為又は立法不作為は，国家賠償法1条1項の規定の適用上，違法の評価を受ける」と判示して，実質的にその要件を緩め，その結果，国家賠償請求を認容した。

(4) 国の私法行為

国が私人と対等の立場で行った私法行為（例えば、土地取得行為）が違憲審査の対象となるかどうかについては、学説上争いがある。①直接適用説は、国の私法行為は81条の「処分」あるいは98条1項の「国務に関するその他の行為」にあたり、直接的に違憲審査の対象となるとする。これに対して、②間接適用説は、国の私法行為は「処分」あるいは「国務に関するその他の行為」にはあたらないので、直接的に違憲審査の対象とはならず、国の私法行為には、憲法の規定は私法上の規定を介して間接的に適用されるとする。通説は②説を採っており、判例も、前掲・百里基地訴訟［判例3-3］において、②説を採用している。

4 違憲判断の方法

(1) 合憲限定解釈

合憲限定解釈とは、法令の解釈として複数の解釈が可能な場合に、憲法の規定に適合する解釈をとらなければならないことをいう。すでに述べた憲法判断回避原則は、憲法判断そのものを回避するのに対して、この合憲限定解釈は、違憲判断を回避するものである。したがって、合憲限定解釈によれば、法令そのものは合憲と判断される。合憲限定解釈が用いられた事例としては、前掲・都教組事件や広島市暴走族追放条例事件（最三判平成19年9月18日刑集61巻6号601頁）が挙げられる。

(2) 法令違憲

法令違憲とは、法令の規定それ自体を違憲とする手法である。法令違憲の方法を用いた最高裁判決は少なく、尊属殺重罰規定事件［判例4-5］、薬局距離制限事件［判例7-2］、議員定数不均衡事件昭和51年判決［判決9-3］および60年判決、森林法共有林分割請求事件［判例7-3］、郵便法事件、在外国民選挙権事件［判例9-2］、国籍法違憲判決が挙げられるのみである。

(3) 適用違憲

適用違憲とは、法令の規定自体を違憲とはせず、当該事件におけるその

具体的な適用だけを違憲とする手法である。適用違憲には、3つの類型がある。まず、①法令の合憲限定解釈が不可能である場合に、そうした法令を当該事件に適用した限りにおいて違憲とする方法である。猿払事件第1審（旭川地判昭和43年3月25日下刑集10巻3号293頁）がその典型である。次に、②法令の合憲限定解釈が可能であるにもかかわらず、それをせずに当該法令を適用した場合に、その適用行為を違憲とする方法である。全逓プラカード事件第1審（東京地判昭和46年11月1日行集22巻11・12合併号1755頁）がその典型である。①および②は、適用違憲と言いながら、法令自体の憲法上の問題性を前提にしているが、これに対して、③法令自体に問題はなくとも、人権を侵害するような形で適用された場合に、その適用行為を違憲とする手法がある。この典型例として、第2次教科書検定訴訟第1審（東京地判昭和45年7月17日行集21巻7号別冊1頁）がある。

（4）運用違憲

　運用違憲とは、法令そのものの合憲性を前提としながらも、その運用の在り方を問題とし、違憲の運用が行われている場合に、その一環としてなされた処分を違憲と判断する方法である。東京都公安条例事件第1審（東京地判昭和42年5月10日下刑集9巻5号638頁）がその典型例である。

（5）処分違憲

　処分違憲とは、法令が合憲であることを前提として、法令の適用よりも、公権力の行使としてなされる個別・具体的な行為（処分）そのものを違憲とする手法である。この典型例として、前掲・愛媛玉串料訴訟［判例5-5］および前掲・砂川空知太神社訴訟［判例13-1］がある。

5　法令違憲判決の効力

　法令違憲判決の場合に、違憲とされた法令の効力をどのように解するかについては学説上争いがある。①個別的効力説は、当該法令はその事件に限って無効となるとする。これに対して、②一般的効力説は、当該法令は、その事件においてだけでなく、客観的に無効となる、すなわち、議会

による廃止手続なくしてその存在を失うとする。さらに，③法律委任説は，違憲判決がどのような効力をもつかは法律の定めに委ねられているとする。通説は，付随的違憲審査制の下では，違憲審査は当該事件の解決のために行われるから，違憲判決は当該事件にのみ効力を有すると解するのが妥当であること，および，違憲判決に一般的効力を認めると，それは一種の消極的立法となり，立法権を侵すことになることを理由にして，①説を採っている。ただし，通説は，①説に立つとしても，最高裁判所により法令違憲判決が下された場合には，国会や内閣などの他の機関はその判断を尊重することを憲法は期待しているという礼譲期待説に依っている。

判例 12-1

争点

信仰の対象の価値または宗教上の教義に関する判断が前提問題となっている具体的な権利義務ないし法律関係に関する紛争は、「法律上の争訟」にあたるか── 板まんだら事件

事案

宗教団体Yの元会員であったXらは、広宣流布（日蓮の三大秘法の仏法が日本および全世界に広まること）達成の時期に「板まんだら」と称される御本尊を安置する「事の戒壇」たる正本堂を建立するための資金として寄付をした。しかしその後、Xらは、①寄付の後、板まんだらは偽物であることが判明したこと、および、②Yが、正本堂完成後も、正本堂はまだ戒壇の完結ではなく、広宣流布は未だ達成されていないと言明したことを理由に、この寄付は要素の錯誤に基づいてなされたものであるとして、寄付金の返還を求めて提訴した。第1審（東京地判昭和50年10月6日判時802号92頁）は、Xらの主張する錯誤の内容は宗教上の教義に関するため法律上の争訟にはあたらないとして却下。第2審（東京高判昭和51年3月30日判時809号27頁）は、1審判決を取り消して事件を差し戻したので、Yが上告。

判旨

〈破棄自判〉「具体的な権利義務ないし法律関係に関する紛争であっても、法令の適用により終局的に解決するのに適しないものは裁判所の審判の対象となりえない」。「要素の錯誤があったか否かについての判断に際しては」、①の点については「信仰の対象についての宗教上の価値に関する判断が」、また、②の点についても「『戒壇の完結』、『広宣流布の達成』等宗教上の教義に関する判断が、それぞれ必要であり、いずれもことがらの性質上、法令を適用することによっては解決することのできない問題である。本件訴訟は、具体的な権利義務ないし法律関係に関する紛争の形式をとっており、その結果信仰の対象の価値又は宗教上の教義に関する判断は請求の当否を決するについての前提問題であるにとどまるものとされてはいるが、本件訴訟の帰すうを左右する必要不可欠のものと認められ、また、記録に

あらわれた本件訴訟の経過に徴すると，本件訴訟の争点及び当事者の主張立証も右の判断に関するものがその核心となっていると認められることからすれば，結局本件訴訟は，その実質において法令の適用による終局的な解決の不可能なものであって，裁判所法3条にいう法律上の争訟にあたらない」(最三判昭和56年4月7日民集35巻3号443頁)

判例 12-2

争点

日米安全保障条約は司法審査の対象となるか──砂川事件

事案

1957（昭和32）年7月8日，東京調達局は東京都砂川町にある米軍使用の立川飛行場内民有地の測量を開始したところ，これに反対するデモ隊員が基地内に立ち入った。デモ隊員であったYら（7名）は，「日本国とアメリカ合衆国との間の安全保障条約第3条に基づく行政協定に伴う刑事特別法」2条（合衆国軍隊が使用する施設又は区域を侵す罪）違反に問われ起訴された。第1審（東京地判昭和34年3月30日下刑集3号776頁）は，米軍の駐留は憲法9条2項前段に違反する以上，軽犯罪法の規定（1条32号）より重い刑罰を科す刑事特別法2条の規定は憲法31条に違反するとして，Yらを無罪とした。これに対して，検察側は最高裁へ跳躍上告（刑事訴訟規則254条）を行った。

判旨

〈破棄差戻〉「本件安全保障条約は［…］主権国としてのわが国の存立の基礎に極めて重大な関係をもつ高度の政治性を有するものというべきであって，その内容が違憲なりや否やの法的判断は，その条約を締結した内閣およびこれを承認した国会の高度の政治的ないし自由裁量的判断と表裏をな

す点がすくなくない。それ故，右違憲なりや否やの法的判断は，純司法的機能をその使命とする司法裁判所の審査には，原則としてなじまない性質のものであり，従って，一見極めて明白に違憲無効であると認められない限りは，裁判所の司法審査権の範囲外のものであって，それは第一次的には，右条約の締結権を有する内閣およびこれに対して承認権を有する国会の判断に従うべく，終局的には，主権を有する国民の政治的批判に委ねらるべきものである」。「アメリカ合衆国軍隊の駐留は，憲法9条，98条2項および前文の趣旨に適合こそすれ，これらの条章に反して違憲無効であることが一見極めて明白であるとは，到底認められない」（最大判昭和34年12月16日刑集13巻13号3225頁）。

判例 12-3

争点

衆議院の解散は司法審査の対象となるか――苫米地事件

事案

1952（昭和27）年に第3次吉田内閣が行った「抜き打ち解散」によって衆議院議員の身分を失ったX（苫米地義三）は，歳費を受けられなくなった。そこでXは，69条の定める事態が発生した場合に内閣は衆議院解散を決定し，その後内閣の助言と承認に基づき天皇が解散を行うものであるところ，本件においては，内閣は7条に基づいて解散を決定したこと，また本件解散では内閣の助言と承認が適法になされていないことから違憲であるとして，任期満了までの歳費の支払いを求め，Y（国）に対して訴えを提起した。Xの請求は，第1審（東京地判昭和28年10月19日判時11号3頁）では認容されたが，第2審（東京高判昭和29年9月22日判時35号8頁）で棄却されたので，Xは上告。

判旨

〈上告棄却〉「わが憲法の三権分立の制度の下においても，司法権の行使についておのずからある限度の制約は免れないのであって，あらゆる国家行為が無制限に司法審査の対象となるものと即断すべきでない。直接国家統治の基本に関する高度に政治性のある国家行為のごときはたとえそれが法律上の争訟となり，これに対する有効無効の判断が法律上可能である場合であっても，かかる国家行為は裁判所の審査権の外にあり，その判断は主権者たる国民に対して政治的責任を負うところの政府，国会等の政治部門の判断に委され，最終的には国民の政治判断に委ねられているものと解すべきである。この司法権に対する制約は，結局，三権分立の原理に由来し，当該国家行為の高度の政治性，裁判所の司法機関としての性格，裁判に必然的に随伴する手続上の制約にかんがみ，特定の明文による規定はないけれども，司法権の憲法上の本質に内在する制約と理解すべきである」。「衆議院の解散は，極めて政治性の高い国家統治の基本に関する行為であって，かくのごとき行為について，その法律上の有効無効を審査することは司法裁判所の権限の外にありと解すべき」である。（最大判昭和35年6月8日民集14巻7号1206頁）

判例 12-4

争点

最高裁判所は抽象的違憲審査権を有するか── 警察予備隊違憲訴訟

事案

Xは，Y（国）が1951（昭和26）年4月1日以降に行った警察予備隊の設置および維持に関する一切の行為は憲法9条に違反して無効であることの確認を求めて，直接最高裁に提訴した。

判旨

〈却下〉「わが裁判所が現行の制度上与えられているのは司法権を行う権限であり、そして司法権が発動されるためには具体的な争訟事件が提起されることを必要とする。我が裁判所は具体的な争訟事件が提起されないのに将来を予想して憲法及びその他の法律命令等の解釈に対し存在する疑義論争に関し抽象的な判断を下すごとき権限を行い得るものではない。けだし最高裁判所は法律命令等に関し違憲審査権を有するが、この権限は司法権の範囲内において行使されるものであり、この点においては最高裁判所と下級裁判所との間に異るところはない」（最大判昭和27年10月8日民集6巻9号783頁）

第13章
財政

本章の狙い

財政とは，統治団体がその存立を維持し，その目的を達成するために必要なモノやサービスを入手し，使用しまたは管理する各種の作用である。このような財政作用の重要性に鑑みて，各国の憲法典は，財政の章を設け，各種の原則を置き，健全な財政運営を目指しており，日本国憲法も例外ではない。本章では，財政に関する憲法的規律を概観する。

I 財政民主主義と財政立憲主義

1 財政統制の必要性

財政とは，国や地方公共団体が，その存立と活動に必要な財貨を獲得し，管理し，活用するあらゆる活動をいう。近代憲法は，このような財政活動を議会の同意にかからしめ，法的に統制することを目指してきた。このことは，1215年のマグナカルタにおける課税同意権の確認（「代表なくして課税なし」）に遡ることができるが，これに加えて，近代憲法においては，議会に支出議決権，予算議決権，会計検査制度も含む決算審査権も認められることが基本とされる。これが財政民主主義または財政議会主義と呼ばれる原則である。

財政民主主義は，財政統制の根幹をなす考え方であるが，近年では，財

政政策が景気対策などの政策手段として用いられること，議会または議員自身が濫費や選挙目当ての支出を行いがちであることが指摘されている。近年のいくつかの国々の憲法典では，これに対応する規定を用意する例が観察される。また，財政政策と並んで経済政策上の重要な機能を果たす金融政策を司る中央銀行についても憲法典に規定される例も増えつつある。

これに対して，日本国憲法はいわば近代的な財政統制制度の完備を目指したもので，かつ，その規定も簡潔なものにとどまる。それゆえ，上にみた現代的な財政問題への対処も含めて，多くの部分が財政法や会計法をはじめとする憲法附属法に委ねられることになる。

2　財政民主主義

日本国憲法は，83条で「国の財政を処理する権限は，国会の議決に基いて，これを行使する」と定める。これは，明治憲法下で議会による財政統制が相当に厳しく制限されていたことに鑑み，その徹底を図ろうとする趣旨に出たものである。

まず，本条にいう「国の財政を処理する権限」とは，租税などの財政収入のみならず，財政支出，公債の発行，「国庫債務負担行為」などの債務負担，国有財産の管理，事後の財政統制，通貨制度の法定（価値の規律を含む）など，あらゆる権限をさすと解される。

次に，「国会の議決」については，基本的には法律の形式をとることが予定されている。後にみる租税法律主義もその表れであることはもちろんのこと，財政法，会計法をはじめとした関連法規も法律の形式で定められている。それ以外にも，国庫債務負担行為の議決のように，個別的・具体的なものも含まれると解される。

3　財政立憲主義

（1）責任政治の表れとしての財政立憲主義

財政民主主義とよく似た概念として，財政立憲主義がある。これは，基本的には，責任政治の原則を財政作用に適用し，議会または国民による責

任追及を実効的に確保することを目指すものとして把握され，財政民主主義とは区別される。憲法91条が，内閣の財政状況報告の制度を定めるのは，この点にかかわる（なお，具体的な方法については，財政法46条参照）。

（2）財政民主主義の制約としての財政立憲主義

　財政立憲主義というとき，議会の財政に関する権限に対する憲法的統制が含意されることもある。日本国憲法は，財政の処理について国会の議決を重視しているが，議決があればどのような処理も行いうるというわけではない。というのも，議決についても，①基本権規定によって制約されうるし，②それ以外にも，憲法89条に定める公金支出・公的財産供用の禁止によっても制約されるからである。このうち憲法89条所定の公金支出に関する統制には，（ア）宗教上の組織・団体に対する公金支出・財産供与の禁止と（イ）公の支配に属しない慈善・教育・博愛事業に対する公金支出・財産供与の禁止とがある。

　まず，宗教上の組織・団体に対する公金支出・財産供与の禁止については，日本国憲法が採用する政教分離原則から当然に帰結されるものである。それゆえ，ここには政教分離に関する議論がそのまま妥当する。すなわち，国家と宗教との完全な分離は不可能かつ社会的妥当性を欠き，一定のかかわりあいが生じることはやむを得ないが，公金支出や財産供与といった行為の目的が宗教的意義をもち，その効果が特定の宗教を援助，助長，促進，圧迫，干渉などすることになる場合には，当該公金支出や財産供与は違憲となる（津地鎮祭事件［判例5-4］，愛媛玉串料事件［判例5-5］。もっとも，近年では，目的効果基準を用いて判断しない事案（砂川空知太神社事件［判例13-1］）もあり，判例の動向が注目されている。

　次に，公の支配に属しない慈善・教育・博愛事業に対する公金支出・財産供与の禁止については，比較憲法的に類似の規定が観察されることがなく，また，慈善・教育・博愛事業に対してはむしろ積極的な公金の支出が求められるのではないかとの疑問もあることから，従来，その意義をめぐって，①厳格説と②緩和説が対立してきた。厳格説は，この規定の趣旨を，私的事業に対する公権力の介入の防止と理解し，それゆえに公金支出も禁じられるとする説である。これに対して，緩和説は，私的事業に対す

る公金支出も原則としては容認されるが、濫費防止の観点から、一定の公的統制に服せしめることを要求するものとする説である。いわゆる私学助成については、厳格説に立てば、違憲と評価され、緩和説に立てば、合憲と評価されることになる。

II 租税法律主義

1 総説

　憲法は30条で、「法律の定めるところにより」、国民が納税の義務を負うことを定めるとともに、84条で、「あらたに租税を課し、又は現行の租税を変更するには、法律又は法律の定める条件によることを必要とする」と定めている。これらの規定は、83条にいう「国会の議決」が、とくに租税の場合、法律という形式に基づくべきことを明らかにしたものである（租税法律主義）。また、明治憲法は63条で永久税主義によることを定めていたが、84条もこれを排除する趣旨ではないと考えられている。

　これに基づいて、所得税、法人税、相続税、贈与税といった直接税のほか、消費税や酒税といった間接税についても、それぞれ個別に根拠法律が用意されている。そこでは、課税の種類、根拠のほか、納税義務者、課税標準、税率などの課税要件や租税の賦課・徴収手続が法定されており、これも84条の要請するところである。もっとも、関税法3条のように税率が条約へ委任されたり、地方税法のように税目等の決定が条例へ委任されたりする例もある。これは、「法律の定める条件」に基づくものとして合憲だと考えられている。

2 「租税」の意義

　憲法84条にいう「租税」とは、「国または地方公共団体が、課税権に基づき、その経費に充てるための資金を調達する目的をもって、特別の給付に対する反対給付としてでなく、一定の要件に該当するすべての者に対して

課する金銭給付」をいう（旭川国民健康保険料事件［最大判平成18年3月1日民集60巻2号587頁］）。もっとも，一部の手数料や免許料など，一方的な賦課としての性質を持つものについても，租税に準じて扱われるべきだとされる。

3 課税作用に対する憲法上の制約

　国の課税作用に対しては，基本権規定による制約がありうる。このような制約については，主に，①平等原則と②課税手続の適正が挙げられよう。

　このうち，憲法14条1項が定める平等原則に基づき，租税法規の内容が不合理な差別に基づくものである場合には，当該租税法規は無効となる。この点，所得税法における給与所得と事業所得の取扱いが不平等だとして提起されたいわゆる大島訴訟で，最高裁は，平等原則に基づく審査を行って合憲としたことがある（最大判昭和60年3月27日民集39巻2号247頁）。

III　国費の支出等に対する国会の統制

1　憲法85条の意義

　憲法は85条で，「国費を支出し，又は国が債務を負担するには，国会の議決に基づくことを必要とする」と定めている。本条は，租税法律主義が成立すると租税に拠らない資金調達がなされ，その結果，半強制的な「借り上げ」がなされるようになったこと，債務の負担が行われれば，それは将来の支出を義務付けることになることといった観点から設けられるものである。とくに，後者の点については，近年，世代間衡平の観点から注目されるようになっている。

　もっとも，積極的な経済政策をも要請される現代国家にあっては，支出目的と規模は，重要な政策的争点となる。そして，議員自身が濫費や選挙目当ての支出を行いがちになれば，それは支出および公債発行の膨張を招

く。それを防止する目的で，一部の国では，健全財政原則や起債制限規定を憲法典に置くものがある。憲法典中にそのような規定をもたないわが国では，もっぱら財政法をはじめとする附属法によって対処しなければならない（財政法4条など）が，その実効性について，重大な欠陥があるといわざるをえない。

2　国費の支出の内容とその統制方法

ここに国費の支出とは，国庫に属する金銭の支払いをいうが，これを会計年度あたりでみるとき，とくに「歳出」と呼ばれる（財政法2条4項）。他方，国の債務負担とは，金銭給付を内容とする債務を負担することをいう。ここには，公債の発行，政府支出の払込義務，各種の契約，債務保証，損失補償の承認などが含まれる。

これらの支出・債務負担については，国会の議決が必要とされる。国費の支出については，予算がそれに当たる（憲法86条）。他方，債務負担については，法律または予算によることとされている（財政法15条）。

IV　予算制度

1　会計年度

憲法86条は，「内閣は，毎会計年度の予算を作成し，国会に提出して，その審議を受け議決を経なければならない」と定める。これは恒常的に行われる国の財政処理を統制するために，財政処理のうちとくに計量的統制になじむものについて，一定の期間を区切って，その規模を事前に制約するものである（ちなみに，計量的統制になじまない財産の管理処分などは法律による。国有財産法など参照）。

このような制度が実効性を持つためには，「一定の期間」（会計年度）が重要である。この会計年度は，多くの国で1年と考えられている。日本国憲法も，90条で毎年の決算を予定していることなどから，やはり1年が原則

だと考えられている（なお，4月1日からはじまり，翌年3月31日に終わる。財政法11条）。

一会計年度当たりの支出（歳出）は，当該会計年度の収入（歳入）によって賄われなければならないことが基本原則で，これを会計年度独立の原則という（財政法12条，42条）。

そして，憲法86条が，毎会計年度の予算の作成を求めていることから，予算は1年の収支見積りを示すべきであると解される。これを予算単年度主義という。しかし，予算単年度主義は，これを硬直的に運用すればかえって経費の無駄遣いにつながること（たとえば，年度末の予算消化のための駆け込み工事），健全な財政運営のためには，中長期の財政見通しを踏まえた予算編成が必要とされることなどから，その弾力化の必要性が指摘されている。繰越明許費の活用や中長期の財政計画の策定が行われるほか，複数年度予算の導入が提唱されているのはこの点にかかわる。

2　予算の議決

(1)「予算」という語

日本国憲法は，内閣が毎会計年度の予算を作成し，国会は提出された予算について，国会の審議・議決を求めている。ところで，このようにみてみると，「予算」という語には，少なくとも，①国会の審議・議決を経て決定された予算と②内閣が提出し，国会の審議・議決の対象となる予算という異なる二つの意味があることになる。財政法が，前者について，「予算の成立」と呼び，後者について「予算の作成」というのは，このことを念頭においているからである（財政法16条ほか）。そこで，以下では，①の意味での予算を「予算」，②の意味での予算を「予算案」と呼んで区別することにする。

(2) 予算案の作成・提出

さて，日本国憲法は，予算案の作成を内閣に委ねている（73条5号，86条）。これは，財務の見積りを最もよく把握しうるのは，結局のところ，実施担当者であるからである。実際に予算編成の任に当たるのは，財務

大臣である（財政法21条）。予算案の具体的な作成手続きについては、財政法、予算決算及び会計令（昭和22年4月30日勅令第165号）によって規律されるほか、多くの慣習・慣行から成り立っている。予算案編成の過程を必要な限りで確認すると、①概算要求、②概算要求の調整、③「予算編成の基本方針」の閣議決定、④概算の閣議決定、⑤政府案閣議決定、⑥予算書作成、⑦提出閣議となっている。

（3）予算案の内容

予算案には、最低限、歳入歳出予算が盛り込まれる必要があるが、それ以外に予算案に盛り込むべき内容について、憲法は何も規定していない。この点について、財政法は、国の会計を一般会計と特別会計とに分けたうえで（13条）、一般会計予算の内容を、①予算総則、②歳入歳出予算、③継続費[*1]、④繰越明許費[*2]、⑤国庫債務負担行為とすると定める。ここからも分かるように、予算案には歳入歳出予算以外にも様々なものが含まれ、その内容ごとに国会の議決の効果も異なることになる。

（4）衆参両議院における審議・議決

作成された予算案は、衆議院に提出される（憲法60条1項）。財政法は、この予算案の提出を前年度1月中に提出することを常例とすると定め（27条）、その際には、予算案の審議に関係する参考書類を添付しなければならないとする（28条）。また、一般会計予算と併せて、特別会計予算、政府関係機関予算も提出される。

予算案の審議方法について、憲法は特に定めるところが無く、基本的には、他の議案と同様の処理がなされる。もっとも、国会法では、予算の修正動議の提出について、衆議院で50人以上、参議院で20人以上の賛同者が必要とされ、一般の法律案の場合と区別している。

[*1] **継続費**：工事、製造その他の事業で完成までに数年度を要するものについて、経費の総額および年割額を定め、予め国会の議決を求め、その議決に基づいて数年度にわたり支出するという制度（財政法14条の2）。5年が限度とされ、後年度の予算審議の際に改めて審議することを妨げないものとしている。防衛省の大型艦艇の建造などに利用されている。

[*2] **繰越明許費**：「歳出予算の経費のうち、その性質上又は予算成立後の事由に基き年度内にその支出を終らない見込のあるものについては、予め国会の議決を経て、翌年度に繰り越して使用することができる」ものをいう（財政法14条の3）。

また，内閣が提出した予算案について，国会が修正しうるか，修正するとすればそれには限界があるか，という問題がある。財政民主主義からして，国会が修正権をもつことを否定することはできないが，その内容と程度について争いがある。政府見解によれば，国会は，減額修正はできるものの，増額修正は内閣の予算提出権を損なわない範囲でのみ可能であるとするが，国会は，項[*3]の新設や廃止と並んで，増額修正，減額修正ともに無制約に認められるべきだとする有力説もある。

(5) 予算の議決

予算案の議決については，いわゆる衆議院の優越が働く。すなわち，①衆議院が議決した予算案を参議院が否決した場合には，両院協議会が開催され，そこで成案が得られずまたは成案について両議院の可決が得られなかった場合には，衆議院の議決が国会の議決となるほか，②参議院が衆議院から予算案の送付を受けた後，30日以内に何らの議決もしない場合も，衆議院の議決が国会の議決となる(自然成立)。

また，国会の議決形式については，予算法形式説と予算法律説との対立がある。予算法形式説は，明治憲法が議決形式を「予算」という特別な形式としていたこと(64条)を踏襲するものである。日本国憲法においては同様の規定は無いものの，①憲法上，予算編成に関しては特別の規定が置かれていること，②予算と法律との議決方法が異なっていることなどを根拠に支持されており，現行制度も基本的に予算法形式説に立っている。

なお，予算法律説に立てば，いわゆる法律と予算の不一致の問題が解消されると説かれることもあるが，そもそも，予算を法律と解するからといって，前者は歳出法として，後者は権限法として，内容を違えているうえに，通常の法律と同様の議決方法によることになるわけではない。

[*3] 項：歳出費目については，「所管」(たとえば，文部科学省)の下に「組織」(文部科学省本省)が分類され，さらにその下に「項」(たとえば育英事業費)がさらに分類されて，項ごとに金額が計上されている。この項以上が国会の議決対象とされていることから，これらの科目を立法科目と呼ぶ。

（6）予算の拘束力

　成立した予算は，一定の法的拘束力を持つ。予算法形式説の立場からは，この法的拘束力は，財政法によって与えられるものであると解されている。

　先に，予算にも多様な内容が含まれていることを確認したが，歳入予算については，租税制度に委ねられているから，単なる見積りにすぎない。他方，歳出予算については，項所定の目的以外の使用が禁止され，項間の移用も原則禁止されている（財政法32条，33条）。

3　補正予算と予算の不成立

（1）補正予算制度

　これまでみたような年度の開始時に成立する予算は本予算と呼ばれるが，財政法29条は，内閣に，①法律上または契約上国の義務に属する経費の不足を補うほか，②予算作成後に生じた事由に基づき特に緊要となった経費の支出または債務の負担を行なうため必要な予算の追加を行なう場合と③予算作成後に生じた事由に基づいて，予算に追加以外の変更を加える場合に限って，補正予算を作成し，国会に提出することを認めている。これは近年，常態化しているばかりでなく，平成23年度においては第4次補正予算まで作成され成立した。

（2）本予算の不成立

　国会での審議が遅れるなど，年度開始までに予算が成立しない場合がありうる。諸外国の憲法では，この問題に対処するために特別の規定を設けているし，明治憲法においても，そのような場合には前年度予算を施行することとされていた（71条）。しかしながら，日本国憲法については，そのような場合に備えた規定がない。これに対処するために，財政法では，暫定予算の制度が設けられている（財政法30条1項）が，暫定予算についても，審議が遅れ，成立しない場合は十分に想定される。つまり，現行の制度においては，予算の空白が生じ，一定の期間，国は支出ができないことが現実にありうることになる。

この問題について、憲法87条に定める予備費の活用をすべきだという主張がある。この予備費は、そもそも、恒常的な基金（つまり、毎年度の予算に基づいて一定額が拠出され、別途管理される）を意味していたようである。このような基金があれば、予算の空白の場合には、この予備費から支出することが期待できるわけである。しかしながら、財政法は、これを明治憲法と同一視し、予備費を一般会計予算の費目としている（財政法24条）。よって、結局、本予算が成立しない場合には、この予備費を活用することもできない。

4 予算の執行と統制

（1）予算の配賦

財政法31条は、「予算が成立したときは、内閣は、国会の議決したところに従い、各省各庁の長に対し、その執行の責に任ずべき歳入歳出予算、継続費及び国庫債務負担行為を配賦」すること、「歳入歳出予算及び継続費を配賦する場合においては、項を目に区分」することを定める。この「目」は、国会の議決の対象にならないという意味で行政科目と呼ばれる。なお、財政法33条によって、「目」相互間で流用する場合には、財務大臣の承認が必要とされている（財政法33条2項）。

予算の執行にあたっては、各省各庁の長は、「支払計画」および「支出負担行為実施計画」を作成し財務大臣の承認を受けることとなっている（34条、34条の2）。

（2）決算

憲法90条は、「国の収入支出の決算は、すべて毎年会計検査院がこれを検査し、内閣は、次の年度に、その検査報告とともに、これを国会に提出しなければならない」と定める。決算とは、一会計年度における国の収支支出の実績を示す確定的計数書である。財政法は、歳入歳出の決算について、財務大臣が「歳入歳出予算と同一の区分により」作製し、内閣は、歳入決算明細書、各省各庁の歳出決算報告書および継続費決算報告書ならびに国の債務に関する計算書を添附して、これを翌年度の11月30日までに会

計検査院に送付しなければならないとしている(財政法38条, 39条)。

会計検査院は，3人の検査官よりなる検査官会議と事務総局をもって組織されるが(会計検査院法2条)，検査官は両議院の同意を経て内閣が任命し，その任免は天皇が認証するものと定められ(4条)，身分保障が与えられている。また，会計検査院は，内閣に対し独立の地位を有するものとされている(1条)。

会計検査院は，決算検査のほか，常時検査や会計経理の監督を行うものとされ，検査は，正確性，合規性，経済性，効率性，有効性の観点から行われる。

内閣は，会計検査院の検査を経た歳入歳出決算を，翌年度開会の常会において国会に提出するのを常例とし，歳入歳出決算には，会計検査院の検査報告の外，歳入決算明細書，各省各庁の歳出決算報告書および継続費決算報告書ならびに国の債務に関する計算書を添付することが定められている(財政法40条)。もっとも，この決算報告は，議案として扱われずに，一種の報告案件として扱われている。

V 皇室経済

1 明治憲法下の皇室財政と憲法88条の意義

明治憲法下では，皇室は，御料地や有価証券，宝飾品など，多くの財産を所有しており，これに加えて，毎年定額の皇室経費を国庫より得ていた。皇室の活動は，これらによって賄われていたが，皇室経費については，増額以外には議会の協賛は必要とされず(明治憲法66条)，その管理については国の官庁がこれにあたるものの，議会による検査もできなかった。

これに対して，天皇の地位を根本的に変更した日本国憲法は，88条によって，①皇室財産を国有財産へと移管し，②必要な皇室経費をすべて国庫から支出するとともに，予算に計上して国会の議決にかからしめ，8条によって，③皇族への財産授受を国会の統制下に置くこととしたのである。

このうち①の点については、明治憲法下における皇室財産を国有財産に移管した時点でその意義を失うことになるが、私的生活にかかわる財産については、現在でも所有が認められ（たとえば、三種の神器がこの例とされる。なお、皇室経済法7条参照）、また、国有財産に編入されたもののうち、皇室の必要とするものは、皇室用財産として、引き続きその用に供されている（皇室経済法附則2条、国有財産法3条参照。たとえば皇居などがその例である）。

2　皇室の費用

憲法88条にいう「皇室の費用」とは、天皇および皇室の生活費ならびに宮廷事務に要する費用を意味する。皇室経済法は、この皇室の費用を「内廷費」(内廷にある皇族の日常の費用)、「宮廷費」(天皇・皇族の公的地位における活動のための費用)、「皇族費」(内廷にある皇族以外の皇族に対して支給される費用) の三種に分けている（皇室経済法3条以下）。このうち内廷費と皇族費については、皇室経済法施行法でその定額を定めているが、その支出には、改めて国会の議決による歳出予算の定めによる必要がある（皇室経済法施行法9条）。

3　皇室の財産授受

憲法8条は、皇室への財産授与（譲受）と皇室からの財産譲与（賜与）について、国会の議決を求めている。本条によって、皇室の成員については、財産法上の行為能力に制限が課されていることになるが、皇室経済法2条は、相当の対価による売買等通常の私的経済行為にかかる場合や外国交際のための儀礼上の贈答にかかる場合、公共のためになす遺贈または遺産の賜与にかかる場合のほか、年間の皇室がなす賜与または譲受にかかる財産の価額が、皇室経済法施行法2条で定める一定価額に達するに至るまでの場合について国会の議決を必要としないとしている。

判例 13-1

争点

神社への市有地の無償供与の合憲性— 砂川空知太神社事件

事案

砂川市が，その所有する土地を空知太神社の建物，鳥居および地神宮の敷地として無償で使用させていることは，憲法の定める政教分離原則違反であって，市長において本件神社物件の撤去および土地明渡しを請求しないことが違法に財産の管理を怠るものであるとして，市の住民である原告Xらが，住民訴訟を提起した。1審，原審とも，本件利用提供行為が政教分離原則違反であるとした。

判旨

〈破棄差戻〉 憲法89条は，「公の財産の利用提供等におけるかかわり合いが，我が国の社会的，文化的諸条件に照らし，信教の自由の確保という制度の根本目的との関係で相当とされる限度を超えるものと認められる場合にこれを許さないもの」であって，「国または地方公共団体が国有地を無償で宗教的施設の敷地としての用に供する行為は，一般的には，当該宗教的施設を設置する宗教団体等に対する便宜の供与として，憲法89条との抵触が問題となる」ところ，「国公有地が無償で宗教的施設の敷地としての用に供されている状態が，［…］当該宗教的施設の性格，当該土地が無償で当該施設の敷地としての用に供されるに至った経緯，当該無償提供の態様，これらに対する一般人の評価等，諸般の事情を考慮し，社会通念に照らして総合的に判断すべきものと解すべき」であって，本件供与は，宗教的な施設のためのものであり，氏子集団に対する便宜供与であり，かかる提供行為は一般人の目から見ても特定の宗教に対する援助に見えるので，憲法89条に反するとした。もっとも，「本件神社物件を撤去させるべきものとすることは，［…］本件町内会の信頼を害するのみなら［…］氏子集団の構成員の信教の自由に重大な不利益を及ぼす」ことなどから，市において「他に選択することのできる合理的で現実的な手段が存在する場合には［…］財産管理上直ちに違法との評価をうけるものではな」く，「違法とされるのは，

上記のような他の手段の存在を考慮してもなお上告人において上記撤去及び土地明渡請求をしないことが上告人の財産管理上の裁量権を逸脱又は濫用するものと評価される場合に限られる」として，その点を明らかにするために，原審に差し戻すことが適当であるとした。（最大判平成22年1月20日民集64巻1号1頁）

第14章

地方自治

本章の狙い

　日本国憲法は，第8章のなかで，地方自治の一章を置き，「地方自治の本旨」(憲法92条)に基づいて地方自治制度を編成すべきことを定めた。このような憲法の下で，地方自治法が制定され，地方自治の制度の基本的な内容が定められている。

　本章では，地方自治の概念と意義を学んだ後に，日本国憲法がどのようにして地方自治制度を保障しているのか，そして，憲法の下で，どのような地方自治制度が整備されているかを概説してゆく。

I　地方自治の概念と意義

(1) 地方自治の概念

　地方自治とは，中央政府から相当程度にまで組織的に独立した地域団体が，それぞれの地域の住民の自主的な参加と責任に基づいて，地域的な事務を処理することをいう。

　こうした地方自治の概念には，二つの要素が含まれている。一つには，中央政府から一定の独立性を有する地域団体を設置した上で，そこに地域的な事務と権限を委譲することである（地方分権）。地方分権は，中央政府に事務と権限を集中することをさす中央集権と対をなす概念である。もう一つは，地域団体の事務処理のあり方を，地域住民みずからが参加して決

定を行い，その結果に対してみずからが責任を負うことである（住民参加）。地方分権は，住民参加の前提となる。

（2）地方自治制の意義

こうした地方自治の制度は，いかなる存在意義を担っているのであろうか。もとより，地方自治制がなぜ必要か（または必要ではないか）という問題に対しては，様々な考え方がありうるところであるし，現実に，利点のみでなく弊害も伴う。ここでは，①地方分権の意義と②住民参加の意義に分けて，代表的な考え方を紹介する。

①地方分権の意義

「およそ権力は濫用されがちである」とすれば，中央集権によって権力の濫用の危険が増大する。こうした濫用から，地域の少数者や個人の自由を保護するには，中央政府の権力を制限，抑制し，そこから独立した領域を確保することが要請されるであろう。地方分権は，そのような要請に応えるものとして考えられてきた。

②住民参加の意義

人々が民主制の意義やその運営方法を十分に習得していなかった近代民主制の萌芽期には，地域的な住民参加の制度は，人々が民主主義を学ぶために重要な意義を担っていた。人々は，その地域ごとの小規模な民主主義の実践を通じて，民主制とはどのようなものかを次第に学んでいったのである。「地方自治は，民主政治の最良の学校である」という有名な格言は，そうした時代背景の下で特に重みを持っていた。現代の日本においても，地方自治にそのような意義を見出すことはできよう。

また，その地域のことは，その地域の住民自身の参加に基づいて決定できるということは，国政における代表民主制を補完して，民主主義の理念を徹底することにもつながる。

他方，こうした民主主義思想とは別の観点に住民参加制の意義を求めることもできる。すでに，日本国憲法制定時に，金森徳次郎国務大臣は，住民参加の意義を次のように説いていた。「アルベキ姿ノ自治，即チ『自治ノ本旨』ト云ウ原理カラ申シマスレバ，ソノ中ニ住ンデ居リマス所ノ人間ノ個性ヲ尊重シテ，ソノモノノ自主的ナル政治行動ト云ウコトヲ眼目トシナ

ケレバナラヌ」。すなわち，その地域に住んでいる人々の個性の尊重をすべきであるからこそ，その地域の住民の参加の途が開かれていなくてはならない，ということである。こうした発想は，「個人の尊重」(憲法13条)という日本国憲法の基本原理に整合し，それぞれの地域の文化的独自性を尊重すべきであるという多文化主義思想にも，よくなじむ。

II 日本国憲法における地方自治の保障

　日本国憲法には，その第8章で「地方自治」の章が置かれ(憲法92条～95条)，「地方自治の本旨」(憲法92条)に基づいて地方自治制度を編成するべきこととした。こうして，地方自治制度は憲法的基礎をもつことになり，日本の地方自治制度は大きな転換を経ることになった。

1　地方自治制度の憲法的保障

　一般に，近代国家において地域的団体が有する地方自治権がいかなる淵源に由来するかについて，学説に対立がある。一つの説明によれば，人に人権が本来的・前国家的に備わるのと同じように，地域的団体には，地方自治権が固有の権利として備わっているのであって，国法は，こうした地方自治権を確認するに過ぎないという理解である(固有権説)。これに対しては，地域的団体が有する地方自治権は，国家の主権または統治権に由来するものと理解する見解が対立する(伝来説)。

　こうした基本的な理解の対立は，日本国憲法における地方自治権の保障をどのように理解するかの違いをもたらす。固有権説によれば，固有権である地方自治権を，国法によって地域団体から剝奪または制限することは許されないことになる。これに対して，伝来説は，地方自治権の内容は，国の立法政策により，どのようにでも定めることができると結論しがちである。

　現在の通説によれば，日本国憲法における地方自治の保障は，いわゆる「制度的保障」であると解されている（制度的保障説)。この説によれば，憲法は，地方自治の組織および運営を法律で定めることを予定している（憲

法92条)が，憲法が保障する地方自治制度(その一内実としての地方自治権)の「核心」または「本質的内容」を法律で廃止・削減し，侵害することは許されないことになる。この場合，法律の役割は，地方自治制度の「核心」を損なわない限りで，地方自治制度の内容を具体化することになろう。もっとも，このような制度的保障説に立つとしても，憲法が保障する地方自治制度の「核心」が一体何なのかについて，一義的なこたえを求めることはできない。

2　地方自治の本旨

　憲法は，「地方公共団体の組織及び運営に関する事項は，地方自治の本旨に基いて，法律でこれを定める」(憲法92条)と定めている。ここでいう「地方自治の本旨」は，憲法が予定する地方自治の一般原則を表す重要なキーワードであり，その内容として，団体自治と住民自治という二つの理念が一般に挙げられる。

　団体自治の理念とは，中央政府の統治機構から相当程度まで独立している地域的団体が権限をもち，その地域の公共事務を自立的に処理するべきであるという地方分権の要請を意味する(もっとも，地域的団体が中央政府の統治機構から完全に分離独立して一国家をなすことになれば，もはやそれは地方分権ではない)。

　これに対して，住民自治の理念とは，団体自治を前提とした上で，その地域の政治的意思形成が，地域住民の政治的関与に基づくものでなければならない，という住民参加の要請をさす。そのような住民の政治的関与のあり方として，憲法は，地方議会議員および首長を住民が直接選挙することを定め(憲法93条2項)，間接民主制・代表民主制の方法による住民自治の基本構造を予定している(しかし，法律では，そうした構造と両立しうるかぎりで，直接民主制的方法による住民自治の仕組みが設けられていることにも注意)。

　このような「地方自治の本旨」の一般原則は，それに反する法令を違憲無効にする作用をもつだけでなく，法令の制定，解釈および運用の指針としても作用するものと解される(その理を具体的に明らかにする規定として，地方自治法2条11項，12項)。

III　地方自治制の概観および憲法上の諸問題

　日本国憲法および地方自治法によって定められている地方自治制度の概要を,「地方自治の本旨」(憲法92条)との関係から, 1. 団体自治のための地方分権制と, 2. 住民自治のための住民参加制に区別して順にみてゆく。その際, 地方自治に関する憲法上の諸問題にも触れてゆく。

1　団体自治のための地方分権制

(1) 地方公共団体

　地方分権の制度は, 地方公共団体といわれる地域的単位を基礎として編成されている。憲法でいう「地方公共団体」(憲法92条～95条)とは, 判例によれば,「事実上住民が経済的文化的に密接な共同生活を営み, 共同体意識をもっているという社会的基盤が存在し, 沿革的にみても, また現実の行政の上においても, 相当程度の自主立法権, 自主行政権, 自主財政権等地方自治の基本的権能を附与された地域団体」(最大判昭和38年3月27日刑集17巻2号121頁)を意味する。このような地方公共団体には, 法人格が与えられ(地方自治法2条1項), それぞれの地方公共団体は, 事務, 権能・権限および責務・義務を担う主体として扱われる。

　地方自治法は, 憲法でいう「地方公共団体」を,「普通地方公共団体」(地方自治法1条の3第1項)と呼んでいる。この普通地方公共団体には, 基礎的な地方公共団体である市町村と, 市町村を包括する広域の地方公共団体である都道府県がある(地方自治法1条の3第2項, 2条3項, 2条5項)。これに対して, 地方自治法は,「特別地方公共団体」(地方自治法1条の3第3項)という単位も設けており, それに含まれる特別区(例として, 東京都特別区)には, 市に準ずる扱いがなされている。

(2) 地方公共団体の事務

　地方分権の制度は, 一つの国家の内部に, 国と地方公共団体を置き, その間に国家が行うべき事務―法令によってなすべきこととされた"しごと"―を配分し, 割り当てることにより編成される。一般論をいえば, 全国的

または統一的に処理することが相応しい事務（外交，防衛，刑罰権の行使を含む司法など）は，国によって担当されるべきであるのに対して，地方公共団体は，地域的な独自性や多様性に即して，地域的に取り組むべき事務を担うべきことになる。

憲法は，国と地方公共団体の間における事務の配分基準を具体的に明らかにしていない。しかし，憲法が予定する，事務配分の一般的原理と解しうるか検討の余地のある考え方として，現在の欧州連合で引き合いに出される「補完性原理」がある。これによれば，個人を包摂するより小さな共同体が第一次的に社会的任務を担当すべきであり，より大きな社会は，小さな共同体でははたすことのできない役割のみを分担するべきであるとする事務配分の基準に従って地方公共団体の事務が決まることになろう。

現在の地方自治法では，国は，①国際社会における国家の存立にかかわる事務，②全国的に統一して定めることが望ましい国民の諸活動もしくは地方自治に関する基本的な準則に関する事務，③全国的な規模で，もしくは全国的な視点に立って行わなければならない施策・事業の実施，または④その他の「国が本来果たすべき役割」を重点的に担う一方で，地方公共団体は，住民の福祉の向上をはかることを基本として，地域の行政を自主的かつ総合的に実施する役割を広く担う。この場合，「住民に身近な行政はできる限り地方公共団体にゆだねること」が基本とされている（地方自治法1条の2第1項，2項）。

こうした事務配分のあり方に基づいて，地方公共団体の事務は，次の通り，法定受託事務と自治事務に区別され，事務処理に際しての，国の権力的関与のあり方に違いをもたらしている。

a. 法定受託事務（地方自治法2条9項）

法律またはこれに基づく政令により，市町村または特別区（都道府県，市町村または特別区）が処理することとされる事務のうち，都道府県（または国）が本来果たすべき役割にかかるものであって，都道府県（または国）においてその適正な処理を特に確保する必要があるものとして，法律またはこれに基づく政令に特に定める事務。法定受託事務の例として，国会議員選挙の実施，パスポートの交付，国道の管理などがある。

b. 自治事務（地方自治法2条8項）

地方公共団体が処理する事務のうち，法定受託事務以外の事務。自治事務の例として，飲食業の営業許可や都市計画の決定，建築確認などがある。

（3）地方公共団体の権能

　地方公共団体が，その事務をなし遂げるためには，それ相応の権限が与えられていなくてはならない。憲法は，「地方公共団体は，その財産を管理し，事務を処理し，及び行政を執行する権能を有し，法律の範囲内で条例を制定することができる」（憲法94条）と定め，地方公共団体の事務を自ら処理するための自治権能を，地方公共団体に与えた。そこでは，具体的に，「財産を管理」する権能，「事務を処理」する権能（住民に対する行政サービスの提供など非権力性質を有する活動を行う行政権能），「行政を執行する権能」（警察活動など権力的性質を有する活動を行う行政権能）および条例制定権が地方公共団体に与えられている。また，最高裁によれば，地方公共団体には，沿革および現実の行政の上で，「相当程度の自主立法権，自主行政権，自主財政権等地方自治の基本的権能」が付与されているものとされている（前掲最大判昭和38年3月27日）。以下，特に条例制定権について，より詳しくみてゆく。

①条例の所管事項

　憲法によれば，地方公共団体には，「法律の範囲内で条例を制定する」権限が認められる（憲法94条）。したがって，地方公共団体は，その自主的な判断に基づいて，地方公共団体の事務を処理するために必要な条例を制定することができる。しかし，憲法が法律で定めるべきことにした事項を，条例で定めることができるかについて，いくつか憲法解釈の問題がある。

　まず，条例で立法（実質的意味の立法。本書第10章を参照）をすることができるかが，国会の唯一の立法機関性（憲法41条）—国会中心立法の原則—との関係で一般に問題となる。この点，法律の委任がなければ，条例で立法をなしえないと解する説（A説）があるが，これに対して，法律の委任がなくても，条例で立法をなしうると解する説（B説）が対立している。B説は，①憲法は，条例制定権（憲法94条）を保障することで，地方公共団体に自主立法権を直接に保障していると解され，そう解することが「地方自治の本

旨」（憲法92条）にかなうこと，②公選機関が制定する点で，条例と法律の間に違いはなく，両者を同列に扱うことができることなどを根拠としている。

こうした一般的な問題と関連して，(i)条例で財産権の内容形成または制約をなしうるか，(ii)条例で課税をなしうるか，(iii)条例で罰則を制定しうるかという問題があるが，ここでは，(ii)と(iii)を概説するに止める。

条例で住民に課税することが，憲法に反しないか否かは，租税法律主義（憲法30条，84条）との関係で問題となる。租税法律主義とは，文字通り，「法律」でしか納税義務を課すことができないことを意味するものと解する説によれば，条例で課税することは原則的に許されず，法律の委任がある場合にのみ，条例で課税することが例外的に許容されることになる（否定説）。これに対して，法律の委任なくして条例で課税することが許されるという説がある（肯定説）。

このような学説対立において，憲法が地方公共団体に対して自主課税権を直接与えているかが，一つのポイントとなる。下級裁判決には「地方公共団体がその住民に対し，国から一応独立の統治権を有するものである以上，事務の遂行を実効あらしめるためには，その財政運営についてのいわゆる自主財政権ひいては財源確保の手段としての課税権もこれを憲法は認めているものというべき」として，それを肯定しつつも，その権能は，抽象的なものに止まり，その具体化は立法者の決定に委ねられていると判示したものがある（福岡地判昭和55年6月5日判時966号3頁。なお，同判決は，租税の賦課徴収権の根拠を，「行政を執行する権能」（憲法94条）に求めている）。

さらに，条例によって罰則を設けることが憲法に反しないかは，特に罪刑法定主義との関係で問題となる。罪刑法定主義によれば，法律によらなければ罰則を制定することはできず，その委任がある場合にのみ，条例で罰則を制定することが例外的に許されると解する説があるが（否定説），法律の委任なくしても，条例で罰則を制定できると解する説が対立している（肯定説）。

こうした問題について，最高裁は，条例による罰則制定には法律の委任を要するとして否定説的な立場に立った上で，しかし，条例は，公選機関である地方議会が制定するものであるから，「法律による授権が相当な程

度に具体的であり，限定されておればたりる」として，命令に対する委任の場合と比べて，より委任の程度が緩やかであってもよいとした（最大判昭和37年5月30日刑集16巻5号577頁［判例14-1］）。なお，現在の法律は，条例に違反した者に対して法定の上限以下の罰則を科することを条例で定めることを認めている（地方自治法14条3項）。

②**条例と法律**

さらに，条例は，「法律の範囲内で」のみ制定することが許される。「法律の範囲内で」とは，具体的には，①条例の所管事項は，法律の定めによるべきこと，②条例の内容が法律に反してはならないことを意味する（さらには，③条例制定手続は法律によるべきことを加える学説もある）。

①について，地方自治法によれば，その地方公共団体の事務に関し，条例を制定することができることとされる（地方自治法14条1項，2条2項）。②について，かつて，法律がすでに規定している事項について，条例では定めることができないと解する説があったが（法律先占論），最高裁は，「条例が国の法令に違反するかどうかは，両者の対象事項と規定文言を対比するのみでなく，それぞれの趣旨，目的，内容及び効果を比較し，両者の間に矛盾抵触があるかどうか」により判断しなくてはならない（最大判昭和50年9月10日刑集29巻8号489頁［判例14-2］）とし，条例制定の可能性をより広く認める理解を示している。

（4）国と地方公共団体の関係

国と地方公共団体の関係は，対等・協力の関係の下に置かれ，法律またはこれに基づく政令によらなければ，地方公共団体の事務処理に対して「関与」，すなわち助言・勧告，是正の要求，指示，代執行，協議などをすることができず（関与法定主義（地方自治法245条の2）），しかも，その関与は，必要最小限度に止め，地方公共団体の自主性・自立性に配慮しなくてはならない（地方自治法245条の3第1項）。これにより，国（または都道府県）の干渉を可能な限り排除し，団体自治を徹底させることが試みられている。なお，自治事務と法定受託事務の場合では，法律で認められている権力的関与の程度が異なり，自治事務の実施に際しては，その地域の特性を反映させるべく，地方公共団体の自立性がより重視されている。

(5) 地方公共団体の機関

①議会

憲法は，法律の定めるところにより，「地方公共団体」に議会を設置することを予定しており（憲法93条1項），普通地方公共団体には，法律によって，議事機関としての議会が設置される（地方自治法89条）。地方議会においては，国会の両院制とは異なり，一院制が採られている。議会を構成する議員は，地方有権者団としての住民によって直接に公選され（憲法93条2項），その定数は，地方公共団体の規模に応じた上限の範囲内で，条例で定められる（地方自治法90条，91条）。任期は4年である（地方自治法93条1項）。

議会の権限の中心には，条例の制定改廃，予算および財産管理などに関する議決権があり（地方自治法96条），地方公共団体の重要な意思決定機関となっている。

②首長

「地方公共団体の長」（憲法93条2項）として普通地方公共団体に置かれた都道府県知事および市町村長（地方自治法139条）は，地方公共団体を統轄および代表し（地方自治法147条），補助機関としての職員を任免・指揮監督する（地方自治法154条，172条2項等）ことにより，その事務を管理および執行する（地方自治法148条）。首長は，議案提出，予算の調製・執行，会計の監督，財産管理など，その地方公共団体の事務の執行を担任することとされ（地方自治法149条），法令に反しない限り，その事務の範囲内で規則を制定する権限ももつ（地方自治法15条）。

首長も，地方有権者団としての住民によって直接に公選され（憲法93条2項），任期は4年である（地方自治法140条）。首長の多選は，法律では禁止されていないが，多選を禁止する必要が説かれており，多選禁止が憲法，すなわち職業選択の自由（憲法22条），被選挙権（憲法15条）または平等原則（憲法14条1項）に反しないか否かが問題となる。総務省に設置された「首長の多選問題に関する調査研究会」の報告書（平成19年5月）によれば，多選禁止規制は，多選首長の権力の統制および選挙の競争性確保のための，被選挙権に対する合理的な制約といえるから，憲法に反しないと結論づけられ

ている。神奈川県では，2007（平成19）年10月に，全国で初めて，知事の任期を3期までとする多選禁止条例が制定されたが，施行されていない。

③議会と首長の関係

　国の統治機構において，内閣と国会の間には，議院内閣制の関係があり，大統領制と対比される。これに対して，地方公共団体における首長と議会の関係については，首長制が採られており，以下に具体的にみるように，a. 大統領制の基本的特徴を備えた上で，b. 議院内閣制の特徴を若干ではあるが加味している。また，大統領制・議院内閣制という区別では十分に捉えられない，c. その他の特徴をも備えている。

a. 大統領制の基本的特徴

　首長制においては，地方公共団体の長は，住民によって直接選挙される（憲法93条2項）のであって，議会によって選出されるわけではない。また，首長と地方議会議員の職を兼職することは禁止されている（地方自治法141条2項）。したがって，内閣総理大臣を国会が指名すること，および内閣総理大臣・国務大臣と国会議員を兼職すること（憲法67条1項，68条1項）が予定される議院内閣制とは異なり，首長制は，議会と執行部門を厳格に組織上分離する，大統領制の特徴をもっていることになる。

　また，首長制において，首長は，地方公共団体の事務を，「自らの判断と責任」で処理することとされ（地方自治法138条の2），首長は，議会から基本的に独立してその権限を行使する。こうした特徴は，大統領制により近いものである。

　さらに，首長は，条例や予算に関する議会の議決が不当であると判断する場合には，その議決の送付を受けた日から10日以内に，理由を付して，議会で再審議させることができる（一般的拒否権（地方自治法176条1項）。なお，再度，出席議員の3分の2以上の多数で，再議に付された議案と同一の議決がなされたときは，議決が確定し，首長はそれに従わなくてはならない（2項，3項））。こうした制度は，抑制・均衡関係をより厳格にすることを志向するもので，アメリカの大統領制においても，類似の制度がみられる（大統領の法案拒否権（アメリカ合衆国憲法1条7節2項））。

b. 議院内閣制の特徴

　このように，首長制は，大統領制のもつ多くの特徴を備えているが，議

院内閣制の重要な特徴も兼ね備えている。地方公共団体の議会は，首長の不信任の議決をすることができ，首長は，(i)その議決より10日以内に議会を解散しない場合，(ii)解散後初めて招集された議会において再び不信任議決がされた場合に，自動的に失職する（地方自治法178条1項～3項）。こうした制度は，議会の信任を失えば，首長はその職を失うことを意味しているが，それは議院内閣制の一特徴に他ならない。また，首長制においても，議会と執行部門の一定の協力関係が予定されており（例えば，首長の議案提出権（地方自治法149条1号），予算調製提出権（2号）），こうした点にも，議院内閣制と似た側面をみることができる。

c. その他の特徴

その他，首長制に特有の制度として，専決処分の制度を挙げることができる。首長は，議会で議決すべき事件につき，特に緊急を要するため議会を招集する時間的余裕がないとき，議会が議決すべき事件を議決しないときなどには，その事件を専決処分することができ（地方自治法179条1項，2項），次回の会議において議会に報告して承認を求めなければならない（3項）。

2　住民自治のための住民参加制

（1）住民

憲法には，「国民」という概念とは別に「住民」という概念がみられ，住民参加の主体として位置づけられている（憲法93条2項，95条）。憲法でいう「住民」が，その地域に住所を有する日本人（＝日本国籍保有者）を含むことは疑いないが，その地域に住所を有する外国人が，憲法でいう「住民」に含まれるか否かが問題となる。しかし，最高裁は，「国民主権の原理及びこれに基づく憲法15条1項の規定の趣旨に鑑み，地方公共団体が我が国の統治機構の不可欠の要素を成すものであることをも併せ考えると，憲法93条2項にいう「住民」とは，地方公共団体の区域内に住所を有する日本国民を意味するものと解するのが相当であり，右規定は，我が国に在留する外国人に対して，地方公共団体の長，その議会の議員等の選挙の権利を保障したものということはできない。」と判断し，否定説の立場を明らかにした。もっとも，この判決では，傍論においてではあるが，永住外国人等そ

の居住区域の地方公共団体と特段に密接な関係を有するに至った外国人に対して法律で選挙権を付与することを憲法が禁止するものではないとも説いている(最三判平成7年2月28日民集49巻2号639頁)。こうした判決を受けて、外国人に参政権を付与する法律の制定を主張する見解もあり、その立法政策上の当否が問われている(また、外国人にも個別の争点に関する住民投票権を付与する住民投票条例を制定する地方公共団体の例もみられる)。

　法律では、市町村の区域内に住所をもつ者(外国人を含む)は、その市長村のみでなく、これを包含する都道府県の「住民」であり(地方自治法10条1項。憲法でいう「住民」との意味の違いに注意。)、所属する普通地方公共団体の役務の提供をひとしく受ける権利をもつと同時に、負担を分任する義務を負う(地方自治法10条2項)。しかしながら、選挙権を有するのは、「日本国民たる普通地方公共団体の住民」であって(地方自治法11条)、外国人には、地方参政権が保障されていないのが現状である。

　現在、区域内に続けて3カ月以上住所を有する年齢満20才以上の日本国民は、その属する地方公共団体の議会議員および首長の選挙権を有し(地方自治法18条、公職選挙法9条2項)、そのうち25才以上の者に地方議会議員の被選挙権が認められる(地方自治法19条1項、公職選挙法10条1項3号・5号)。国民には、居住移転の自由(憲法22条1項)が保障されているから、任意の地方公共団体に転居して、その地域における住民参加主体になることができる。さらに、25才以上の日本国民に市町村長の被選挙権が(地方自治法19条2項、公職選挙法10条1項6号)、30才以上の日本国民には都道府県知事の被選挙権が認められる(地方自治法19条3項、公職選挙法10条1項4号)。首長の被選挙権は、住民でなくても認められることには注意が必要である。

　以上のように選挙権・被選挙権が保障され、選挙権者は、地方有権者団として、普通地方公共団体の首長および地方議会議員を直接に選出する基礎的な機関を構成することになる。

(2) 間接的住民参加制

　日本国憲法は、地方公共団体に首長および議会を設置して選挙で直接に選出された首長および議員に地方の公共事務を処理させることを予定し

（憲法93条），法律も，基本的にはそのような統治構造を基本としている（地方自治法17条）。したがって，住民自治という理念は，こうした二元的な代表民主制的制度に従って実現されることになる。住民参加の最も主要な方式は，選挙である。

　もっとも，日本国民である普通地方公共団体の住民には，議会解散請求権，議会議員および首長等に関する解職請求権が認められている（地方自治法13条1項〜3項）。それら請求は，基本的には，選挙権者総数（選挙区選出議員については，選挙区の選挙権者総数）の3分の1以上の署名に基づいてなされ，住民投票で過半数の同意があったときに，解散または解職が成立する（地方自治法76条〜85条）。

　こうした制度は，消極的な形で住民の意思を地方政治に反映させる機能を有するから，直接民主制の制度にみえるかもしれない。しかし，依然として，代表民主制・間接民主制の基本構造は維持されている。

（3）直接的住民参加制

　以上の通り，日本国憲法および地方自治法は，間接的住民参加制を基本としているが，憲法および地方自治法は，そうした基本構造を損なわない範囲で，以下のように直接的住民参加制をも加味している。

①条例改廃請求

　日本国民である住民には，条例の制定改廃請求権および事務の監査請求権が認められている（地方自治法12条1項，2項）。これら請求には，その地方公共団体の議員または長の選挙権を有する者の総数の50分の1以上の署名が必要である（地方自治法74条1項）。

　条例の制定改廃請求を受けた首長は，請求を受理した日から20日以内に議会を招集し，意見を付してそれを議会に付議する（地方自治法74条3項）。議会は，請求に付された条例案に基づいて，条例の制定の可否を審議するが，その結果，条例案が成立する場合もあるし，否決される場合もある。

　こうした条例の制定改廃請求権は，条例制定手続に住民が直接関与する側面をもっている（条例案の提案の他，住民発案代表者による議会での意見陳述（地方自治法74条4項）など）から，直接民主制的制度として位置づけるこ

とができる（もっとも，請求された条例案の議決権を有するのは，依然，住民代表機関である議会である点には注意しなくてはならない）。このような住民発案（イニシャティブ）の制度は広く活用され，発案に触発されて成立した斬新な条例が住民の福祉の向上に貢献した例は，決して少なくない。

②条例における住民投票制

ところで，住民投票条例を制定して実施する地方公共団体が1990年代中盤より増えてきた。住民投票条例には，外国人や未成年に投票権を付与するなど，公職選挙法とは異なる仕方で，住民参加制度を編成する例もみられる。こうした条例を制定することにより，特定の議案や政策問題に対して，住民がより直接に決定手続に参加する途が開かれる。

他面，住民投票結果に，議会や首長が法的に拘束されるしくみまでが採用されることになれば，憲法および地方自治法が，代表民主制・間接民主制の原理に従って編成されていることに抵触しかねない。こうした問題につき，那覇地裁は，沖縄県名護市における米軍ヘリポート基地の建設の賛否をめぐる住民投票の結果に首長が法的に拘束されるかが争点となった事件で，「仮に，住民投票の結果に法的拘束力を肯定すると，間接民主制によって市政を執行しようとする現行法の制度原理と整合しない結果を招来することにもなりかねない」と説き，住民投票結果の法的拘束力を否定した（那覇地判平成12年5月9日判時1746号122頁）。

③地方特別法制定における住民投票制

憲法は，「一の地方公共団体のみに適用される特別法は，法律の定めるところにより，その地方公共団体の住民の投票においてその過半数の同意を得なければ，国会は，これを制定することができない」（憲法95条）と定め，国が定める地方特別法の制定手続に住民が直接参加することを予定している（国会法67条，地方自治法261条，262条）。

地方特別法とは，政府見解によれば，「特定の地方公共団体の組織，運営，権能，権利，義務についての特例を定める法律」を意味する。地方特別法の制定に際して住民投票を要求するのは，特定の地方公共団体が特例によって不利益や不平等を被ることがありうることから，その決定に際して住民の意思を反映させるためである。地方特別法の例として，1949（昭和24）年の広島平和記念都市建設法および長崎国際文化都市建設法がある。

判例 14-1

争点

罰則制定を条例に委任することが罪刑法定主義にいかなる要件の下で反しないか— 大阪市売春取締条例事件判決

事案

大阪市で売春を勧誘した被告人Yは，同市の「街路等における売春勧誘取締条例」所定の罰則規定（2条1項）に従って，5000円の罰金に科された。被告人側は，上告趣意のなかで，条例で罰則を設けることとした，当時の地方自治法14条1項および5項（地方公共団体は，法令に特別の定があるものを除く外，その条例中に，条例違反者に対し2年以下の懲役もしくは禁錮，10万円以下の罰金，拘留，科料または没収の刑を科することができることとされた）の授権が不特定かつ抽象的であり，具体的に特定されていないから，罪刑法定主義（憲法31条）に反すると主張した。

判旨

「憲法31条はかならずしも刑罰がすべて法律そのもので定められなければならないとするものでなく，法律の授権によってそれ以下の法令によって定めることもできると解すべきで，このことは憲法73条6号但書によっても明らかである。ただ，法律の授権が不特定な一般的な白紙委任的なものであってはならない」。本件で問題とされている地方自治法の規定（2条3項7号および1号，14条5項）による授権は，相当に具体的かつ限定されており，「しかも，条例は，法律以下の法令といっても，［…］公選の議員をもって組織する地方公共団体の議会の議決を経て制定される自治立法であって，行政府の制定する命令等とは性質を異にし，むしろ国民の公選した議員をもって組織する国会の議決を経て制定される法律に類するものであるから，条例によって刑罰を定める場合には，法律の授権が相当な程度に具体的であり，限定されておればたりると解するのが正当である。」

そして，本件地方自治法の規定の授権は，相当な程度に具体的かつ限定されているから，憲法31条に反するものではなく，それに基づいて制定された本件条例の罰則規定（2条1項）も，憲法31条に反するものではない。

(最大判昭和37年5月30日刑集16巻5号577頁)

判例 14-2

争点

条例はいかなる要件の下で法律に反するか――徳島市公安条例事件

事案

　徳島県反戦青年委員会の幹事であった被告人Yは，委員会主催の集団示威行進に参加した。行進参加者の先頭集団が，車道上で蛇行進をした際に，Y自らも蛇行進をし，さらに，先頭列外付近で笛を吹くなどして集団での蛇行進を扇動し，かつ，集団示威行進に対して所轄警察署長の与えた道路使用許可条件に反する行為をした。Yは，Y自らの蛇行進につき，道路交通法77条3項，119条1項13号違反で起訴されたほか，扇動行為につき，徳島市の「集団行進及び集団示威運動に関する条例」3条3号，5条違反で起訴された。第一審判決では，条例違反については，条例3条3号および5条が刑罰法規の明確性を欠き，違憲無効であるとして，被告人を無罪とした。控訴審では，検察官の控訴を棄却したので，検察官は，原判決が憲法31条の解釈適用に誤りがあると主張して上告した。

判旨

　条例3条3号および5条が国の法律（道路交通法77条3項，119条1項13号）に反するか否かについて，最高裁は，次のように判示した。「条例が国の法令に違反するかどうかは，両者の対象事項と規定文言を対比するのみでなく，それぞれの趣旨，目的，内容及び効果を比較し，両者の間に矛盾牴触があるかどうかによってこれを決しなければならない」。「道路における集団行進等に対する道路交通秩序維持のための具体的規制が，道路交通法77条及びこれに基づく公安委員会規則と条例の双方において重複して

施されている場合においても，両者の内容に矛盾牴触するところがなく，条例における重複規制がそれ自体としての特別の意義と効果を有し，かつ，その合理性が肯定される場合には，道路交通法による規制は，このような条例による規制を否定，排除する趣旨ではなく，条例の規制の及ばない範囲においてのみ適用される趣旨のものと解するのが相当であり，したがって，右条例をもって道路交通法に違反するものとすることはできない」。

また，条例3条3号および5条が憲法31条に反するか否かについて，最高裁は，「ある刑罰法規があいまい不明確のゆえに憲法31条に違反するものと認めるべきかどうかは，通常の判断能力を有する一般人の理解において，具体的場合に当該行為がその適用を受けるものかどうかの判断を可能ならしめるような基準が読みとれるかどうかによってこれを決定すべきである」という判断基準を示した上で，その基準に照らして条例を具体的に検討した結果，「本条例3条3号の規定は，確かにその文言が抽象的であるとのそしりを免れないとはいえ，集団行進等における道路交通の秩序遵守についての基準を読みとることが可能であり，犯罪構成要件の内容をなすものとして明確性を欠き憲法31条に違反するものとはいえない」と結論づけた。(最大判昭和50年9月10日刑集29巻8号489頁)

日本国憲法

昭和21年11月3日公布
昭和22年5月3日施行

朕は、日本国民の総意に基いて、新日本建設の礎が、定まるに至つたことを、深くよろこび、枢密顧問の諮詢及び帝国憲法第七十三条による帝国議会の議決を経た帝国憲法の改正を裁可し、ここにこれを公布せしめる。

御名御璽
昭和二十一年十一月三日

* 内閣総理大臣兼
　外務大臣　　吉田茂
* 国務大臣　男爵　幣原喜重郎
* 司法大臣　　木村篤太郎
* 内務大臣　　大村清一
* 文部大臣　　田中耕太郎
* 農林大臣　　和田博雄
* 国務大臣　　斎藤隆夫
* 逓信大臣　　一松定吉
* 商工大臣　　星島二郎
* 厚生大臣　　河合良成
* 国務大臣　　植原悦二郎
* 運輸大臣　　平塚常次郎
* 大蔵大臣　　石橋湛山
* 国務大臣　　金森徳次郎
* 国務大臣　　膳桂之助

　　日本国憲法

日本国民は、正当に選挙された国会における代表者を通じて行動し、われらとわれらの子孫のために、諸国民との協和による成果と、わが国全土にわたつて自由のもたらす恵沢を確保し、政府の行為によつて再び戦争の惨禍が起ることのないやうにすることを決意し、ここに主権が国民に存することを宣言し、この憲法を確定する。そもそも国政は、国民の厳粛な信託によるものであつて、その権威は国民に由来し、その権力は国民の代表者がこれを行使し、その福利は国民がこれを享受する。これは人類普遍の原理であり、この憲法は、かかる原理に基くものである。われらは、これに反する一切の憲法、法令及び詔勅を排除する。

日本国民は、恒久の平和を念願し、人間相互の関係を支配する崇高な理想を深く自覚するのであつて、平和を愛する諸国民の公正と信義に信頼して、われらの安全と生存を保持しようと決意した。われらは、平和を維持し、専制と隷従、圧迫と偏狭を地上から永遠に除去しようと努めてゐる国際社会において、名誉ある地位を占めたいと思ふ。われらは、全世界の国民が、ひとしく恐怖と欠乏から免かれ、平和のうちに生存する権利を有することを確認する。

われらは、いづれの国家も、自国のことのみに専念して他国を無視してはならないのであつて、政治道徳の法則は、普遍的なものであり、この法則に従ふことは、自国の主権を維持し、他国と対等関係に立たうとする各国の責務であると信ずる。

日本国民は、国家の名誉にかけ、全力をあげてこの崇高な理想と目的を達成することを誓ふ。

第1章　天皇

第1条　天皇は、日本国の象徴であり日本国民統合の象徴であつて、この地位は、主権の存する日本国民の総意に基く。

第2条　皇位は、世襲のものであつて、国会の議決した皇室典範の定めるところにより、これを継承する。

第3条　天皇の国事に関するすべての行為には、内閣の助言と承認を必要とし、内閣が、その責任を負ふ。

第4条　天皇は、この憲法の定める国事に関する行為のみを行ひ、国政に関する権能を有しない。
② 天皇は、法律の定めるところにより、その国事に関する行為を委任することができる。
第5条　皇室典範の定めるところにより摂政を置くときは、摂政は、天皇の名でその国事に関する行為を行ふ。この場合には、前条第一項の規定を準用する。
第6条　天皇は、国会の指名に基いて、内閣総理大臣を任命する。
② 天皇は、内閣の指名に基いて、最高裁判所の長たる裁判官を任命する。
第7条　天皇は、内閣の助言と承認により、国民のために、左の国事に関する行為を行ふ。
一　憲法改正、法律、政令及び条約を公布すること。
二　国会を召集すること。
三　衆議院を解散すること。
四　国会議員の総選挙の施行を公示すること。
五　国務大臣及び法律の定めるその他の官吏の任免並びに全権委任状及び大使及び公使の信任状を認証すること。
六　大赦、特赦、減刑、刑の執行の免除及び復権を認証すること。
七　栄典を授与すること。
八　批准書及び法律の定めるその他の外交文書を認証すること。
九　外国の大使及び公使を接受すること。
十　儀式を行ふこと。
第8条　皇室に財産を譲り渡し、又は皇室が、財産を譲り受け、若しくは賜与することは、国会の議決に基かなければならない。

第2章　戦争の放棄

第9条　日本国民は、正義と秩序を基調とする国際平和を誠実に希求し、国権の発動たる戦争と、武力による威嚇又は武力の行使は、国際紛争を解決する手段としては、永久にこれを放棄する。
② 前項の目的を達するため、陸海空軍その他の戦力は、これを保持しない。国の交戦権は、これを認めない。

第3章　国民の権利及び義務

第10条　日本国民たる要件は、法律でこれを定める。
第11条　国民は、すべての基本的人権の享有を妨げられない。この憲法が国民に保障する基本的人権は、侵すことのできない永久の権利として、現在及び将来の国民に与へられる。
第12条　この憲法が国民に保障する自由及び権利は、国民の不断の努力によつて、これを保持しなければならない。又、国民は、これを濫用してはならないのであつて、常に公共の福祉のためにこれを利用する責任を負ふ。
第13条　すべて国民は、個人として尊重される。生命、自由及び幸福追求に対する国民の権利については、公共の福祉に反しない限り、立法その他の国政の上で、最大の尊重を必要とする。
第14条　すべて国民は、法の下に平等であつて、人種、信条、性別、社会的身分又は門地により、政治的、経済的又は社会的関係において、差別されない。
② 華族その他の貴族の制度は、これを認めない。
③ 栄誉、勲章その他の栄典の授与は、いかなる特権も伴はない。栄典の授与は、現にこれを有し、又は将来これを受ける者の一代に限り、その効力を有する。
第15条　公務員を選定し、及びこれを罷免することは、国民固有の権利である。
② すべて公務員は、全体の奉仕者であつて、一部の奉仕者ではない。
③ 公務員の選挙については、成年者による普通選挙を保障する。
④ すべて選挙における投票の秘密は、これを侵してはならない。選挙人は、その選択に関し公的にも私的にも責任を問はれない。

第16条　何人も、損害の救済、公務員の罷免、法律、命令又は規則の制定、廃止又は改正その他の事項に関し、平穏に請願する権利を有し、何人も、かかる請願をしたためにいかなる差別待遇も受けない。

第17条　何人も、公務員の不法行為により、損害を受けたときは、法律の定めるところにより、国又は公共団体に、その賠償を求めることができる。

第18条　何人も、いかなる奴隷的拘束も受けない。又、犯罪に因る処罰の場合を除いては、その意に反する苦役に服させられない。

第19条　思想及び良心の自由は、これを侵してはならない。

第20条　信教の自由は、何人に対してもこれを保障する。いかなる宗教団体も、国から特権を受け、又は政治上の権力を行使してはならない。

② 何人も、宗教上の行為、祝典、儀式又は行事に参加することを強制されない。

③ 国及びその機関は、宗教教育その他いかなる宗教的活動もしてはならない。

第21条　集会、結社及び言論、出版その他一切の表現の自由は、これを保障する。

② 検閲は、これをしてはならない。通信の秘密は、これを侵してはならない。

第22条　何人も、公共の福祉に反しない限り、居住、移転及び職業選択の自由を有する。

② 何人も、外国に移住し、又は国籍を離脱する自由を侵されない。

第23条　学問の自由は、これを保障する。

第24条　婚姻は、両性の合意のみに基いて成立し、夫婦が同等の権利を有することを基本として、相互の協力により、維持されなければならない。

② 配偶者の選択、財産権、相続、住居の選定、離婚並びに婚姻及び家族に関するその他の事項に関しては、法律は、個人の尊厳と両性の本質的平等に立脚して、制定されなければならない。

第25条　すべて国民は、健康で文化的な最低限度の生活を営む権利を有する。

② 国は、すべての生活部面について、社会福祉、社会保障及び公衆衛生の向上及び増進に努めなければならない。

第26条　すべて国民は、法律の定めるところにより、その能力に応じて、ひとしく教育を受ける権利を有する。

② すべて国民は、法律の定めるところにより、その保護する子女に普通教育を受けさせる義務を負ふ。義務教育は、これを無償とする。

第27条　すべて国民は、勤労の権利を有し、義務を負ふ。

② 賃金、就業時間、休息その他の勤労条件に関する基準は、法律でこれを定める。

③ 児童は、これを酷使してはならない。

第28条　勤労者の団結する権利及び団体交渉その他の団体行動をする権利は、これを保障する。

第29条　財産権は、これを侵してはならない。

② 財産権の内容は、公共の福祉に適合するやうに、法律でこれを定める。

③ 私有財産は、正当な補償の下に、これを公共のために用ひることができる。

第30条　国民は、法律の定めるところにより、納税の義務を負ふ。

第31条　何人も、法律の定める手続によらなければ、その生命若しくは自由を奪はれ、又はその他の刑罰を科せられない。

第32条　何人も、裁判所において裁判を受ける権利を奪はれない。

第33条　何人も、現行犯として逮捕される場合を除いては、権限を有する司法官憲が発し、且つ理由となつてゐる犯罪を明示する令状によらなければ、逮捕されない。

第34条　何人も、理由を直ちに告げられ、且つ、直ちに弁護人に依頼する権利を与へられなければ、抑留又は拘禁されない。又、何人も、正当な理由がなけれ

ば、拘禁されず、要求があれば、その理由は、直ちに本人及びその弁護人の出席する公開の法廷で示されなければならない。

第35条　何人も、その住居、書類及び所持品について、侵入、捜索及び押収を受けることのない権利は、第三十三条の場合を除いては、正当な理由に基いて発せられ、且つ捜索する場所及び押収する物を明示する令状がなければ、侵されない。

② 捜索又は押収は、権限を有する司法官憲が発する各別の令状により、これを行ふ。

第36条　公務員による拷問及び残虐な刑罰は、絶対にこれを禁ずる。

第37条　すべて刑事事件においては、被告人は、公平な裁判所の迅速な公開裁判を受ける権利を有する。

② 刑事被告人は、すべての証人に対して審問する機会を充分に与へられ、又、公費で自己のために強制的手続により証人を求める権利を有する。

③ 刑事被告人は、いかなる場合にも、資格を有する弁護人を依頼することができる。被告人が自らこれを依頼することができないときは、国でこれを附する。

第38条　何人も、自己に不利益な供述を強要されない。

② 強制、拷問若しくは脅迫による自白又は不当に長く抑留若しくは拘禁された後の自白は、これを証拠とすることができない。

③ 何人も、自己に不利益な唯一の証拠が本人の自白である場合には、有罪とされ、又は刑罰を科せられない。

第39条　何人も、実行の時に適法であつた行為又は既に無罪とされた行為については、刑事上の責任を問はれない。又、同一の犯罪について、重ねて刑事上の責任を問はれない。

第40条　何人も、抑留又は拘禁された後、無罪の裁判を受けたときは、法律の定めるところにより、国にその補償を求めることができる。

第4章　国会

第41条　国会は、国権の最高機関であつて、国の唯一の立法機関である。

第42条　国会は、衆議院及び参議院の両議院でこれを構成する。

第43条　両議院は、全国民を代表する選挙された議員でこれを組織する。

② 両議院の議員の定数は、法律でこれを定める。

第44条　両議院の議員及びその選挙人の資格は、法律でこれを定める。但し、人種、信条、性別、社会的身分、門地、教育、財産又は収入によつて差別してはならない。

第45条　衆議院議員の任期は、四年とする。但し、衆議院解散の場合には、その期間満了前に終了する。

第46条　参議院議員の任期は、六年とし、三年ごとに議員の半数を改選する。

第47条　選挙区、投票の方法その他両議院の議員の選挙に関する事項は、法律でこれを定める。

第48条　何人も、同時に両議院の議員たることはできない。

第49条　両議院の議員は、法律の定めるところにより、国庫から相当額の歳費を受ける。

第50条　両議院の議員は、法律の定める場合を除いては、国会の会期中逮捕されず、会期前に逮捕された議員は、その議院の要求があれば、会期中これを釈放しなければならない。

第51条　両議院の議員は、議院で行つた演説、討論又は表決について、院外で責任を問はれない。

第52条　国会の常会は、毎年一回これを召集する。

第53条　内閣は、国会の臨時会の召集を決定することができる。いづれかの議院の総議員の四分の一以上の要求があれば、内閣は、その召集を決定しなければならない。

第54条 衆議院が解散されたときは、解散の日から四十日以内に、衆議院議員の総選挙を行ひ、その選挙の日から三十日以内に、国会を召集しなければならない。
② 衆議院が解散されたときは、参議院は、同時に閉会となる。但し、内閣は、国に緊急の必要があるときは、参議院の緊急集会を求めることができる。
③ 前項但書の緊急集会において採られた措置は、臨時のものであつて、次の国会開会の後十日以内に、衆議院の同意がない場合には、その効力を失ふ。

第55条 両議院は、各々その議員の資格に関する争訟を裁判する。但し、議員の議席を失はせるには、出席議員の三分の二以上の多数による議決を必要とする。

第56条 両議院は、各々その総議員の三分の一以上の出席がなければ、議事を開き議決することができない。
② 両議院の議事は、この憲法に特別の定のある場合を除いては、出席議員の過半数でこれを決し、可否同数のときは、議長の決するところによる。

第57条 両議院の会議は、公開とする。但し、出席議員の三分の二以上の多数で議決したときは、秘密会を開くことができる。
② 両議院は、各々その会議の記録を保存し、秘密会の記録の中で特に秘密を要すると認められるもの以外は、これを公表し、且つ一般に頒布しなければならない。
③ 出席議員の五分の一以上の要求があれば、各議員の表決は、これを会議録に記載しなければならない。

第58条 両議院は、各々その議長その他の役員を選任する。
② 両議院は、各々その会議その他の手続及び内部の規律に関する規則を定め、又、院内の秩序をみだした議員を懲罰することができる。但し、議員を除名するには、出席議員の三分の二以上の多数による議決を必要とする。

第59条 法律案は、この憲法に特別の定のある場合を除いては、両議院で可決したとき法律となる。
② 衆議院で可決し、参議院でこれと異つた議決をした法律案は、衆議院で出席議員の三分の二以上の多数で再び可決したときは、法律となる。
③ 前項の規定は、法律の定めるところにより、衆議院が、両議院の協議会を開くことを求めることを妨げない。
④ 参議院が、衆議院の可決した法律案を受け取つた後、国会休会中の期間を除いて六十日以内に、議決しないときは、衆議院は、参議院がその法律案を否決したものとみなすことができる。

第60条 予算は、さきに衆議院に提出しなければならない。
② 予算について、参議院で衆議院と異つた議決をした場合に、法律の定めるところにより、両議院の協議会を開いても意見が一致しないとき、又は参議院が、衆議院の可決した予算を受け取つた後、国会休会中の期間を除いて三十日以内に、議決しないときは、衆議院の議決を国会の議決とする。

第61条 条約の締結に必要な国会の承認については、前条第二項の規定を準用する。

第62条 両議院は、各々国政に関する調査を行ひ、これに関して、証人の出頭及び証言並びに記録の提出を要求することができる。

第63条 内閣総理大臣その他の国務大臣は、両議院の一に議席を有すると有しないとにかかはらず、何時でも議案について発言するため議院に出席することができる。又、答弁又は説明のため出席を求められたときは、出席しなければならない。

第64条 国会は、罷免の訴追を受けた裁判官を裁判するため、両議院の議員で組織する弾劾裁判所を設ける。
② 弾劾に関する事項は、法律でこれを定める。

第5章　内閣

第65条　行政権は、内閣に属する。

第66条　内閣は、法律の定めるところにより、その首長たる内閣総理大臣及びその他の国務大臣でこれを組織する。

② 内閣総理大臣その他の国務大臣は、文民でなければならない。

内閣は、行政権の行使について、国会に対し連帯して責任を負ふ。

第67条　内閣総理大臣は、国会議員の中から国会の議決で、これを指名する。この指名は、他のすべての案件に先だつて、これを行ふ。

② 衆議院と参議院とが異なつた指名の議決をした場合に、法律の定めるところにより、両議院の協議会を開いても意見が一致しないとき、又は衆議院が指名の議決をした後、国会休会中の期間を除いて十日以内に、参議院が、指名の議決をしないときは、衆議院の議決を国会の議決とする。

第68条　内閣総理大臣は、国務大臣を任命する。但し、その過半数は、国会議員の中から選ばれなければならない。

② 内閣総理大臣は、任意に国務大臣を罷免することができる。

第69条　内閣は、衆議院で不信任の決議案を可決し、又は信任の決議案を否決したときは、十日以内に衆議院が解散されない限り、総辞職をしなければならない。

第70条　内閣総理大臣が欠けたとき、又は衆議院議員総選挙の後に初めて国会の召集があつたときは、内閣は、総辞職をしなければならない。

第71条　前二条の場合には、内閣は、あらたに内閣総理大臣が任命されるまで引き続きその職務を行ふ。

第72条　内閣総理大臣は、内閣を代表して議案を国会に提出し、一般国務及び外交関係について国会に報告し、並びに行政各部を指揮監督する。

第73条　内閣は、他の一般行政事務の外、左の事務を行ふ。

一　法律を誠実に執行し、国務を総理すること。

二　外交関係を処理すること。

三　条約を締結すること。但し、事前に、時宜によつては事後に、国会の承認を経ることを必要とする。

四　法律の定める基準に従ひ、官吏に関する事務を掌理すること。

五　予算を作成して国会に提出すること。

六　この憲法及び法律の規定を実施するために、政令を制定すること。但し、政令には、特にその法律の委任がある場合を除いては、罰則を設けることができない。

七　大赦、特赦、減刑、刑の執行の免除及び復権を決定すること。

第74条　法律及び政令には、すべて主任の国務大臣が署名し、内閣総理大臣が連署することを必要とする。

第75条　国務大臣は、その在任中、内閣総理大臣の同意がなければ、訴追されない。但し、これがため、訴追の権利は、害されない。

第6章　司法

第76条　すべて司法権は、最高裁判所及び法律の定めるところにより設置する下級裁判所に属する。

② 特別裁判所は、これを設置することができない。行政機関は、終審として裁判を行ふことができない。

③ すべて裁判官は、その良心に従ひ独立してその職権を行ひ、この憲法及び法律にのみ拘束される。

第77条　最高裁判所は、訴訟に関する手続、弁護士、裁判所の内部規律及び司法事務処理に関する事項について、規則を定める権限を有する。

② 検察官は、最高裁判所の定める規則に従はなければならない。

③ 最高裁判所は、下級裁判所に関する規則を定める権限を、下級裁判所に委任す

ることができる。

第78条　裁判官は、裁判により、心身の故障のために職務を執ることができないと決定された場合を除いては、公の弾劾によらなければ罷免されない。裁判官の懲戒処分は、行政機関がこれを行ふことはできない。

第79条　最高裁判所は、その長たる裁判官及び法律の定める員数のその他の裁判官でこれを構成し、その長たる裁判官以外の裁判官は、内閣でこれを任命する。

② 最高裁判所の裁判官の任命は、その任命後初めて行はれる衆議院議員総選挙の際国民の審査に付し、その後十年を経過した後初めて行はれる衆議院議員総選挙の際更に審査に付し、その後も同様とする。

③ 前項の場合において、投票者の多数が裁判官の罷免を可とするときは、その裁判官は、罷免される。

④ 審査に関する事項は、法律でこれを定める。

⑤ 最高裁判所の裁判官は、法律の定める年齢に達した時に退官する。

⑥ 最高裁判所の裁判官は、すべて定期に相当額の報酬を受ける。この報酬は、在任中、これを減額することができない。

第80条　下級裁判所の裁判官は、最高裁判所の指名した者の名簿によつて、内閣でこれを任命する。その裁判官は、任期を十年とし、再任されることができる。但し、法律の定める年齢に達した時には退官する。

② 下級裁判所の裁判官は、すべて定期に相当額の報酬を受ける。この報酬は、在任中、これを減額することができない。

第81条　最高裁判所は、一切の法律、命令、規則又は処分が憲法に適合するかしないかを決定する権限を有する終審裁判所である。

第82条　裁判の対審及び判決は、公開法廷でこれを行ふ。

② 裁判所が、裁判官の全員一致で、公の秩序又は善良の風俗を害する虞があると決した場合には、対審は、公開しないでこれを行ふことができる。但し、政治犯罪、出版に関する犯罪又はこの憲法第三章で保障する国民の権利が問題となつてゐる事件の対審は、常にこれを公開しなければならない。

第7章　財政

第83条　国の財政を処理する権限は、国会の議決に基いて、これを行使しなければならない。

第84条　あらたに租税を課し、又は現行の租税を変更するには、法律又は法律の定める条件によることを必要とする。

第85条　国費を支出し、又は国が債務を負担するには、国会の議決に基くことを必要とする。

第86条　内閣は、毎会計年度の予算を作成し、国会に提出して、その審議を受け議決を経なければならない。

第87条　予見し難い予算の不足に充てるため、国会の議決に基いて予備費を設け、内閣の責任でこれを支出することができる。

② すべて予備費の支出については、内閣は、事後に国会の承諾を得なければならない。

第88条　すべて皇室財産は、国に属する。すべて皇室の費用は、予算に計上して国会の議決を経なければならない。

第89条　公金その他の公の財産は、宗教上の組織若しくは団体の使用、便益若しくは維持のため、又は公の支配に属しない慈善、教育若しくは博愛の事業に対し、これを支出し、又はその利用に供してはならない。

第90条　国の収入支出の決算は、すべて毎年会計検査院がこれを検査し、内閣は、次の年度に、その検査報告とともに、これを国会に提出しなければならない。

② 会計検査院の組織及び権限は、法律でこれを定める。

第91条　内閣は、国会及び国民に対し、

定期に、少くとも毎年一回、国の財政状況について報告しなければならない。

第8章　地方自治

第92条　地方公共団体の組織及び運営に関する事項は、地方自治の本旨に基いて、法律でこれを定める。

第93条　地方公共団体には、法律の定めるところにより、その議事機関として議会を設置する。

②　地方公共団体の長、その議会の議員及び法律の定めるその他の吏員は、その地方公共団体の住民が、直接これを選挙する。

第94条　地方公共団体は、その財産を管理し、事務を処理し、及び行政を執行する権能を有し、法律の範囲内で条例を制定することができる。

第95条　一の地方公共団体のみに適用される特別法は、法律の定めるところにより、その地方公共団体の住民の投票においてその過半数の同意を得なければ、国会は、これを制定することができない。

第9章　改正

第96条　この憲法の改正は、各議院の総議員の三分の二以上の賛成で、国会が、これを発議し、国民に提案してその承認を経なければならない。この承認には、特別の国民投票又は国会の定める選挙の際行はれる投票において、その過半数の賛成を必要とする。

②　憲法改正について前項の承認を経たときは、天皇は、国民の名で、この憲法と一体を成すものとして、直ちにこれを公布する。

第10章　最高法規

第97条　この憲法が日本国民に保障する基本的人権は、人類の多年にわたる自由獲得の努力の成果であつて、これらの権利は、過去幾多の試錬に堪へ、現在及び将来の国民に対し、侵すことのできない永久の権利として信託されたものである。

第98条　この憲法は、国の最高法規であつて、その条規に反する法律、命令、詔勅及び国務に関するその他の行為の全部又は一部は、その効力を有しない。

②　日本国が締結した条約及び確立された国際法規は、これを誠実に遵守することを必要とする。

第99条　天皇又は摂政及び国務大臣、国会議員、裁判官その他の公務員は、この憲法を尊重し擁護する義務を負ふ。

第11章　補則

第100条　この憲法は、公布の日から起算して六箇月を経過した日〔昭二二・五・三〕から、これを施行する。

②　この憲法を施行するために必要な法律の制定、参議院議員の選挙及び国会召集の手続並びにこの憲法を施行するために必要な準備手続は、前項の期日よりも前に、これを行ふことができる。

第101条　この憲法施行の際、参議院がまだ成立してゐないときは、その成立するまでの間、衆議院は、国会としての権限を行ふ。

第102条　この憲法による第一期の参議院議員のうち、その半数の者の任期は、これを三年とする。その議員は、法律の定めるところにより、これを定める。

第103条　この憲法施行の際現に在職する国務大臣、衆議院議員及び裁判官並びにその他の公務員で、その地位に相応する地位がこの憲法で認められてゐる者は、法律で特別の定をした場合を除いては、この憲法施行のため、当然にはその地位を失ふことはない。但し、この憲法によつて、後任者が選挙又は任命されたときは、当然その地位を失ふ。

大日本帝国憲法

明治22年2月11日発布
明治23年11月29日施行
全改　昭和22年5月3日
（昭和21年日本国憲法）

告文
皇朕レ謹ミ畏ミ
皇祖
皇宗ノ神霊ニ誥ケ白サク皇朕レ天壌無窮ノ宏謨ニ循ヒ惟神ノ宝祚ヲ承継シ旧図ヲ保持シテ敢テ失墜スルコト無シ顧ミルニ世局ノ進運ニ膺リ人文ノ発達ニ随ヒ宜ク
皇祖
皇宗ノ遺訓ヲ明徴ニシ典憲ヲ成立シ条章ヲ昭示シ内ハ以テ子孫ノ率由スル所トナシ外ハ以テ臣民翼賛ノ道ヲ広メ永遠ニ遵行セシメ益々国家ノ丕基ヲ鞏固ニシ八洲民生ノ慶福ヲ増進スヘシ茲ニ皇室典範及憲法ヲ制定ス惟フニ此レ皆
皇祖
皇宗ノ後裔ニ貽シタマヘル統治ノ洪範ヲ紹述スルニ外ナラス而シテ朕カ躬ニ逮テ時ト俱ニ挙行スルコトヲ得ルハ洵ニ
皇祖
皇宗及我カ
皇考ノ威霊ニ倚藉スルニ由ラサルハ無シ皇朕レ仰テ
皇祖
皇宗及
皇考ノ神祐ヲ祷リ併セテ朕カ現在及将来ニ臣民ニ率先シ此ノ憲章ヲ履行シテ愆ラサラムコトヲ誓フ庶幾クハ
神霊此レヲ鑒ミタマヘ

憲法発布勅語

朕国家ノ隆昌ト臣民ノ慶福トヲ以テ中心ノ欣栄トシ朕カ祖宗ニ承クルノ大権ニ依リ現在及将来ノ臣民ニ対シ此ノ不磨ノ大典ヲ宣布ス

惟フニ我カ祖我カ宗ハ我カ臣民祖先ノ協力輔翼ニ倚リ我カ帝国ヲ肇造シ以テ無窮ニ垂レタリ此レ我カ神聖ナル祖宗ノ威徳ト並ニ臣民ノ忠実勇武ニシテ国ヲ愛シ公ニ殉ヒ以テ此ノ光輝アル国史ノ成跡ヲ貽シタルナリ朕我カ臣民ハ即チ祖宗ノ忠良ナル臣民ノ子孫ナルヲ回想シ其ノ朕カ意ヲ奉体シ朕カ事ヲ奨順シ相与ニ和衷協同シ益々我カ帝国ノ光栄ヲ中外ニ宣揚シ祖宗ノ遺業ヲ永久ニ鞏固ナラシムルノ希望ヲ同クシ此ノ負担ヲ分ツニ堪フルコトヲ疑ハサルナリ

朕祖宗ノ遺烈ヲ承ケ万世一系ノ帝位ヲ践ミ朕カ親愛スル所ノ臣民ハ即チ朕カ祖宗ノ恵撫慈養シタマヒシ所ノ臣民ナルヲ念ヒ其ノ康福ヲ増進シ其ノ懿徳良能ヲ発達セシメムコトヲ願ヒ又其ノ翼賛ニ依リ与ニ俱ニ国家ノ進運ヲ扶持セムコトヲ望ミ乃チ明治十四年十月十二日ノ詔命ヲ履践シ茲ニ大憲ヲ制定シ朕カ率由スル所ヲ示シ朕カ後嗣及臣民及臣民ノ子孫タル者ヲシテ永遠ニ循行スル所ヲ知ラシム

国家統治ノ大権ハ朕カ之ヲ祖宗ニ承ケテ之ヲ子孫ニ伝フル所ナリ朕及朕カ子孫ハ将来此ノ憲法ノ条章ニ循ヒ之ヲ行フコトヲ愆ラサルヘシ

朕ハ我カ臣民ノ権利及財産ノ安全ヲ貴重シ及之ヲ保護シ此ノ憲法及法律ノ範囲内ニ於テ其ノ享有ヲ完全ナラシムヘキコトヲ宣言ス

帝国議会ハ明治二十三年ヲ以テ之ヲ召集シ議会開会ノ時ヲ以テ此ノ憲法ヲシテ有効ナラシムルノ期トスヘシ

将来若此ノ憲法ノ或ル条章ヲ改定スルノ必要ナル時宜ヲ見ルニ至ラハ朕及朕カ継統ノ子孫ハ発議ノ権ヲ執リ之ヲ議会ニ付シ議会ハ此ノ憲法ニ定メタル要件ニ依リ之ヲ議決スルノ外朕カ子孫及臣民ハ敢テ之カ紛更ヲ試ミルコトヲ得サルヘシ

朕カ在廷ノ大臣ハ朕カ為ニ此ノ憲法ヲ施行

スルノ責ニ任スヘク朕カ現在及将来ノ臣民ハ此ノ憲法ニ対シ永遠ニ従順ノ義務ヲ負フヘシ

御名御璽
明治二十二年二月十一日

* 内閣総理大臣　伯爵　黒田清隆
* 枢密院議長　伯爵　伊藤博文
* 外務大臣　伯爵　大隈重信
* 海軍大臣　伯爵　西郷従道
* 農商務大臣　伯爵　井上　馨
* 司法大臣　伯爵　山田顕義
* 大蔵大臣兼内務大臣　伯爵　松方正義
* 陸軍大臣　伯爵　大山　巌
* 文部大臣　子爵　森　有礼
* 逓信大臣　子爵　榎本武揚

大日本帝国憲法

第1章　天皇

第1条　大日本帝国ハ万世一系ノ天皇之ヲ統治ス

第2条　皇位ハ皇室典範ノ定ムル所ニ依リ皇男子孫之ヲ継承ス

第3条　天皇ハ神聖ニシテ侵スヘカラス

第4条　天皇ハ国ノ元首ニシテ統治権ヲ総攬シ此ノ憲法ノ条規ニ依リ之ヲ行フ

第5条　天皇ハ帝国議会ノ協賛ヲ以テ立法権ヲ行フ

第6条　天皇ハ法律ヲ裁可シ其ノ公布及執行ヲ命ス

第7条　天皇ハ帝国議会ヲ召集シ其ノ開会閉会停会及衆議院ノ解散ヲ命ス

第8条　天皇ハ公共ノ安全ヲ保持シ又ハ其ノ災厄ヲ避クル為緊急ノ必要ニ由リ帝国議会閉会ノ場合ニ於テ法律ニ代ルヘキ勅令ヲ発ス

② 此ノ勅令ハ次ノ会期ニ於テ帝国議会ニ提出スヘシ若議会ニ於テ承諾セサルトキハ政府ハ将来ニ向テ其ノ効力ヲ失フコトヲ公布スヘシ

第9条　天皇ハ法律ヲ執行スル為ニ又ハ公共ノ安寧秩序ヲ保持シ及臣民ノ幸福ヲ増進スル為ニ必要ナル命令ヲ発シ又ハ発セシム但シ命令ヲ以テ法律ヲ変更スルコトヲ得ス

第10条　天皇ハ行政各部ノ官制及文武官ノ俸給ヲ定メ及文武官ヲ任免ス但シ此ノ憲法又ハ他ノ法律ニ特例ヲ掲ケタルモノハ各々其ノ条項ニ依ル

第11条　天皇ハ陸海軍ヲ統帥ス

第12条　天皇ハ陸海軍ノ編制及常備兵額ヲ定ム

第13条　天皇ハ戦ヲ宣シ和ヲ講シ及諸般ノ条約ヲ締結ス

第14条　天皇ハ戒厳ヲ宣告ス

② 戒厳ノ要件及効力ハ法律ヲ以テ之ヲ定ム

第15条　天皇ハ爵位勲章及其ノ他ノ栄典ヲ授与ス

第16条　天皇ハ大赦特赦減刑及復権ヲ命ス

第17条　摂政ヲ置クハ皇室典範ノ定ムル所ニ依ル

② 摂政ハ天皇ノ名ニ於テ大権ヲ行フ

第2章　臣民権利義務

第18条　日本臣民タル要件ハ法律ノ定ムル所ニ依ル

第19条　日本臣民ハ法律命令ノ定ムル所ノ資格ニ応シ均ク文武官ニ任セラレ及其ノ他ノ公務ニ就クコトヲ得

第20条　日本臣民ハ法律ノ定ムル所ニ従ヒ兵役ノ義務ヲ有ス

第21条　日本臣民ハ法律ノ定ムル所ニ従ヒ納税ノ義務ヲ有ス

第22条　日本臣民ハ法律ノ範囲内ニ於テ居住及移転ノ自由ヲ有ス

第23条　日本臣民ハ法律ニ依ルニ非スシテ逮捕監禁審問処罰ヲ受クルコトナシ

第24条　日本臣民ハ法律ニ定メタル裁判官ノ裁判ヲ受クルノ権ヲ奪ハル、コトナシ

第25条　日本臣民ハ法律ニ定メタル場合ヲ除ク外其ノ許諾ナクシテ住所ニ侵入セラレ及捜索セラル、コトナシ

第26条　日本臣民ハ法律ニ定メタル場合

ヲ除ク外信書ノ秘密ヲ侵サル、コトナシ
第27条　日本臣民ハ其ノ所有権ヲ侵サル、コトナシ
② 公益ノ為必要ナル処分ハ法律ノ定ムル所ニ依ル
第28条　日本臣民ハ安寧秩序ヲ妨ケス及臣民タルノ義務ニ背カサル限ニ於テ信教ノ自由ヲ有ス
第29条　日本臣民ハ法律ノ範囲内ニ於テ言論著作印行集会及結社ノ自由ヲ有ス
第30条　日本臣民ハ相当ノ敬礼ヲ守リ別ニ定ムル所ノ規程ニ従ヒ請願ヲ為スコトヲ得
第31条　本章ニ掲ケタル条規ハ戦時又ハ国家事変ノ場合ニ於テ天皇大権ノ施行ヲ妨クルコトナシ
第32条　本章ニ掲ケタル条規ハ陸海軍ノ法令又ハ紀律ニ牴触セサルモノニ限リ軍人ニ準行ス

第3章　帝国議会

第33条　帝国議会ハ貴族院衆議院ノ両院ヲ以テ成立ス
第34条　貴族院ハ貴族院令ノ定ムル所ニ依リ皇族華族及勅任セラレタル議員ヲ以テ組織ス
第35条　衆議院ハ選挙法ノ定ムル所ニ依リ公選セラレタル議員ヲ以テ組織ス
第36条　何人モ同時ニ両議院ノ議員タルコトヲ得ス
第37条　凡テ法律ハ帝国議会ノ協賛ヲ経ルヲ要ス
第38条　両議院ハ政府ノ提出スル法律案ヲ議決シ及各々法律案ヲ提出スルコトヲ得
第39条　両議院ノ一ニ於テ否決シタル法律案ハ同会期中ニ於テ再ヒ提出スルコトヲ得ス
第40条　両議院ハ法律又ハ其ノ他ノ事件ニ付キ各々其ノ意見ヲ政府ニ建議スルコトヲ得但シ其ノ採納ヲ得サルモノハ同会期中ニ於テ再ヒ建議スルコトヲ得ス
第41条　帝国議会ハ毎年之ヲ召集ス
第42条　帝国議会ハ三箇月ヲ以テ会期トス必要ノ場合ニ於テハ勅命ヲ以テ之ヲ延長スルコトアルヘシ
第43条　臨時緊急ノ必要アル場合ニ於テ常会ノ外臨時会ヲ召集スヘシ
② 臨時会ノ会期ヲ定ムルハ勅命ニ依ル
第44条　帝国議会ノ開会閉会会期ノ延長及停会ハ両院同時ニ之ヲ行フヘシ
② 衆議院解散ヲ命セラレタルトキハ貴族院ハ同時ニ停会セラルヘシ
第45条　衆議院解散ヲ命セラレタルトキハ勅令ヲ以テ新ニ議員ヲ選挙セシメ解散ノ日ヨリ五箇月以内ニ之ヲ召集スヘシ
第46条　両議院ハ各々其ノ総議員三分ノ一以上出席スルニ非サレハ議事ヲ開キ議決ヲ為ス事ヲ得ス
第47条　両議院ノ議事ハ過半数ヲ以テ決ス可否同数ナルトキハ議長ノ決スル所ニ依ル
第48条　両議院ノ会議ハ公開ス但シ政府ノ要求又ハ其ノ院ノ決議ニ依リ秘密会ト為スコトヲ得
第49条　両議院ハ各々天皇ニ上奏スルコトヲ得
第50条　両議院ハ臣民ヨリ呈出スル請願書ヲ受クルコトヲ得
第51条　両議院ハ此ノ憲法及議院法ニ掲クルモノ、外内部ノ整理ニ必要ナル諸規則ヲ定ムルコトヲ得
第52条　両議院ノ議員ハ議院ニ於テ発言シタル意見及表決ニ付院外ニ於テ責ヲ負フコトナシ但シ議員自ラ其ノ言論ヲ演説刊行筆記又ハ其ノ他ノ方法ヲ以テ公布シタルトキハ一般ノ法律ニ依リ処分セラルヘシ
第53条　両議院ノ議員ハ現行犯罪又ハ内乱外患ニ関ル罪ヲ除ク外会期中其ノ院ノ許諾ナクシテ逮捕セラル、コトナシ
第54条　国務大臣及政府委員ハ何時タリトモ各議院ニ出席シ及発言スルコトヲ得

第4章　国務大臣及枢密顧問

第55条　国務各大臣ハ天皇ヲ輔弼シ其ノ責ニ任ス
② 凡テ法律勅令其ノ他国務ニ関ル詔勅ハ国務大臣ノ副署ヲ要ス
第56条　枢密顧問ハ枢密院官制ノ定ムル

所ニ依リ天皇ノ諮詢ニ応ヘ重要ノ国務ヲ審議ス

第5章　司法

第57条　司法権ハ天皇ノ名ニ於テ法律ニ依リ裁判所之ヲ行フ

②　裁判所ノ構成ハ法律ヲ以テ之ヲ定ム

第58条　裁判官ハ法律ニ定メタル資格ヲ具フル者ヲ以テ之ニ任ス

②　裁判官ハ刑法ノ宣告又ハ懲戒ノ処分ニ由ルノ外其ノ職ヲ免セラル、コトナシ

③　懲戒ノ条規ハ法律ヲ以テ之ヲ定ム

第59条　裁判ノ対審判決ハ之ヲ公開ス但シ安寧秩序又ハ風俗ヲ害スルノ虞アルトキハ法律ニ依リ又ハ裁判所ノ決議ヲ以テ対審ノ公開ヲ停ムルコトヲ得

第60条　特別裁判所ノ管轄ニ属スヘキモノハ別ニ法律ヲ以テ之ヲ定ム

第61条　行政官庁ノ違法処分ニ由リ権利ヲ傷害セラレタリトスルノ訴訟ニシテ別ニ法律ヲ以テ定メタル行政裁判所ノ裁判ニ属スヘキモノハ司法裁判所ニ於テ受理スルノ限ニ在ラス

第6章　会計

第62条　新ニ租税ヲ課シ及税率ヲ変更スルハ法律ヲ以テ之ヲ定ムヘシ

②　但シ報償ニ属スル行政上ノ手数料及其ノ他ノ収納金ハ前項ノ限ニ在ラス

③　国債ヲ起シ及予算ニ定メタルモノヲ除ク外国庫ノ負担トナルヘキ契約ヲ為スハ帝国議会ノ協賛ヲ経ヘシ

第63条　現行ノ租税ハ更ニ法律ヲ以テ之ヲ改メサル限ハ旧ニ依リ之ヲ徴収ス

第64条　国家ノ歳出歳入ハ毎年予算ヲ以テ帝国議会ノ協賛ヲ経ヘシ

②　予算ノ款項ニ超過シ又ハ予算ノ外ニ生シタル支出アルトキハ後日帝国議会ノ承諾ヲ求ムルヲ要ス

第65条　予算ハ前ニ衆議院ニ提出スヘシ

第66条　皇室経費ハ現ニ定額ニ依リ毎年国庫ヨリ之ヲ支出シ将来増額ヲ要スル場合ヲ除ク外帝国議会ノ協賛ヲ要セス

第67条　憲法上ノ大権ニ基ツケル既定ノ歳出及法律ノ結果ニ由リ又ハ法律上政府ノ義務ニ属スル歳出ハ政府ノ同意ナクシテ帝国議会之ヲ廃除シ又ハ削減スルコトヲ得

第68条　特別ノ須要ニ因リ政府ハ予メ年限ヲ定メ継続費トシテ帝国議会ノ協賛ヲ求ムルコトヲ得

第69条　避クヘカラサル予算ノ不足ヲ補フ為ニ又ハ予算ノ外ニ生シタル必要ノ費用ニ充ツル為ニ予備費ヲ設クヘシ

第70条　公共ノ安全ヲ保持スル為緊急ノ需要アル場合ニ於テ内外ノ情形ニ因リ政府ハ帝国議会ヲ召集スルコト能ハサルトキハ勅令ニ依リ財政上必要ノ処分ヲ為スコトヲ得

②　前項ノ場合ニ於テハ次ノ会期ニ於テ帝国議会ニ提出シ其ノ承諾ヲ求ムルヲ要ス

第71条　帝国議会ニ於イテ予算ヲ議定セス又ハ予算成立ニ至ラサルトキハ政府ハ前年度ノ予算ヲ施行スヘシ

第72条　国家ノ歳出歳入ノ決算ハ会計検査院之ヲ検査確定シ政府ハ其ノ検査報告ト倶ニ之ヲ帝国議会ニ提出スヘシ

②　会計検査院ノ組織及職権ハ法律ヲ以テ之ヲ定ム

第7章　補則

第73条　将来此ノ憲法ノ条項ヲ改正スルノ必要アルトキハ勅命ヲ以テ議案ヲ帝国議会ノ議ニ付スヘシ

②　此ノ場合ニ於テ両議院ハ各々其ノ総員三分ノ二以上出席スルニ非サレハ議事ヲ開クコトヲ得ス出席議員三分ノ二以上ノ多数ヲ得ルニ非サレハ改正ノ議決ヲ為スコトヲ得ス

第74条　皇室典範ノ改正ハ帝国議会ノ議ヲ経ルヲ要セス

②　皇室典範ヲ以テ此ノ憲法ノ条規ヲ変更スルコトヲ得ス

第75条　憲法及皇室典範ハ摂政ヲ置クノ間之ヲ変更スルコトヲ得ス

第76条　法律規則命令又ハ何等ノ名称ヲ用キタルニ拘ラス此ノ憲法ニ矛盾セサル現行ノ法令ハ総テ遵由ノ効力ヲ有ス

②　歳出上政府ノ義務ニ係ル現在ノ契約又ハ命令ハ総テ第六十七条ノ例ニ依ル

ポツダム宣言

千九百四十五年七月二十六日
米、英、支三国宣言
(千九百四十五年七月二十六日「ポツダム」ニ於テ)

一、吾等合衆国大統領、中華民国政府主席及「グレート・ブリテン」国総理大臣ハ吾等ノ数億ノ国民ヲ代表シ協議ノ上日本国ニ対シ今次ノ戦争ヲ終結スルノ機会ヲ与フルコトニ意見一致セリ

二、合衆国、英帝国及中華民国ノ巨大ナル陸、海、空軍ハ西方ヨリ自国ノ陸軍及空軍ニ依ル数倍ノ増強ヲ受ケ日本国ニ対シ最後ノ打撃ヲ加フルノ態勢ヲ整ヘタリ右軍事力ハ日本国カ抵抗ヲ終止スルニ至ル迄同国ニ対シ戦争ヲ遂行スルノ一切ノ連合国ノ決意ニ依リ支持セラレ且鼓舞セラレ居ルモノナリ

三、蹶起セル世界ノ自由ナル人民ノ力ニ対スル「ドイツ」国ノ無益且無意義ナル抵抗ノ結果ハ日本国国民ニ対スル先例ヲ極メテ明白ニ示スモノナリ現在日本国ニ対シ集結シツツアル力ハ抵抗スル「ナチス」ニ対シ適用セラレタル場合ニ於テ全「ドイツ」国人民ノ土地、産業及生活様式ヲ必然的ニ荒廃ニ帰セシメタルカニ比シ測リ知レサル程更ニ強大ナルモノナリ吾等ノ決意ニ支持セラルル吾等ノ軍事力ノ最高度ノ使用ハ日本国軍隊ノ不可避且完全ナル壊滅ヲ意味スヘク又同様必然的ニ日本国本土ノ完全ナル破壊ヲ意味スヘシ

四、無分別ナル打算ニ依リ日本帝国ヲ滅亡ノ淵ニ陥レタル我儘ナル軍国主義的助言者ニ依リ日本国カ引続キ統御セラルヘキカ又ハ理性ノ経路ヲ日本国カ履ムヘキカヲ日本国カ決意スヘキ時期ハ到来セリ

五、吾等ノ条件ハ左ノ如シ
吾等ハ右条件ヨリ離脱スルコトナカルヘシ右ニ代ル条件存在セス吾等ハ遅延ヲ認ムルヲ得ス

六、吾等ハ無責任ナル軍国主義カ世界ヨリ駆逐セラルルニ至ル迄ハ平和、安全及正義ノ新秩序カ生シ得サルコトヲ主張スルモノナルヲ以テ日本国国民ヲ欺瞞シ之ヲシテ世界征服ノ挙ニ出ツルノ過誤ヲ犯サシメタル者ノ権力及勢力ハ永久ニ除去セラレサルヘカラス

七、右ノ如キ新秩序カ建設セラレ且日本国ノ戦争遂行能力カ破砕セラレタルコトノ確証アルニ至ルマテハ聯合国ノ指定スヘキ日本国領域内ノ諸地点ハ吾等カ茲ニ指示スル基本的目的ノ達成ヲ確保スルタメ占領セラルヘシ

八、「カイロ」宣言ノ条項ハ履行セラルヘク又日本国ノ主権ハ本州、北海道、九州及四国並ニ吾等ノ決定スル諸小島ニ局限セラルヘシ

九、日本国軍隊ハ完全ニ武装ヲ解除セラレタル後各自ノ家庭ニ復帰シ平和的且生産的ノ生活ヲ営ムノ機会ヲ得シメラルヘシ

十、吾等ハ日本人ヲ民族トシテ奴隷化セントシ又ハ国民トシテ滅亡セシメントスルノ意図ヲ有スルモノニ非サルモ吾等ノ俘虜ヲ虐待セル者ヲ含ム一切ノ戦争犯罪人ニ対シテハ厳重ナル処罰加ヘラルヘシ日本国政府ハ日本国国民ノ間ニ於ケル民主主義的傾向ノ復活強化ニ対スル一切ノ障礙ヲ除去スヘシ言論、宗教及思想ノ自由並ニ基本的人権ノ尊重ハ確立セラルヘシ

十一、日本国ハ其ノ経済ヲ支持シ且公正ナル実物賠償ノ取立ヲ可能ナラシムルカ如キ産業ヲ維持スルコトヲ許サルヘシ但シ日本国ヲシテ戦争ノ為再軍備ヲ為スコトヲ得シムルカ如キ産業此ノ限ニ在ラス右目的ノ為原料ノ入手(其ノ支配トハ之ヲ区別ス)ヲ許可サルヘシ日本国ハ将来世界貿易関係ヘノ参加ヲ許サルヘシ

十二、前記諸目的カ達成セラレ且日本国国民ノ自由ニ表明セル意思ニ従ヒ平和的傾向ヲ有シ且責任アル政府カ樹立セラルルニ於テハ聯合国ノ占領軍ハ直ニ日本国ヨリ撤収セラルヘシ

十三、吾等ハ日本国政府カ直ニ全日本国軍隊ノ無条件降伏ヲ宣言シ且右行動ニ於ケル同政府ノ誠意ニ付適当且充分ナル保障ヲ提供センコトヲ同政府ニ対シ要求ス右以外ノ日本国ノ選択ハ迅速且完全ナル壊滅アルノミトス

（出典：外務省編『日本外交年表並主要文書』下巻 1966年刊）

索引

あ行

「悪徳の栄え」事件　108
旭川学力テスト事件　140
旭川国民健康保険料事件　273
朝日訴訟　137
芦田修正　12
尼崎高校事件　139
安楽死　73
委員会中心主義　209
違憲審査権（制度）　27, 53
違憲性の推定　106
一院制　294
一元型議院内閣制　220
一時不再議　206
一事不再理　165
一般会計　276
一般社団法人・一般財団法人　117
遺伝子情報　93
意に反する苦役　151
委任命令　199, 200, 229
違法収集証拠排除法則　162
インフォームド・コンセント　73
「宴のあと」事件　70
運用違憲　261
永久税主義　272
営業の自由　128
栄典　24
恵庭事件　49
愛媛玉串料訴訟　90, 271
エホバの証人輸血拒否事件　73
欧州連合　29
大島訴訟　273
屋外広告物　110

か行

海外派兵　45
会期（制）　205, 206
会期不継続の原則　206
会計検査院　23, 28, 280
会計年度　274
会計法　270
外見的立憲主義　16
外国移住の自由　126
外国人在留制度　56
外国人参政権　181
外国人の人権　55
街頭演説　110
外務省秘密電文漏洩事件　112
閣議　225, 226, 232, 233
学習権　138
学問の自由　92
確立された国際法規　31
加持祈禱事件　88
河川附近地制限令事件　134
学校教育法　139
学校選択の自由　139
川崎民商事件判決　152
環境権　136
監獄法　61
慣習国際法　31
間接侵略　44
間接選挙　187
間接（代表）民主制　179
官報　23
議院規則　28, 200, 212
議院自律権　211
議員懲罰権　213
議院内閣制　220, 295
議会支配制　220
機関訴訟　240
期日前投票制度　183
規制目的二分論　128, 132

317

規則制定権　212, 246, 248, 250
議定書　29
君が代　85
義務教育　95, 140
客観訴訟　240, 241
宮廷費　281
教育基本法　139
教育の自由　95, 139
教育を受ける権利　138
教科書検定　94
教科書無償配布事件　140
共産党袴田事件　184
教授の自由　94
強制加入団体　85
行政協定　228
行政手続法　154
供託　180
京都府学連事件　70
許可制　114, 129
極東委員会　6
居住・移転の自由　125
緊急対処事態　48
緊急逮捕　160
緊急勅令　17, 199
近代自然法　16
近代立憲主義　16
欽定憲法　8
勤労の権利　141
クローン　69, 93
QOL　73
君主　21
軍部大臣現役武官専任制　13
警察予備隊　43
刑事手続法定主義　158
刑事補償　168, 169
刑事免責　142
警備隊　44
決算　279

血統主義　55, 67
検閲　107
研究の自由・研究発表の自由　93, 94
決算報告　280
元首　21
健全財政原則　274
剣道履修拒否事件　87, 92, 139
憲法改正　23, 31
　――限界説　8
　――無限界説　8
憲法審査会　32
憲法制定権力　33
憲法尊重擁護義務　27
憲法判断回避原則　257, 260
憲法保障　26
憲法問題調査委員会　3
5・15事件　19
公安条例　115
皇位継承　24
公益法人　117
公開裁判　166, 170
公教育　95
公共の福祉　63
合憲限定解釈　61, 260
皇室会議　24, 58
皇室経費　280
皇室典範　24
公職選挙法　57, 110, 182
公序良俗　63
公正取引委員会　23
交戦権　42
皇族　58
皇族費　281
皇統譜　58
公認宗教制　89
公平な裁判所　166
公務員　60, 85, 109
拷問禁止条約　54

拷問の禁止　69
公用収用　133
小売市場事件　129, 143
国務請求権　54
国際協調主義　30
国際人権規約　54, 63
国事行為　21, 229, 230
国事行為臨時代行　24
国政調査権　214, 251
国籍　181
　　——法　55, 68, 127
　　——離脱の自由　127
国選弁護人　165
国体　2
国民教育権説　140
国民審査　243, 244
国民投票　32
国民発案（イニシアティヴ）　179
国民表決（レファレンダム）　179
国民保護法　48
国務請求権　168
国連憲章　35
個人情報保護法　71
国家教育権説　140
国家賠償　168, 169
国家法人説　18
国家有機体説　21
国旗国歌法　85
国教制　89
個別的自衛権　46
戸別訪問　111

さ行

在外国民選挙権　182, 191
罪刑均衡の原則　157
罪刑法定主義　155
最高裁判所　22, 179, 200
最高法規　26

最後通牒　37
再婚禁止期間　67
歳出　274
財政議会主義　269
財政計画　275
財政民主主義　269, 270
財政立憲主義　270
在宅投票制度　183
最低賃金法　141
裁判所規則　28
裁判を受ける権利　167
歳費受領権　205
財務自律権　214
猿払事件　60
参議院議員定数不均衡訴訟　194
参議院の緊急集会　201, 208
残虐な刑罰の禁止　158
三国干渉　38
参政権　57, 58, 66, 180
暫定予算　278
自衛官合祀事件　87
自衛権　38
自衛措置　39
自衛隊　44
私学助成　272
指揮監督権　225
自己決定権　72, 109
自己情報コントロール権　70
事後法の禁止・遡及処罰の禁止　157
子女に教育を受けさせる義務　58, 95
私人間効力　59
自然成立　277
自然法　34
思想・良心の自由　83, 93
事態対処法制　48
自治事務　290
市町村選挙管理委員会　182
執行命令　199, 229

執政権説　222, 227
私的自治の原則　59
児童虐待　109
児童の権利条約　54
自白　163
司法官憲　159
司法行政権　247, 248, 250
司法権の限界　253
司法権の独立　250
指紋押捺　70
社会権　54, 57
謝罪広告　72, 84
集会・結社の自由　114
衆議院解散権　220
衆議院の優越　202, 277
宗教団体（結社，法人）　87, 88
住居の不可侵　70, 161
自由権　54, 56
自由裁量行為　254
終戦の詔書　2
習俗的行為　90
集団的自衛権　46
住民参加　286, 288
住民発案（イニシャティブ）　299
主観訴訟　240
受刑者　61
取材（源の秘匿）　111
　　──の自由　111
首長　294
出生地主義　55
出入国の自由　56
準現行犯逮捕　160
常会　23, 206
消極目的規制　128
小選挙区比例代表並立制　187
肖像権　70
象徴天皇制　19
証人審問権　164

情報公開　113, 114
情報（収集権）　105
　　──受領権　105, 113
　　──提供権　105
条約　23, 29
条例　200
条例制定権　291
食管法違反被告事件　136
職業安定法　141
職業選択の自由　127
女子差別撤廃条約　54, 67
職権の独立　250, 251, 252
処分違憲　261
白山比咩神社事件　90
自律権　253, 254
知る権利　111, 113
人格　72
　　──価値平等説　65, 67
　　──財産説　131
　　──的利益説　72
　　──の形成・発展　106
信教の自由　86
人工妊娠中絶　73
人事院　28
人種差別撤廃条約　54, 109, 117
人身の自由　151
人身保護法　161
迅速な裁判　166, 167
森林法共有林分割請求事件　129, 146
砂川事件　40
砂川空知太神社事件　90, 271, 282
生活保護　64
請願権　178
政教分離　87, 89, 90, 271
制限選挙　181
政治資金規正法　184
政治スト　143
政治的美称説　198

生殖補助医療　73
生存権　135
政党　116，183
政党助成法　184
制度的保障　53，131，249，287
政令　23
積極的差別是正措置（アファーマティヴ・アクション）　68
積極目的規制　128
接見交通権　161
摂政　24
選挙　179
　　——運動の自由　186
　　——区選挙　182，188
　　——権　62
　　——事項法定主義　185
　　——成年　181
　　——人名簿　182
全権委任状　23
専守防衛　45
宣戦布告　37
戦争違法化　35
全逓東京中郵事件　61，142
全農林警職法事件　61
臓器移植　73
争議権（行動）　142
総司令部案　5
租税法律主義　272，292
尊厳死　73
損失補償　132
尊属殺重罰規定　68
　　——判決　65

た行

大学の自治　95
対華21箇条要求　38
大西洋憲章（英米共同宣言）　10
大統領制　219，295

逮捕令状主義　159
代理投票制度　183
代理母出産　73
滝川事件　92
団結権　141，142
男女雇用機会均等法　67
団体交渉権　142
団体自治　288
地方自治の本旨　285
地方特別法　299
　　——の住民投票　180
地方分権　285，288
嫡出子　68
チャタレイ事件　108
抽象的違憲審査制　256
中選挙区制　187
朝鮮戦争　43
直接侵略　44
直接民主制　179
通常選挙　23
通信の秘密　70
津地鎮祭事件　90，271
定住外国人地方選挙権事件　181
定足数　206
適用違憲　260
伝習館高校事件　140
天皇　58
天皇機関説　19，92
東海大安楽死事件　74
等級選挙　186
統帥権　13
東大ポポロ事件　96
統治行為（論）30，254，255
投票（価値の平等）　186
　　——検索の禁止　186
　　——の自由　186
　　——の秘密侵害罪　186
　　——の秘密保持　186

道路交通法　115
特別会　23, 206
特別会計　276
特別権力関係　60
特別裁判所　241
特別地方公共団体　289
独立行政委員会　234
独立命令　199
土地収用法　133
届出制　116
奴隷的拘束　69, 151
奴隷の禁止　69

な行

内閣総理大臣指名　202, 211
内閣の助言と承認　22
内閣不信任決議権　202, 220
内廷費　281
内容中立的規制　110
長沼事件　40, 50
奈良県ため池条例事件　134
新潟県公安条例事件　115
二元型議院内閣制　220
二重処罰の禁止　165
二重の危険　165
日米安保条約　46
日本新党事件　184
日本の統治体制の改革（SWNCC-228）　6
（天皇の）人間宣言　19
人間の尊厳　69
認証　22
脳死　73

は行

破壊活動防止法　109, 117
父権温情主義　63
8月革命説　8
反対尋問権　164

半直接民主制　179
PKO参加5原則　47
非拘束名簿方式　188
批准書　24
非常大権　17
非嫡出子　68
一人一票の原則　186
一人別枠方式　189
秘密投票　186
百里基地事件　51
表現の自由　71, 84, 93, 105
平等原則　64
平等選挙　186
複数年度予算　275
付随的違憲審査制　256, 262
不戦条約　11
不逮捕特権　203
普通選挙　181
普通地方公共団体　289
不当労働行為　84
部分社会の法理　255
プライヴァシー　70, 84, 93, 108, 112
武力攻撃事態　48
武力攻撃予測事態　48
プログラム規定説　136
ブロック型拘束名簿方式　188
文民（条項）　7, 223
　　――統制　13, 224
兵役義務　152
平和主義　35
弁護人依頼権　160
帆足計事件　126
保安隊　44
保安庁　44
ホイットニー　4
法人　58
法定受託事務　290
法定手続の保障　153

報道の自由　111
法律収用　133
法律先占論　293
法律の留保　17
法令違憲　227, 260, 262
補完性原理　290
ポジティヴ・アクション　68
ポスト・ノーティス命令　84
母性保護　67
補正予算　278
牧会活動事件　88
ポツダム宣言　1
本予算　278

ま行

マクリーン事件　56, 178
マスメディア　70, 111
マッカーサー・ノート（3原則）　5
松本委員会案　4
未決拘禁者　62
未成年者　57
三井美唄事件　180
三菱樹脂事件　60, 141
南九州税理士会事件　85
ミニマム・スタンダードの保障　137
民間憲法案　4
民事免責　142
民衆訴訟　240
民族差別　66
無記名投票　186
無罪の推定　62
無差別大量殺人団体規制法　117
無任所大臣　225
明白かつ現在の危険　106, 109, 116
名誉　71, 108
免責特権　204
目的効果基準　89, 271
門地　68

や行

靖国神社参拝　91
薬局距離制限事件　128, 132, 144
八幡製鉄事件　59, 178, 183
優越的地位　106
輸血拒否　73
ユニオン・ショップ協定　143
予算（先議権）　202
　——単年度主義　275
　——の空白　278
　——編成　276
　——法形式説　277
　——法律説　277
予備費　279
より制限的でない選びうる手段（LRA）
　　106

ら行

リコール　179
立候補の自由　180
立法裁量の統制　137
立法不作為　259
両院協議会　202
両院制　201, 294
臨時会　23, 206
累進課税　64
類推解釈の禁止　157
令状主義　154
労働（安全衛生法）　141
　——基準法　67, 141
　——基本権　61, 141
　——組合　116

わ行

わいせつ表現　108
湾岸戦争　47

[編著者]

松浦　一夫　　担当：1、2、3章
防衛大学校公共政策学科兼総合安全保障研究科教授

[著者]（五十音順）

稲葉　実香　　担当：4、5、6章
金沢大学大学院法務研究科准教授

奥村　公輔　　担当：10、11、12章
駒澤大学法学部専任講師

片桐　直人　　担当：7、9、13章
近畿大学法学部准教授

山中　倫太郎　担当：8、14章
防衛大学校公共政策学科兼総合安全保障研究科准教授

憲法入門

2012年　3月30日　第1版第1刷発行
2012年11月30日　第1版第2刷発行
2017年　4月11日　第1版第3刷発行

編著者　　松浦　一夫
©2017 Kazuo Matsuura

発行者　　高橋　考
発行　　　三和書籍

〒112-0013　東京都文京区音羽2-2-2
電話 03-5395-4630　FAX 03-5395-4632
sanwa@sanwa-co.com
http://www.sanwa-co.com/
印刷／製本　モリモト印刷株式会社

乱丁、落丁本はお取替えいたします。定価はカバーに表示しています。
本書の一部または全部を無断で複写、複製転載することを禁じます。

ISBN978-4-86251-129-4 C3032

三和書籍の好評図書
Sanwa co.,Ltd.

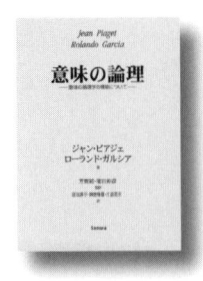

意味の論理
ジャン・ピアジェ/ローランド・ガルシア 著　芳賀純/能田伸彦 監訳
A5判 238頁 上製本 3,000円+税

●意味の問題は、心理学と人間諸科学にとって緊急の重要性をもっている。本書では、発生的心理学と論理学から出発して、この問題にアプローチしている。

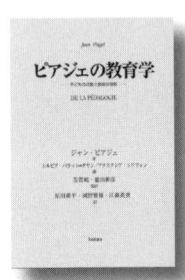

ピアジェの教育学
ジャン・ピアジェ 著　芳賀純/能田伸彦 監訳
A5判 290頁 上製本 3,500円+税

●教師の役割とは何か？　本書は、今まで一般にほとんど知られておらず、手にすることも難しかった、ピアジェによる教育に関する研究結果を、はじめて一貫した形でわかりやすくまとめたものである。

天才と才人
ウィトゲンシュタインへのショーペンハウアーの影響
D.A.ワイナー 著　寺中平治/米澤克夫 訳
四六判 280頁 上製本 2,800円+税

●若きウィトゲンシュタインへのショーペンハウアーの影響を、『論考』の存在論、論理学、科学、美学、倫理学、神秘主義という基本的テーマ全体にわたって、文献的かつ思想的に徹底分析した類いまれなる名著がついに完訳。

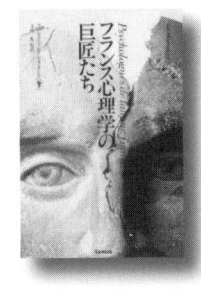

フランス心理学の巨匠たち
〈16人の自伝にみる心理学史〉
フランソワーズ・パロ/マルク・リシェル 監修
寺内礼 監訳　四六判 640頁 上製本 3,980円+税

●今世紀のフランス心理学の発展に貢献した、世界的にも著名な心理学者たちの珠玉の自伝集。フランス心理学のモザイク模様が明らかにされている。

三和書籍の好評図書

Sanwa co.,Ltd.

増補版　尖閣諸島・琉球・中国
【分析・資料・文献】

浦野起央 著
A5判　上製本　定価：10,000円+税

●日本、中国、台湾が互いに領有権を争う尖閣諸島問題……。筆者は、尖閣諸島をめぐる国際関係史に着目し、各当事者の主張をめぐって比較検討してきた。本書は客観的立場で記述されており、特定のイデオロギー的な立場を代弁していない。当事者それぞれの立場を明確に理解できるように十分配慮した記述がとられている。

冷戦　国際連合　市民社会
——国連60年の成果と展望

浦野起央 著
A5判　上製本　定価：4,500円+税

●国際連合はどのようにして作られてきたか。東西対立の冷戦世界においても、普遍的国際機関としてどんな成果を上げてきたか。そして21世紀への突入のなかで国際連合はアナンの指摘した視点と現実の取り組み、市民社会との関わりにおいてどう位置付けられているかの諸点を論じたものである。

地政学と国際戦略
新しい安全保障の枠組みに向けて

浦野起央 著
A5判　460頁　定価：4,500円+税

●国際環境は21世紀に入り、大きく変わった。イデオロギーをめぐる東西対立の図式は解体され、イデオロギーの被いですべての国際政治事象が解釈される傾向は解消された。ここに、現下の国際政治関係を分析する手法として地政学が的確に重視される理由がある。地政学的視点に立脚した国際政治分析と国際戦略の構築こそ不可欠である。国際紛争の分析も1つの課題で、領土紛争と文化断層紛争の分析データ330件も収める。

三和書籍の好評図書
Sanwa co.,Ltd.

中国の公共外交
―――「総・外交官」時代―――

趙啓正 著　王敏 編・監訳
A5判／並製／270頁／定価3,000円＋税

●13億の中国国民が国際世論形成の鍵を握る時代がやってきた！！中国外交のキーパーソンであり、「中国の声」ともいわれる論客・趙啓正氏が、いま注目を集めている新しい外交理念「公共外交（パブリック・ディプロマシー）」について、その理論と実践を語り尽くす！

〈日中新時代をひらく〉
転換期日中関係論の最前線
―――中国トップリーダーの視点―――

王敏 編著　A5判／上製／389頁／定価3,800円＋税

●日中交流における共通の体験知を抱き、非西洋的価値規準による互恵関係の可能性、およびその問題点を掘り下げ、利益共有への通路を開拓する。変化しつつある日中新時代へアプローチすることが本論文集の目的である。
　本書の最初では、GDPの増大が日中相互認識にどう影響してきたか、その変化と諸問題を提起している。次いで、序論として、中国の発展モデルの評価について、「中国の声」とも呼ばれる論客、趙啓正氏が冷静に論考している。

〈国際日本学とは何か？〉
東アジアの日本観
―――文学・信仰・神話などの文化比較を中心に―――

王敏 編著　A5判／上製／412頁／定価3,800円＋税

●国際化が加速するにつれ、「日本文化」は全世界から注目されるようになった。このシリーズでは、「日本文化」をあえて異文化視することで、グローバル化された現代において「日本」と「世界」との関係を多角的に捉え、時代に即した「日本」像を再発信していく。
　本書は、東アジアにおける異文化の鏡に映った像を手がかりに、日本文化の混成的な素性と性格を、またそれがアジアや世界へと越境していく有り様を浮き彫りにしていくものである。